杉本仁

民俗選挙のゆくえ

津軽選挙vs甲州選挙

梟《ふくろう》社

民俗選挙のゆくえ　津軽選挙vs甲州選挙●目次

民俗選挙のゆくえ

津軽選挙vs甲州選挙

序章　選挙楽しや牛馬にゆられ

入れ札

いうまでもなく「選挙」は近代になって成立した政治制度であり、日本においては明治憲法制定以後のものである。しかし、一定の組織集団において、その構成員が一定の資格要件の下で、自己の代表者を選任することがなかったわけではない。近世の村の生活を見てみると、村を取り仕切る村役（名主（肝煎）・組頭・百姓代）の選び方としては世襲制、交代制がほとんどであるが、まれには選挙制（入れ札制）を行なう村もあった

その「入れ札」の起源にさかのぼると、中世村落で行なわれていた「神判」の一種にいきあたる。これは、盗み、放火、人殺しなどの犯人を特定するために神を勧請し、「神判」を求め、摘発する方法であり、「衆意の在る所」（『明治大正史世相篇』『柳田國男全集⑤』五七七頁）を知る手段であった。

近世になると入れ札による「神判」という観念は薄らぎ、人びとの意思の総和による決定という性格が強まり、話し合いの場である「寄合」に重きが置かれるようになった。

寄合は、村の自治的な集まりで、今日でも行なわれているムラは少なくない。年末や正月に開

かれるのが一般的で、役員改選や共同作業の日程、祭りなどの年中行事の運営や経費などが話し合われている。役員は、現在では各戸まわりの輪番制に多くはなっているが、かつては世襲に近いものであった。集まりは全戸参加が原則であるが、議題そっちのけで、各戸から持ち寄った自慢のご馳走に舌鼓をうちながら、話に加わる体のものも少なくない。決議は多数決になっているが、しこりが残らないように全会一致を装うことが多い。しかし、これとて財産や家格などを反映するもので、各人が自由に、同等の資格で話し合いに臨めるというものではない。

寄合民主主義

その寄合について、宮本常一は、含蓄ある採集記録を残している。それは、長崎県対馬の漁村で行なわれていたという合議制による寄合の光景を記述したもので、宮本の代表作『忘れられた日本人』に収録されている。そこで宮本は、対馬の各ムラで行なわれていた寄合をつぎのように描いている。

> 寄りあいの場へいってみることにした。（略）いってみると会場の中には二十人ほどすわっており、外の樹の下に三人五人とかたまってうずくまったまま話しあっている。雑談をしているように見えたがそうではない。事情をきいてみると、村でとりきめをおこなう場合には、みんなの納得いくまで何日でもはなしあう。はじめには一同あつまって区長からの話をきくと、それぞれの地域組でいろいろに話しあって区長のところへその結論をもっていく。もし折り合いがつかねばまた自分のグループへもどってはなしあう。用事のある者は家へかえる

こともある。ただ区長・総代はきき役・まとめ役としてそこにいなければならない。とにかくこうして二日も協議がつづけられている。この人たちにとっては夜も昼もない。ゆうべも暁方近くまではなしあっていたそうであるが、眠たくなり、いうことがなくなればかえってもいいのである。（中略）結論がでるまでそれがつづいたそうである。といっても三日でたいていいのむずかしい話もかたがついたという。気の長い話だが、とにかく無理はしなかった。みんなが納得のいくまではなしあった。だから結論が出ると、それはキチンと守らねばならなかった。話といっても理屈をいうのではない。一つの事柄について自分の知っているかぎりの関係ある事例をあげていくのである。話に花がさくというのはこういう事なのであろう。

（『忘れられた日本人』一三〜一七頁）

これは一九五五年七月から八月にかけて、宮本が八学会連合の対馬学術調査のおり、島の北西に位置する伊奈集落を訪ね、集落所有の古文書の拝借を区長に頼んだおりのことであった。区長はお宮（シゲの杜）で開かれていた寄合に、「村の大事な証拠書類だからみんなでよく話しあおう」（同前、一四頁）と、古文書貸出を議案として提出した。しかし、議題はいつの間にか他の事項に移ってしまう。そのうちまた突然に議題が戻り、ある旧家が所有していた文書を親戚に貸したら、そのまま返さず、その書付けを証拠に旧家づらしているというような話がでてくる。すると、不用意な貸し方をしたために起きた災難の事例がつぎつぎに語られる。

それがとぎれると、議題は他の案件に移ってしまう。しばらくして、三たび古文書の話題に戻る。今度は、死蔵していた文書を眼力のある人に見せたら、得をしたという、前とは逆の経験が語られる。こうして話は螺旋状に進み、ゆっくりと結論に近づいていく。話し合いは、論理をぶっつけ合うのではなく、自己の体験にことよせて知っている限りの関連事項を述べ合う協議形式のもので、出つくした段階で区長が決をとり、宮本に古文書を貸すことになった。

合議制寄合

これは全員参加の話し合いによる理想的な寄合であり、決議の方法であった。だが、はたして現実のムラの話し合いは、宮本が描いたように、議論を尽くす直接民主主義の見本のような実態を持っていたのだろうか。かつて私はこの「合議制寄合」に疑義を挟んだことがある（「寄合民主主義に疑義あり」『柳田国男研究年報③柳田国男・民俗の記述』）。

私は、宮本の個人的資質（文学性）や調査時の宮本の動向・言説などの傍証資料のほかに、対馬伊奈の村落構造における階層性や、この論考の発表時の安保闘争などの政治状況を踏まえて論証し、この美しく描かれた「合議制」の実態に疑問を呈したのである。

実際のところ、伊奈集落の指導層には、「本家」「本戸」「オヤカタウチ」が位置し、「分家」「寄留」「コドモウチ」など下層の家には漁業権さえ付与されていなかった。寄合はそのような階層性の厳しい村落支配構造のなかで営まれており、自由な発言が許されたとしても不満のガス抜き程度のものではないのか、との疑義であった。

しかし、私の論に対して、これを問題視し、否定する言説は、口碑を含め、あとを絶たなかった。一方で好意的な指摘もなかったわけではない（注）。

（注）：網野善彦・小熊英二「人類史的転換期のなかの歴史学と日本社会（下）」（『神奈川大学評論』三九号、二〇〇一年）／赤坂憲雄「生々しい肉声が聞こえてくる」（『宮本常一写真・日記集成（上巻）、附録』毎日新聞社、二〇〇五年）／坂野徹「「寄り合い」と朝鮮戦争」（『現代思想』39巻15号、二〇一一年一一月）／井出幸男『宮本常一と土佐源氏の真実』梟社、二〇一六年／なお、現地調査からの批判は、「宮本常一と長崎」『長崎学ｗｅｂ学会』ＨＰ旅する長崎学（http://tabinaga.jp/tanken/view.php?hid=20130301093655）二〇一七年などにある。

こうして、私はムラの寄合、さらにはムラの代表者を選ぶ選挙に関心を抱くようになり、かつて『選挙の民俗誌』（二〇〇七年）という著作を上梓することにもなった。甲州のムラ選挙の在り方を民俗事象とのかかわりにおいて考察したもので、この本も過分な評をいただくことになったが、この拙著をもとに、さらに甲州（山梨県）と本州北端の地、津軽（青森県）のムラ共同体の選挙における民俗と世相の実態を比較、考察したのが、本書である。

官制選挙と国民の盲動

人を選んで権力を付与し、共同利益の配分と統制を任せるというこの近代選挙の政治システムが、わが国に導入されたのは、一八八九（明治二二）年のことであった。すでに見てきたが、それまでは、ムラの指導者層（肝煎・名主・庄屋）は、領主などによる任命制で、有力農民がなることがほとんどであった。家柄や財産、ムラへの貢献度などを総合した「家格」で選定されるわけで、それもほとんどが世襲であった。

その一方でムラ（自然村）を合併し、ムラに覆い被さるように成立した村（行政村）において、運営者（村長・議員）を選び、その人たちに税金の徴収や配分を任せるシステムは、近代以降徐々に整えられていった。そして、行政村をまとめた郡・県・国の議員や首長を選ぶことになったのである。これが「行政選挙」で、はじめは納税額による「制限選挙」であった。第一回総選挙は一八九〇年に実施された。いまから百三十年ほど前のことである。

しかし、ありていに言えば、その後、権力者を選ぶ「行政選挙」が、公正な制度として実施されることはほとんどなかった。公権力による選挙干渉が繰り返され、政府よりの候補者への資金援助、野党候補への出馬断念工作などはあたりまえ、ほぼ吏党系が勝利を収めるという傾向が続いた。政党間でも誹謗中傷、候補者同士の有権者への買収・供応、ときには「壮士」を雇い、暴力沙汰も横行し、死者、負傷者も絶えることがなかった。

そして、一九二五年になってやっと「治安維持法」と抱き合わせの形ではあるが「普通選挙」が実施されることになった。しかし、それもなお成人男子のみに等しく付与された権利であり、女性は排除された。とはいえ、それが一定の社会的な進歩と認識されたことは事実である。このとき民俗学者の柳田国男（一八七五〜一九六二）は、新しい制度に大きな期待をいだきつつ、しかし、権力者に追従する「国民の盲動」を危惧していた。

今が今まで全然政治生活の圏外に立つて、祈禱祈願に由るの外、より良き支配を求めるの途を知らなかつた人たちを、愈々選挙場へ悉く連れ出して、自由な投票をさせようといふ時代に入ると、始めて国民の盲動といふことが非常に怖ろしいものになつて来る。公民教育という語が今頃漸く唱へられるのもをかしいが、説かなければわからぬ人だけに対しては、一日も早く此国此時代、此生活の現在と近い未来とを学び知らしめる必要がある。（『青年と学問』『柳田國男全集④』一三頁、傍点引用者）

いまとなれば、この文章は上からの啓蒙的な視線が少々鼻につくが、要するに、私たちが獲得した近代の「行政選挙」をはじめとする政治制度は、国の、あるいはムラの共同体のなかで、きれいごととしては運営されてこなかったということである。そして、この時期の柳田は「学問のみが世を済うを得べし」（同前、一一頁）という「学問救世」の意思を強固に持ち、民俗学を「内省」の「国に必要」な「総合の学」として育成し、国民みずからが学び得る自問自答の学問として樹立するべく努めていた。そこで、普選のために「公民教育」を急務として、その必要性を説いたのである。

国語教育の重要性

その一つが一見、遠回りのようにも見える「言葉を人生に役立たせる為」（『国語の将来』『柳田國男全集⑩』一〇五頁）の「国語教育」の充実であった。それは候補者の主張（演説）を聞き。その内実を見抜くための話し方・聞き方の国語教育の充実にほかならなかった。それを柳田は、来たるべき男女平等の普選に備え、小学生とその子どもを育てる母親に説くことになるのである。その論述が前代の「言語生活」を評価した「昔の国語教育」（『国語の将来』一九三九年）であった。幼児が母親から言葉をごく自然に学ぶやりかたで「思ふことと言ふこと」（同前七七頁）が乖離しない国語教育こそが、重要だと考えたのである。

それは、また政治家の「口真似と型に嵌まったきまり文句」（同前、一二二頁）や「心にも無い雄弁美辞を陳列する」（同前、一二九頁）主張や演説の撲滅にも通じるものであった。政治家の空疎な主張や政策を排除し、その深意を見抜く独立した個人としての有権者の賢さを養う教育として、言語生活の充実を目ざそうとするものであった。

しかし、昭和の時代が数年を重ね、軍国主義が台頭・進展すると、公権力は政府、軍部への言論批判を封じ込め、買収などの不正行為を排除するという名目で「選挙粛正運動」（第十九回（一九三六年）・二十回（一九三七年）の総選挙）を展開、政府に批判的な政友会などの勢力の弱体化を画策し、これに成功した。一九四〇年十月には政友会、民政党も解党し、大政翼賛会が発足、政府の上意下達の組織化の徹底によって言論の自由は完全に封じ込められていったのである。

かくして、一九四二年には、戦争に協力的な候補者を政府が推薦候補者として強く支援する「翼賛選挙」（第二十一回）が実施され、候補者の選択、非推薦候補への露骨な選挙干渉によって、「八紘一宇」「肇国の精神」などのスローガン、鶴見俊輔いうところの「言葉のお守り的使用法」（『鶴見俊輔集③記号論集』）の植えつけと、内実のない言葉のオウム返しは完成し、国民の言論は空疎な自縄自縛に追いつめられていった。これも柳田国男のいう「国民の盲動」にほかならないが、私たちはほどなく敗戦という壊滅的な代償を払うことになるのである。

そして戦後まもなく、婦人参政権が認められ、男女普選が実施されるにいたったのは一九四六年のことであった。新たに「日本国憲法」が公布・施行され、民主主義の名の下に民意に基づく政治、政権選択の自由が保障された。憲法前文は「そもそも国政は、国民の厳粛な信託によるものであつて、その権威は国民に由来し、その権力は国民の代表がこれを行使し、その福利は国民がこれを享受する」と、個の独立と国民主権を宣言した。

それを受け「公職選挙法」（一九五〇年）は、第一条に「日本国憲法の精神に則り（略）選挙が選挙人の自由に表明せる意思によつて公明且つ適正に行われることを確保し、もつて民主政治の健全な発達を期す」と謳い、民主主義のための公明、適正な選挙の実施を促した。そして、選挙は建前の上では、独立した個人による政党、政策選択の手段として、「普通選挙」「平等選挙」「秘密選挙」「直接選挙」の原則が掲げられた。自立した個人を前提に、何人も身分性別財産などによって差別されず、平等に一人一票、誰に入れたかを明らかにせず、議員を直接に選ぶ方法が保障されたのである。

選挙はハレの日

自立した個人を前提とした「行政選挙」は、列島のムラムラに行き渡り、実施されることになった。しかし、柳田が期待したような言論による候補者の政策論争と、それを的確に判断する個として独立し、「他人に頼らずに、自分の力で世間の動向を正しく判断できる（略）一人前の選挙民」（「『日本の社会』編集の趣意」『柳田國男全集㉜』五三五頁）のそれからはほど遠いものであった。

多くの有権者は、選挙を政党、政策の選択手段であるとともに、農作業から解放されたムラ共同体の「農休」よろしく、慰安や娯楽の「ハレの日」として、「ムラ選挙」として受容したのである。とりわけ男女普選が実施された一九四七年五月の『山梨日日新聞』（一九四七年五月一日）には、「選挙楽しや牛馬にゆられ」という見出しで、示し合わせて牛馬が引く大八車にゆられて農道をにぎやかにおしゃべりしながら向かうおばあさんたちの一行や、息子の引くリヤカーに乗って投票所へ出向く老人の姿が報じられている。

マスコミは、これに対して批判的な論調を展開した。選挙（県議選）の「大騒ぎは、どんなお祭りにも見られない風景であった」と報じ、「純真たるべき男女、青年層までもが、イデオロギーもなく、思慮分別もなく、全くの不見識、無節操に選挙を踊り、踊らされるに至つては、これが民主日本国再建によせる若い政治意識か」（『山梨日日新聞』一九四七年五月六日）と嘆いている。

そんな批判をよそに有権者は、「行政選挙」を「ハレの日」として楽しみ、冠婚葬祭やムラの共同作業や相互扶助（ユイや手間返し）に接木して、「ムラ選挙」として受容し、候補者を応援し、ムラ対抗の運動会よろしく投票率でも競い合った。投票率を上げるためには、相互扶助の精神を発揮し、病人を戸板で投票所に運び込み、投票させる事態さえ起きていた。そのこともあって、一九五一（昭和二六）年四月の山梨県知事選では、おらが村の知事誕生のために笹子村では、有権者一三五九人全員が投票所に出向き、投票率一〇〇パーセントを達成した。これが、住民全員が参加する「みんなの選挙」であった。

政治家も当選を期し、政策を立案・公表（演説）・実行する「言論・言語活動」よりも、常民世界に深く根付いていた冠婚葬祭や贈答などの「民俗事象」や「義理」などの「心意」にとりつき、利用・活用しながら、「みんなの選挙」運動を恒常的に推し進めることになった。

選挙事務所には、新しい神棚がしつらえられ、有力神社仏閣の神仏を勧請し、御神酒と神饌を供え、縁起物のダルマや熊手が飾られた。さらに集まった支援者には直会《なおらい》よろしく酒やご馳走が存分に振る舞われ、当選を期した。

遊説には、神輿の巡幸形式が採用され、辻説法は御旅所の場所や神仏が鎮座する広場が選ばれた。陣営同士の対立も激しく、合戦や戦争の用語が飛び交い、誹謗中傷、怪文書、暴力もあとを絶たなかった。

開票が始まれば、多くの人びとが会場に集まり、一喜一憂しながら見守る。会場外では陣営同士の小競り合いが生じ、乱闘騒ぎも度々のことであった。会場内では、選管委員の偽造用紙の差し替え、点検不正も行なわれ、形勢が不利になれば「選挙無効」が宣言されたりした。見守っていた人びとは、このような横暴に対し、会場に乱入し、投票箱を壊し、投票用紙を破り捨てるなどの暴動をもって応えた。

当選の報が選挙事務所に入ると陣太鼓が叩かれ、当選祝賀会では選挙ダルマに目が入れられ、菰樽の四斗酒が割られ、一合枡が配られ美酒に酔い、興奮と歓喜は頂点に達した。

戦いのすんだ後も当選者は、政治に従事する一方、支援者を引き留め、拡大するために冠婚葬祭の「オジンギ（義理）」に努め、さらに有力な支持者には盆暮れの贈答も欠かさなかった。

その結果、選挙は柳田国男が想定した「独立した個人」が、政見を聞き、それを理解して、一票を投じるという理想とはほど遠い、ムラの慣習を梃子にムラが一丸となって行なう「みんなの共同選挙」であった。このとき人々の選挙活動を主導したのが「民俗」であった。人びとの生活慣習である「民俗」のなかに選挙は深く入り込み、「選挙の民俗文化」ともいうべき世界を、いわばある種の世相を形成することになったのである。

近代選挙によって消滅ないし衰退・沈降してしかるべき「民俗事象」が、息を吹き返し、われわれの目の前に生き生きと、かつ鮮明に甦ることにもなったのである。「民俗」のしぶとい生命力が「選挙」を好機として、みごとに甦った瞬間でもあった。

この民俗の再生をどう評価するべきか。それは、あり得べき「ムラ」社会の選挙をどう描きうるかという問題でもある。民俗は、共同体における人びとの生活慣習の総体であり、世相はその生活の社会的表現である。文化とは、人びとの生活（民俗）の結実であり、文化の精華は時に共同体の祭りと化すことが少なくない。選挙が祭り（祭礼）と化すとき、その祝祭性と暴力性をむき出しにし、政治と生活の本質を露わにするのである。

本書において、私はこの祭りに連結する選挙の「民俗文化」を、可能な限り、多面的に、そして生活に即した総合的な「民俗誌」として、また人びとの生きざまを映す「世相史」として記述しようとしている。柳田国男が「国民の盲動」と指摘した世界を、あえて切開し、「盲動」の向こうに「ポスト近代選挙」の在り方を問いたいと思っている。

そしていうまでもないことだが、私たちの「近代選挙」の未来は、ほんとうはこの「ムラ選挙」の実態をいかようにか止揚した地平に構築されねばならないと思う。未来の地平に模索する選挙、あり得べき「近代選挙」は、この「ムラ」の選挙を否定するところに描かれるのが通常であるが、私は「ムラ」の生活と民俗のなかでくりひろげられている選挙の実態を否定によってではなく、その内実をくみこみ止揚するところに、あり得べき姿を模索したいと考えている。

選挙の祝祭性

ところで、「選挙が祭りと化すとき……」と私は述べたが、一般に「祭り」、とりわけ祭礼の基本的特徴を、民俗学者・小松和彦（一九四七〜）が、本書が対象とした津軽の代表的祭礼「青森ネブタ」に即して四点にまとめているので、はじめに耳を傾けておこう。
まず一番目の特徴は、祭りは神を迎え、もてなし、それを送るというパターンをもった「神事」である、二番目は、祭りは一年とか人生とかいった共同体や個人の生活の「時間」に区切り目を作り出す働きを持っている、三番目は、参加者の精神を解きほぐすとともに、参加者の一体感を作り上げるという精神的・社会的機能を持っている、そして四番目は、祭りは日頃せっせとため込んだ大量の富を一挙に消費するという側面を持っている（『青森ねぶた誌』三五四頁）。

祭りは、①神事で、②時間的区切り目、③参加者の精神的高揚感を醸し出す、そして④富の消費、というのである。この規定は、「選挙」の本質が祭りに通ずるという私の基本的な視点でもある。ただし、ここで見落とされているのは、③の参加者の精神的高揚感の外的表現である「暴力性」である。祭り、とりわけ祭礼では、この「暴力性」は無視できない要件なのである。実際、ネブタの経緯をたどれば、喧嘩・暴力が不可避のものであった。参加者の精神的高揚感は、熱狂を通り越し、時には暴力性を顕わにして、あらん限りのエネルギーを発散させることになる。

この祭礼の構造は、選挙運動に相通じるものである。まず①候補者は「神」の様相を呈して現れ、有権者はその「神」を迎え、もてなし、そして議会へ送る。②時間的には、多くは四年で区切られている。③選挙中は、候補者と有権者の一体感が盛り上げられ、異常な激昂をしめすこともしばしばであり、「暴力」も浮上する。死者が出ることも少なくない。そして、④候補者は、身代を傾けるようなカネを放出し、消費することになる。そのことで富は循環し、ムラの富の不均衡が是正されるのである。戦後の選挙は、このように、民俗を基盤に置きながら、ハレの日の行事として、祝祭性を内包して展開されることになったのである。

津軽選挙と甲州選挙

こうした観点から、私は本書で、生活実態が選挙に直結し、それを如実に反映し、民俗と融合しながら「祝祭（祭礼）」として過熱し、時には「暴力性」を顕わにし、ケガ人はもちろん死者もでる惨事を生み出した津軽と甲州の地を舞台にくりひろげられた選挙の現実を考察の対象とする。むろん、その実態は、都市部を含め、多かれ少なかれこの列島の至るところで行なわれていた、あるいは行なわれているもので、ことさら珍しいケースではない。

私が体験した甲州選挙の実態は、すでに前著で述べたが、私の血肉の一部と化している甲州選挙を、列島北端の民俗の色彩に濃く染められている津軽のそれと対照とすることによって、わが甲州選挙が列島の一時期の普遍的な民俗選挙に通じるアイデンティティーを確認するとともに、これを相対化もする視点を得ようと考えている（注）。

（注）私が本書において、体験した甲州選挙に対比するに津軽の民俗選挙を選んだ無意識の背景の一つは、いまは亡き小説家津島佑子の母で山梨県甲府市出身の石原美知子が津軽選挙発生の当事者、津島家の三男太宰治に嫁いでいることと関係しているかも知れない。私は石原美知子が書いた津島家にまつわる本も読んでいたし、何よりも太宰治は私のアドレセンスのかけがえのない愛読書でもあったのである。

記述の主たる対象とした時期は、男女平等の普選が導入され、もっとも熱していた昭和後期、国政では中選挙区の選挙風景と世相である。一九四七年から衆院選の中選挙区選挙が終焉する一九九四年あたりということになろう。米ソ対立の冷戦下、わが国は左右の勢力がしのぎを削り、保守の自民党内には派中派の派閥が政党のように存在していた。わずか半世紀あまりの期間であるが、選挙は大いに過熱し、高揚し、暴力性をともない祝祭と化していた。

津軽は、現在の青森県津軽地方で、面積は（旧青森一区の青森市内をも含む）が、四八二八平方キロメートル、一方甲州は山梨県全体で、面積は四五〇〇平方キロメートルである。

人口は、両選挙が隆盛を極めた一九七〇（昭和四五）年には、津軽が八二万一八一五人で、有権者は五七万三九六四人、甲州（山梨県）が人口七六万一九二七人で、有権者は五一万九五六六人（ともに一九七一年参院選）であった。

まずは、津軽と甲州の風土について以下に触れておこう。風土とは、その地の自然環境と人間の営み（生活）がつくり出した歴史と文化の総合である。その風土によって民俗は、育まれるのである。

第一章　津軽と甲州――その気質

津軽の風土

津軽は、南部地方と合わせて青森県を構成する。本州最北の地で、三面を海に囲まれている。弘前生まれの作家・石坂洋次郎（一九〇〇～一九八六）は、青森をつぎのようにとらえた。

地図で見る青森県は蟹が鋏を立てたような形をしている。右の鋏は下北半島、左の鋏は津軽半島、その間に陸奥湾を抱き、津軽海峡を隔てて北海道と対峙している。西には日本海の怒濤が逆捲き、東には太平洋の黒潮がめぐり、かくて三面海をもって囲まれている訳である。

（「わが郷土」一九四一年）

県中央部を南北に走る奥羽山脈が八甲田連峰を形成し、津軽と南部を分け隔てる。西側が津軽であり、南端に岩木山が聳え、そこを源流に岩木川が北上し十三湖に注ぐ。岩木川流域全体が津軽平野で、満目の稲田、一期作の水田地帯である。突端が竜飛岬で、その向こうに北海道が位置している。石坂洋次郎は、そこに生きる人びとの不屈の精神にも言及している。

年によって出来不出来は免れ得ないが、ともかく津軽は黄金の穂波が漂う米の国であるといってもあながち誇称ではないのだ。そしてこの莫大な産出高は、古詩に「粒粒皆辛苦」といってあるように、農民達の営々忍苦の賜物であることはいうまでも無いが、彼等は、都会の工場労働者などと異り、自分達の仕事の成果に、人間以上のものの協力をあらかじめ予想し、要求さえしているのは一体なぜであるか。彼らの節くれだった肉体に沁みついた根強い生存の信念、またその反対な生活上の卑屈な自慰等は、共にこの超人間的なものの存在を許容する所から生じているのだ。（「お山」一九三一年）

津軽は、黄金の瑞穂の州であるが、そこに生きる農民は、厳しい自然の猛威にもさらされ、みずからの努力のほかに、それを超越した神のようなものの存在を許容せざるを得ない状況にあった。

その津軽平野が、大規模に開墾・開発されたのは、近世初頭からで、藩の主導で行なわれた。そこに農民が移住し、生活を営み、ムラを形成していった。その意味では、「新田開発の村」が多く、「自然村」の範疇からは逸脱しているムラが少なくない。

津軽の気候は、冬期には北西季節風が吹きあれ、降雪が多く、三月までは平地にも雪が残っている。四月になると雪はすっかり消え、月末には桜が咲き始める。五月から八月にかけて太平洋側の南部地方を襲う冷気・ヤマセはない。六月中旬から七月中旬にかけての梅雨もなく、南部地方のような濃霧が発生することもない。田植えがはじまり、終わると田の神を送るサナブリ（豊年祈願）休みになる。新田地帯の木造や五所川原では、等身大の藁人形をつくり、鉦《かね》や太鼓を打ち鳴らしながら村境まで練り歩く虫送りの行事が行なわれる。以後、安定した夏型の気候が続く。旧暦七月七日がナヌカビ、その前後がネブタ。ナヌカビはオコワ（赤飯）を炊いて、「七回水浴びして七回飯食う日」であった。八月十三日に盆棚がつくられ、墓前に食料を収めた曲げ物のホカイ（行器）を供え、カバの木皮を焚く。祖霊を迎え、アガヅキホゲ（赤飯）を食す。十六日の早朝に祖霊を送る。ハツカ（二十日）盆がすぎると、岩木山への集団登拝のお山参詣（山カケ）である。

八月の下旬から気温が下がりはじめ、九月下旬には秋めいた季節になる。旧暦九月のクンチには、ソデ（初手）節供、中の節供、シメ（終い）節供が行なわれ、「黄金の穂波が漂う米の国」と化し、刈り上げ（収穫）をむかえる。

農耕・農作業には馬を使い、馬を祀《まつ》る石造物や神社が少なくない。馬市や「馬踊り」をはじめ、馬にまつわる祭りも多い。

十月半ばに紅葉、末には岩木山に冠雪、「お山に三度雪降れば里へも来る」。平地の初雪は十一月下旬である。旧暦十一月二十三日には大師講が各地で行なわれ、師走に入ると行事が多くなる。家々で神祭が行なわれ、餅がたびたび搗《つ》かれ、ご馳走が振る舞われる。暮れにはスス払い、年取り、そして正月、小正月となる。十二、一、二月が厳寒期、地吹雪が舞う。津軽平野の年平均気温は、十〜十一度で、青森平野よりは気温は高い。主産業は、稲作と林業、リンゴの果樹栽培である。岩木山と点在する温泉が津軽を象徴する。

津軽人気質

では、津軽人はどのような気質を持っているのであろうか。一般に、地理的辺境性に基づく閉鎖性を取り上げ、内閉性から強情張りを指摘されることが多い。津軽人・太宰治は「ほんものの馬鹿意地があって、負けても負けても強者にお辞儀をする事を知らず、自矜の孤高を固守して世のもの笑いになるという傾向があるようだ」といい「稜々たる反骨」を、その特徴に挙げている(『津軽』)。太宰の兄で戦後初の民選知事を務めた津島文治は、「稜々たる反骨」を「行動が粗野」で「がさつ」と読み替え、「おまけに金と物については貧乏なくせに、しまりがない」と金銭欲と物欲のなさを上げる。だが、言外に「自矜の孤高」と見栄っ張り、「清貧さ」をこよなく愛した津軽人を好んだ(「研修所をはじめたわけ」)。

ボサマ(座頭)の三味線に魅《ひ》かれて「芸人・唄子」になった「嘉瀬の桃」の半生を描いた直木賞作家の長部《おさべ》日出雄《ひでお》は、「破滅型」の系譜を重視する。「芯にジョッパリなところがある」、「負けず嫌いという良い意味と、強情っ張りという悪い意味があるが、どちらかといえば、後者の意味合いのほうが強い。負けず嫌いといい、強情っ張りといい、ともに共通しているのは、人に逆らって、自分に固執するという点であろう。もともとこの地方の人々には保守的な気質が強いのだが、(略)おのれの独自性に固執しているうちに、次第に自分以外のあらゆるものに背を向けて、時代の流れにも逆らうようになっていったらしい」(『津軽世去れ節』)

医学者である松木明・明知が書いた『津軽の文化誌』は、津軽人の特質を「内閉性気質」に求め、性格として強気、しつこい、愚感、堅実、勤勉、無骨などをあげている。とくに顕著な気質として、「足フパリ」をあげる。足を引っ張る意で、他人の成功を喜ばず、妬み、邪魔し、引きずり落とそうとする性質である。このアシフパリは、津軽の風土病としての「フサギ(心臓脚気)」や、冬の「シビ(あかぎれ)」や「ガッチャヤギ(裂痔《きれじ》)」などよりも悪性であると指摘する。

さらに、「アシフパリ」の気質を地理的閉鎖性や時間的閉鎖性の要因だけに求めず、歴史的に培われたもので、その一因が津軽人の賭けごと好きにあると説く。すなわち津軽には独特の賭け事がある。トランプによる賭け事、「津軽カンケイ」や「ガンバリッコ」などである。このゲームは全国的にもめずらしいものである。さらにリンゴ栽培も賭け事好きを助長したという。みごとに実っても一夜の大風で莫大な被害を受けてしまうギャンブル性の高いリンゴ栽培が、津軽人のバクチ好きをさらに補強・強化したというのである。これらの文化によって、津軽選挙が展開され、選挙祭りをいっそう盛り上げることになった、と説いた。

甲州の風土

一方、甲州は日本列島のほぼ中央に位置している。だが、海はない。全面を山に囲《い》まれた「囲繞《じょう》の地」である。東は秩父・丹沢山地、西は南アルプス、南は富士山、北は八ヶ岳である。中央に甲府平が開かれている。その甲府を甲州にとっては異邦人である太宰治は、つぎのように評した。

甲府は盆地である。四辺、皆、山である。(略) よく人は、甲府を、「擂鉢の底」と評してゐるが、当つてゐない。甲府は、もつとハイカラである。シルクハットを倒《さか》さまにして、その帽子の底に、小さい小さい旗を立てた、それが甲府だと思へば、間違ひない。(「新樹の言葉」)

山峡に開かれ盆地の中心が、甲州の中心部である。その甲州の各ムラが開かれたのは、多くは近世以前で、住民みずからが開墾に鍬を振るい、自然発生的に村を作り上げていった。

甲州の気候は、内陸的気候で、気温は日および年較差が大きい。年間を通して雨量は少ない。雪が降っても平地では、根雪になることはない。桜は三月の下旬には咲きはじめる。四月に入ると桃が咲き、四月十五日には甲州最大の祭り、一宮浅間神社の大祭「おみゆきさん」が行なわれる。川除祭りともいわれ、甲州の大河、釜無川まで神輿が渡御する。武田信玄の命日の四月十二日には、「信玄公祭り」が、一九七〇年より行政主体のイベントとして行なわれ、武田二十四将に扮した甲州軍団が出陣する戦国絵巻が甲府市内を練り歩く。

五月に入ると養蚕の準備がはじまる。六月の終わりが麦刈り、そして田植えと農作業は忙しい。農耕は牛ではなく、多くは馬が担った。甲斐は津軽同様、馬の産地であった。記紀歌謡に詠われた「甲斐の黒馬」の牧が各地に開かれていた。六月中旬から七月中旬が梅雨期、明けるとうだるような高温多湿な日々が続く。

七月一日が富士山のお山開き、盆地では桃とブドウの収穫がはじまる。朝夕の気温差は大きい。気温が下がりはじめるのは、十月近くになってからである。稲刈は十一月に入ってから本格化した。その後が麦撒きである。二毛作が一般で、農作業は年間を通じて行なわれた。

師走に入ると街は慌ただしくなる。家々では正月の準備が行なわれ、餅が搗かれ、スス払い、オモッセの飯、そして正月、小正月となる。正月にはウドンを食することが多かった。小正月には各集落ごとの道祖神祭り、ドンドン焼きの火が燃えさかる。十二、一、二月が厳寒期、だが雪は少ない。

主産業は、米麦、ブドウやモモなどの果樹栽培、ブドウ酒醸造、貴金属宝石加工・販売などである。また富士、八ヶ岳、南アルプス、昇仙峡など風光明媚なところが多く、首都圏からの観光客を集める観光立県でもある。

甲州人気質

甲州は、地理的には山また山に囲繞された地、文化的には信玄の国、そして社会的には親分子分関係のタテ社会ということになる。そこで生活する甲州人気質とは、どのようなものであろうか。明治末期の水害状況をレポした朝日新聞記者・松崎天民は、『甲州見聞記』(一九一二年)のなかで、甲州人は義侠の精神に富み、実利主義で、個人本位、自立自営の気概が強く、若尾逸平や雨宮敬次郎など冒険投機商の経済人は多いが、逆に文化面が弱いことを指摘した。

みずからも甲州財閥の一人であった早川徳次(一八八一～一九四二、東京地下鉄道社長)は「甲州人の特質」(『山梨県史・近現代資料編⑲』)で、甲州商人と近江商人を比較しながら、甲州商人は「一攫千金」をねらうものが多いが、近江商人は粒々辛苦、コツコツと実直に働くと見なした。そして、負け惜しみ、鼻っ柱、射幸心が強く、近代以降も投機的商売が多く、株取引などに手をそめる者が多いというのである。その代表は近いところでは、田中角栄の「刎頸《ふんけい》の友」といわれた勝沼町(現甲州市)出身の政商・小佐野賢次(一九一七～一九八六、国際興業社長)であろう。熊王徳平の小説『虎と狼』(一九七五年)では、山梨交通株買い占め事件(一九六〇年)をめぐって、大資本の西武鉄道社長の堤康次郎(近江商人)と戦う「容貌魁偉」、野性と生命力に長《た》けた、「日本一しぶとい」狡猾な商人として描かれている。

学術的な指摘にも触れておくと、戦前の郷土研究の白眉といわれている『綜合(山梨県)郷土研究』（一九三六年）のなかで、堀内熊雄は山梨の「県民性の特徴としてこれを一般的に言えば、全く相反する両極端をもち、一部は非常に投機的、他は非常に真面目、一部派手、他は非常に地味、一部は情宣薄く、他は情宣篤く信義を重んずる。その両極端他県に比してより顕著である」（七四五頁）と指摘した。とりわけ顕著な気質として「任俠心」「投機的射倖心」「恩怨の念」「利己的打算的功利的傾向」が強いことを強調している。

さらに山梨県出身の人類学者・中沢新一（一九五〇〜）は、儲けを見い出せれば、祖先伝来の田畑を一夜にしてつぶし、ブドウやモモなどの果樹栽培に転換する甲州の農民気質のなかに、縄文文化以来の狩猟民の射幸的気質を見出し、そこに甲州人の博奕好きや商人気質の源泉を求めている。この点、リンゴとブドウ、津軽と甲州の果実栽培と射幸心、さらには縄文的狩猟気質の類似性は限りない。

甲州人の暗部も容赦なくえぐりとりながら、甲州商人の実態を克明に研究した塚原美村（一九一六〜二〇〇九）は、『行商人の生活』（一九七〇年）のなかで、甲州人をつぎのように指摘した。「経済観念が強く、貯蓄欲が旺盛である」、そのため反面「吝嗇《りんしょく》」で「自己中心主義」。「打算的で、自己に不利の場合は直ちに昔年の友朋たりとも棄てる傾向が強い」。そのうえ、機を見るに敏で、すばやく人の気持ちを読み取り、相手に合わせて考えをころころ変え、一貫性がないその場限りの狡猾さがあり、さらに「卑屈で特に権威に弱く、小事にこだわりやすい」（九四頁）ことなどをあげている。

なお、近年の県民論では、朝日新聞社記者として本県に赴任し、山梨県人を論じた山下靖典『甲州人』（一九八三年）がある。山下は、このなかで、山梨県民社会を無尽加入の事例を根拠として、「小村社会」集団として捉え、「内側に向かって〝結集〟すればするほど、逆に外から異質な、あるいは異質と見られるものを容易に受け入れにくい側面を持つ」という「身内意識」と「排除」が甲州人（山梨県民）の長短所であると論じた。

仲を取り持つ太宰治

津軽と甲州、射幸的な縄文的狩猟気質には類似性があるものの風土も気質も異なり、相互の関係性も極めて薄い。しかし、甲州は歴史を紐解くと、青森県内における津軽のライバルである南部とは、関係が深い。南部藩の祖は、甲州の南部（南巨摩郡南部町）から南北朝時代に奥州に入府した甲斐源氏の一族である。それが縁で、甲州の南部町と青森県三戸郡南部町とは姉妹都市関係にある。その南部とライバルにあるのが津軽である。青森県は、津軽藩の領地と南部藩の領地が、一八七一（明治四）年九月に合併して出来上がった。以後も何かと対立が続いている。となると、甲州は南部に肩入れする以外ないであろう。

そんななか、わずかな接点があった。太宰治（一九〇九〜一九四八）である。太宰はいわずと知れた津軽人である。一九〇九（明治四二）年に青森県北津軽郡金木町に生まれた。青森中学校、弘前高校を経て、東京大学仏文科に入学、その間、左翼運動にも関係し、高校時代に知り合った芸妓小山初代と同棲、自殺未遂、落籍。さらに鎌倉で銀座カフェー女給との心中未遂、自殺幇助罪に問われた。井伏鱒二に師事し、左翼運動から離反するなかで『晩年』（一九三六年）を書き、作家生活に入った。娶《めと》った女性が甲州人の父をもつ石原美知子であった。東京女子高等師範学校卒業後、山梨県の都留高等女学校に勤めていた教師であった。一九三九年一月八日、太宰と祝言をあげた。仲人（媒酌人）は広島生まれの井伏鱒二夫妻であった。祝言は、東京杉並の井伏宅で行なわれた（注）。

（注）媒酌人は、津軽では「キュウジニン（給仕人）」、「ナカンド（仲人）」、「バイシャクニン（媒酌人）」などといった。甲州では、ナコウド・オヤブンなどといった。戦前の甲州の名物は、「富士山と水晶と親分子分慣行」といわれていたが、太宰のオヤブンが井伏、井伏のコブンが太宰ということになる。オヤブンは、媒酌人を兼務することがあるが、結婚後の後見人としてコブンの生活全般の世話や夫婦間・嫁姑のもめごとの仲裁などが、主な役割であった。

この結婚は、「見合い（嫁見）」、「決め酒（固めの盃）」、「結納立て」と順序を踏んだ。結納は「酒入れ」と言った。結納金は二十円。「反返し」の甲州のしきたりに従い太宰に十円を返した。

祝言には、家長である長兄の津島文治は出席していない。石原家の母親・くらも参列していない。石原家の母親が出席しないのは、当時の甲州では「婿入婚」の風習が残っており、嫁方の両親は祝言（「嫁入」）に参列しないのが一般的であった。同様に津軽においてもシュウゲン（祝言）には、オクリババが参列するのみで、嫁方の親戚は参列しないことが多かった。甲州と津軽の婚姻習俗に大きな隔たりはない。

ペンキ画の富士

二人は、甲府市御崎町で新婚生活をはじめた。甲府に一年近くいて、東京（三鷹）にもどった。その間に執筆したのが『富嶽百景』（一九三九年）である。この作品、こともあろうに甲州人の誇りである富士のお山をコキ下ろしたのである。

富士の頂角、広重の富士は八十五度、文晁の富士も八十四度くらゐ、けれども、陸軍の実測図によって東西及南北に断面図を作つてみると、東西縦断は頂角、百二十四度となり、南北は百十七度である。広重、文晁に限らず、たいていの絵の富士は、鋭角である。いただきが、細く、高く、華奢である。北斎にいたつては、その頂角、ほとんど三十度くらゐ、エッフエル鉄塔のやうな富士をさへ描いてゐる。けれども、実際の富士は、鈍角も鈍角、のろくさと広がり、東西、百二十四度、南北は百十七度、決して、秀抜の、すらと高い山ではない。(略)低い。裾のひろがつてゐる割に、低い。あれくらゐの裾を持つてゐる山ならば、少くとも、もう一・五倍、高くなければいけない。

(『富嶽百景』『太宰治全集②』)

富士吉田の街から見た富士

「これでは、まるで、風呂屋のペンキ画である。芝居の書きわりである。あまりにも註文どほりである。富士があつて、その下に白く湖、なにが天下一だ」（「富士に就いて」『太宰治全集⑩』）と、霊峰富士を揶揄する。さらにその麓にある吉田の街をも貶《けな》した。「おそろしく細長い町であつた。岳麓の感じがあつた。富士に、日も、風もさへぎられて、ひよろひよろに伸びた茎のようで、暗く、うすら寒い感じの町であつた。道路に沿つて清水が流れてゐる。（略）吉田の水は、三島の水に較べると、水量も不足だし、汚い」（『富嶽百景』）。こんな侮辱、富士山を「お山」とあがめている甲州人には、とりわけおひざ元の富士河口湖町や富士吉田市の住民にとっては、許しがたい。太宰は敵だ。

太宰の文学碑

その名峰富士の見える絶景の地・御坂峠に、太宰の七回忌を前にして、ノウテンキな甲州人は、太宰最初の文学碑を建立した。発起人は山梨県知事・天野久、富士山麓電気鉄道（現富士急行）社長・堀内一雄（一九五五年から衆議員）、山梨日日新聞社長・野口二郎、そして作家・井伏鱒二の四人であった。除幕式は一九五三年十月三十一日のことであった。「富士には月見草がよく似合ふ」の自筆稿が刻印された石碑が建った。白黒の富士山の写真に黄色の月見草が添えられた文章である。富士のお山はバックに押しやられている。太宰のシャイな気高さが浮かび上がる碑文であるが、甲州人にとってはまた不満が残った。

当日は、津島美知子と園子（小六年生）の親子や文学仲間のほか、はるばる遠く青森県北津軽郡金木町から花田一町長もかけつけた。花田は山梨県知事の後に挨拶をした。内容は伝わっていな

御坂峠の天下茶屋にたつ太宰の文学碑。除幕を行なう夫人美知子と長女園子

い。花田は、これから叙述する「津軽選挙」の重要人物の一人である。

その花田らが、太宰の生地、津軽金木町に太宰の文学碑を立てたのは、甲州に遅れること十二年後の一九六五年五月三日のことであった。碑文には「撰ばれてあることの恍惚と不安と二つわれにあり」が選ばれた。神主の修祓後に除幕式が行なわれた。花田一（期成会長）の祝辞のあと青森県知事・竹内俊吉や文学仲間・壇一雄らが挨拶をした。実兄の津島文治や美知子夫人、次女里子（津島佑子）らも参列した。こちらの碑は津軽の「お山」が遠望できる芦野公園にある。

「や！富士。いいなあ。」と私は叫んだ。富士ではなかつた。津軽富士と呼ばれてゐる一千六百二十五メートルの岩木山が、満目の水田の尽きるところに、ふはりと浮んでゐる。実際、軽く浮んでゐる感じ

芦野公園の太宰治碑

なのである。したたるほど真蒼で、富士山よりもつと女らしく、十二単衣の裾を、銀杏の葉をさかさに立てたやうにぱらりとひらいて左右均斉も正しく、静かに青空に浮んでゐる。決して高い山ではないが、けれども、なかなか、透きとほるくらゐに嬋娟たる美女ではある。（『津軽』）

だだっ広い津軽平野に忽然と聳え立つ岩木山、その「お山」を太宰は、絶賛する。嬋娟《せんけん》とは、容姿端麗であでやかな、という意味であろう。「風呂屋のペンキ画」の富士山に対し、岩木山を「嬋娟たる美女」とは、依怙《えこ》贔屓《ひいき》ではないか。この山は「津軽富士」といわれているぞ。富士山の妹分ではないか。富士山へ登ったことのある弘前生まれの葛西善蔵も「自惚れちゃいけないぜ。岩木山が素晴らしく見えるのは、岩木山の周囲に高い山が無いからだ。他の国に行ってみろ。あれくらゐの山は、ざらにあら。周囲に高い山がないから、あんなに有難く見えるんだ。自惚れちやいけないいぜ。」と言っているのではないか（注）。

（注） 葛西善蔵「酔狸州七席七題」（葛西善蔵全集三巻）の記述を太宰が『津軽』で忖度した文章。

お山参詣

その岩木山には、「お山参詣（ヤマカケ／オヤマサンケ）」がある。ネプタとお盆が終わるとやってくる。旧暦の八月朔日《ついたち》である。津軽五郡の各集落からお山に集団で登拝する。四〇～五〇人におよぶこともあった。かつては一週間ほど別火生活をしつつ、近くの川で水垢離《みずごり》をとり、女人との営みをも断った。村社（オボスナ＝氏神）に参拝したのち、三尺もある木の香りの芳しい御幣を

津軽平野に聳え立つ津軽富士こと岩木山

担ぎ、お山にむかった。麓の百沢に一泊し、岩木山神社に詣でたあと、夜間（二時頃）松明《たいまつ》をかざして、御幣を先頭に白装束で、「サイギ、サイギ、ドッコイサイギ、オヤマサハチダイ、コウゴウドウサ、イチニナノハイ、ナムキメョウチョウライ」と囃子《はやし》を唱えながら、五穀豊穣を祈願して山頂めざして登攀した。長男は三歳、五歳のころより背負われて、七歳以後は自力で登った。年齢階梯で登拝する山である。

山頂までに難所や聖地があり、その所々で白米（少量の米をオヒネリしたもの）を散供《さんぐ》して吉凶を占う。とくに約三百坪ほどの小池のある種蒔苗代では、オヒネリや金銭を祈願をこめて水中に投げ込む。神意が叶えば速やかに水中に沈み、叶わぬ時は浮かんでいるという。山頂に達すると（四時すぎ）、お堂を御幣でたたき、「いまきた、いまきた」と告げて手を合わせる。朝日が昇り、ご来光を拝む。

山を下るおりには、山中の五葉の松の小枝を折り、ヤマカケの土産に持ち帰る。松は、雷が鳴ったとき雷除けに炉で燃やした。下山するとムラ人が村境で出迎えてくれた。これを「サカムケエ（境迎え／逆迎え）」といった。直接家に帰らずに、精進小屋に泊まってから帰宅した。かつては弘前の女郎部屋などへ行き、精進落としをしたという（『青年集団史研究序説』一四四頁）。

富士講

霊峰富士は、甲州人、とりわけその麓に住む人間にとっては、神そのものである。標高三七七六メートル、日本一の山である。御神体「木花開耶姫《このはなさくやひめ》」が祀られている。七月一日が「お山開き」、八月二十六日が「お山じまい」である。この間、富士講社などの登山客で賑わう。富士講とは、富士山の見える場所場所に組織された、富士登拝を目的にした結社である。登拝には経費が多くかかるため費用を積立て、順番で代表者を送り出す代参の方式を用いた。近世後期（文化・文政）の繁栄期には「江戸は広くて八百八町、八百八町に八百八講、講中八万人」といわれ、関八州を加えると、その数は九千近くにも上ったという。幕府から何度も禁圧されたが、衰えることはなかった。

江戸を発った講社は、二泊三日ほどで吉田の御師《おし》宅に到着する。富士の湧水を引いた禊川で潔斎し、一泊した後、御師やその家族に見送られながら北口浅間神社に参拝した後、「懺悔、懺悔、六根清浄」の掛け声とともに山頂をめざした。山小屋で一泊した後、ご来光を遥拝して、山頂に到る。頂上火口を内院と称し、内院各所には八つの仏が祀られている。そこをめぐることをお鉢（釜）めぐりという。浄められた心身は、浄土の境地に達するようになり、お鉢から仏の姿が立ち昇るようになるという。道者はお鉢を一巡し、下山となる。講社の多くは須走《すばしりぐち》口に出て、箱根、大山を詣でて江戸に帰還した。その間、多くの悪銭《びたせん》を落としていった。

岩木山のヤマカケは三日間のみであった。富士山は、二ヶ月近く登拝が許された。富士登拝の甲州側の終わり（「お山じまい」）には、「火祭り」がある。「日本三大奇祭」の一つである。二十六日の宵祭りに、浅間神社の神輿と境内社の諏訪神社の神輿に「お魂」が遷《うつ》され、上吉田の町を御旅所まで渡御《とぎょ》する。御旅所では、太々神楽が奉納され、同時に「大松明」に点火される。各家の前に建てられる大松明は、数十本にもなる。町中が火の海と化す。翌二十七日が「すすきの祭り」である。御旅所から神輿が帰還し、御神体が両神社の本殿に還幸され、祭りは終わる。講社による富士登拝も閉じられる。

富士登拝は、他州の人が多い。地元の人びとが、年齢の節目ごとに登る年齢階梯のお山ではなかった。富士は信仰の対象であるが、それはまた稼ぎの「お山」であった。他州からの講社の人びとが、御師宅や茶屋などにおとすカネで生活が潤ったのである。津軽の「お山」(岩木山)と甲州の「お山」(富士山)は、ともに地域住民にとって朝夕にのぞむ「信仰」のお山であるが、「カネを稼ぐ」かどうかに違いがあった。

お山伝説

その「お山」には、語り継がれている伝説がある。岩木山は「安寿と厨子王」である。森鷗外の作品として「山椒太夫」は著名であるが、岩木山にも類似の話が伝わっている。平安時代末期のことである。岩城判官の正成は、讒言《ざんげん》により西海に流罪になる。その子の安寿姫と厨子王丸は、母とともに父のもとを訪ねる途中、越後で人買いに騙されて丹後由良湊の山椒太夫に売られてしまう。奴婢となり、辛酸を舐める。厨子王の身を案じた安寿姫は、命がけで厨子王を逃がすが、拷問で責め殺される。厨子王は、国分寺に駆け込み、一名をとりとめる。その後、都に出向き、帝から領地を賜わる。何年か経ち、佐渡で盲目の母と再会し、安寿の霊を岩木山に祀る。そのためいまも山椒大夫に連なる丹後の人は登拝することが戒められている。

富士山には、「竹取物語」がある。平安時代中期のことである。竹の中から生まれたかぐや姫が、美しく成長し、五人の帝から求婚されるが断る。月の都に帰らねばならぬかぐや姫は、帝に不老不死の薬と天の羽衣を贈った。だが、かぐや姫に逢えなくなった帝には、もはや不死の薬など不要であった。帝は、富士山に多くの武士を集め、それを焼くように命令した。多くの武士に富む山、富士山の名の由来伝説である。そのほかにも、聖徳太子が一日で富士山に登拝したという「甲斐の黒駒」や、八ヶ岳や筑波山との「お山比べ」の伝説などがある。だが、富士山（三七七六メートル）と岩木山（一六二五メートル）が、ともに競い合うことはなかったようである。

第二章　津軽選挙の発生——金木町長選不正開票事件

民俗学は小さな事実を重視する。「神は細部に宿り給う」が、鉄則である。そこでまず具体的な選挙事例から入ることにしよう。

一、「選管を制する者は選挙を制する」——事件のあらまし

津軽といえば、太宰治である。太宰といえば金木町である。北津軽郡金木は、太宰の生誕地である。その金木町は、また「津軽選挙」発祥の地として名高い。三選を目ざして立候補した町長・花田一（当時三九歳）と町議会多数派の野党の支援を受けた津島英治（当時五七歳）とが演じた町長選である（そのほかに小田俊与が立候補）。一九五八（昭和三三）年四月のことであった。選挙は「選管ぐるみの違反事件」として、全国に発信された。そのうえ当事者の候補が、元青森県知事津島文治の実弟であり、また太宰の次兄であったことも、話題を大きくした。

開票中断

投票は、四月十九日に行なわれた。その夜が即日開票で、投票率は、九四％であった。花田一候補四、四六〇票、津島英治候補三、六七九票で、花田候補の当選がほぼ確実となった。ところが開票「立会人」の竹内と田中の両名が、投票数より投票用紙が六枚多いのを発見した。不正があるのではないかと「選挙無効」を申し立てた。選管委員長の西村は、これを受け入れて開票を即刻中断した。選挙事務は翌日に延期された。開票結果を見守っていた町民約五〇〇人が騒ぎ出した。武装警官三〇人が金木署から出動し、やっと沈静化した。

町選管は、翌二十日午後から開票事務を再開した。だが、このまま開票作業を続けると、さらに混乱を招くと、県選管委に立会いを求めることになった。開票作業は、二十二日に延期、改めてやり直すことになった。ところが、二十一日に開かれた選挙事務をつかさどる「選挙会」で、西村委員長は「選挙無効」を決定した。県選管委は、これを「職権乱用」、「越権行為」とみなし、取り消しの勧告を行なった。選管の混乱は沈静化する気配がなかった。両派の対立も先鋭化した。「殺す」「殴り倒す」「火をつける」などの暴言が町内を行き交い、県警の機動隊が警戒に出動するありさまであった。泥沼化の事態は続いた。西村委員長は、一時「行方不明」（民俗では「神隠し」）になった。

二十四日、津島派の幹部四人（珍田県議、秋元町議、中谷町議、それに傍島選管事務）は、五所川原の市内の旅館に会した。津島票が花田票より四〇〇票ほど少ない。この現実を何とかしなければならなかった。謀議を練った。自派で握っていた選管を動かすことにした。町の選挙管理委員会は四名、その委員長は互選で決めることになっていた。すでに津島派は、選挙前に予想される事態に対処すべく、選管の多数派を掌握していた。委員長には自派の西村をあてた。また、開票の選挙事務をつかさどる選挙会の選挙長には傍島（注）が就いていた。

（注）傍島の父親・柾之助は、津島家が設立した金木銀行の取締役を長く勤めて、また傍島は小学校長などを歴任し、同じく金木銀行の取締役に就き津島文治の選挙などを支えた。また役場職員として選挙会にも勤め、のちに金木町の収入役にも就いた（「人間性を磨かれた雌伏十年」『清廉一徹』）。

開票事務を監視する立会人は、各候補者から一人ずつ出すことになっていた。津島派は秋元町議をあて、小田候補は東京在住であったため、その立会人を津島派の中谷町議が押さえた。選管委員会は、事前に津島派が多数を掌握することに成功していた。

選管の工作活動

その選挙管理委員会を舞台に、工作活動が続いた。傍島は、町議二人（秋元・中谷）と花田の有効票を六〇〇票（正確には五八九票）ほど無効にする謀議を企てた。二十六日に、この謀議を黙認するかのように、「混乱の責任を取り」津島派の西村選管委員長が辞任した。替わったのは、中立系の土岐であった。土岐委員長は、二十七日の午前中に町選管、選挙会、県選管の合同会議を開き、まず「選挙無効」を取り消し、午後一時半から中断されていた開票作業に着手した。すでに当初の投開票から九日もすぎていた。会場には一〇〇〇人近くの町民が集まり、その警備に武装警官五〇人ほどが動員された。

開票作業は、緊張した雰囲気の中で進行していった。作業中には、町選管が発行した正規の投票用紙とは大きさが異なるものや、町選管の検印とは違った判を押した偽造検印の用紙などが発見された。傍島選挙長は、虫眼鏡で一枚一枚を点検するしぐさをオーバーに披瀝し、「金木町選挙管理委員会」の朱印の字の竹冠の部分が不鮮明なものも「偽造印」と見なした。その数は六一七票にものぼった。このなかには花田一の「一」であるが、山型になった「へ」や、傾き「ノ」に見えようなものまで無効票にした。そのうえ花田派の立会人（白川）には、この票を見せず、また無効にすべきかどうかの意見も聞こうとはしなかった（注）。

（注）これは公職選挙法第六七条「投票の効力は開票立会人の意見をきき、開票管理者が決定しなければならない」に触れるものであった。

選管開票作業は長引き、終わったのは夜の九時半をすぎていた。開票結果は、津島英治が三、九〇九票、花田一が三、六五三票、小田俊与が五票であった。十九日の投開票とは異なり、津島が花田を二五六票差で下して当選、花田は落選となった。おさまらないのは、会場を取りまいた町民であった。「選挙長と津島派の立会人をたたきのめせ、殺してしまえ」など怒声をあげるなどして、警備の警官隊と小競り合いをくり返した（『毎日新聞青森版』一九五八年四月二九日）。

当選無効

花田派は、黙っていなかった。翌二十八日、町選管に当選無効の異議申し立てを行ない、再調査を要求した。また選管の三人を金木署に告発した。告発の内容は、開票事務を怠ったり、立会人の開票監視と投票用紙点検を妨害し、花田票数百枚を不正行為で無効にした、などというものであった。また証拠保全のために投票用紙や投票箱の差し押さえも要請した。その一方で、二十九日午後には、「不正選挙根絶」のスローガンを掲げ、津島新町長の即時退陣要求町民大会を開いた。町のオボスナ（産土）である八幡宮境内に、支持者約一五〇〇人が集まり、集会終了後に津島英治宅に提灯デモを押し出した。

三十日、津島英治は、衆院選に立候補を予定していた実兄の津島文治前知事と会い、辞意を発表した。金木署では、五月一日に町選管から投票箱を押収した。町選管人三人の立会いのもと点検を実施。結果は「大部分は町選管委員会発行の正規のもので偽造票ではない」、また「無効票の多くは〝花田一〟と書いてある。これを無効にしたのは誤りだと思う」と見なした（『毎日新聞・青森版』一九五八年五月三日）。

金木署は津島派の選挙ボスの捜査・逮捕にむかった。五月三日に選挙長の傍島が逮捕され、さらに秋元と中谷町議、それに珍田県議らも逮捕された。両派から「異議申し立て」が相次いだ。さらに津島英治は、町長の辞任表明を翻意し、撤回した。混乱は増し、さらに町議の逮捕、そして町議のリコール運動なども起き、町政はマヒ状態に陥った。

五月二十二日には津島町長が初登庁したが、衆院選に青森二区から初当選した津島文治（六〇歳）は、二十三日津島オヤグマキ（親戚一同）のオトド・オドサ（家長）として、弟・英治に「津島家の先代は貴族院議員をしたこともあり、（自分は）県議、代議士、知事と（略）家名を汚さぬよう正しい政治を行なうよう心掛けてきた。正しくない選挙に関連するのは私の信念としても許さない」と、再度町長辞任を迫った（『毎日新聞・青森版』一九五八年五月二五日）。だが、英治は態度を保留し、そのまま居座る道を選んだ。

そこで文治は、六月五日に津島派の西村町会議長ら町議五人と会い、調停案を提示した。「①津島英治を町長の職から去らせて選挙をやり直す。②津島、花田両氏は町政関与を一時やめ、新人を町長の座に就かせる」といった内容であった。七日に、津島・花田両派は、文治の仲介案を検討したが、両派とも異議が噴出し、受諾することはなかった。

選挙無効

花田派は、県選管に当選取り消しを求めた。県選管は、一九五八年六月十六日、花田の主張を認め、津島の当選無効を決定した。選挙会で無効とされた大量の花田票を復活させ、当選花田一（四四二七票）、次点津島英治（三九一一票）、小田俊与（五票）、無効投票数一〇四票と決定したのである。津島派は、ただちに仙台高裁秋田支部に「町長選無効」の訴訟を起こした。

この間、町政は津島英治が掌握し、津島派の側近、木立民五郎が助役、傍島正守が収入役に就いた。だが、議会は花田派の野党が多数派であり、町長の提出議案は否決されることが多かった。津島町長は苦しい立場に追いやられた。

裁判も津島派には厳しいものであった。仙台高裁秋田支部は、「不正票が多く混入していたとしても、選挙の結果に移動を及ぼすことはなく県選挙管理委員会裁決は正しい」と、津島派の請求を退けた。津島派は、さらに最高裁へ上告した。だが、最高裁（第二小法廷）は一九六一年十月十三日、高裁の判決を支持し、上告棄却を言渡した。これによって花田および県選管の主張が認められ、津島町長の当選無効が決定した。三年半ぶりのことであった。

しかし、この間、花田はすでに県議に転身していた。一九五九年四月の県議選（北津軽郡）に出馬し、最高点で当選していたのである。町長に就任するためには、法的に県議を辞任しなければならなかった。町長の任期は、あと半年にすぎない、花田は就任を辞退した。ここでまた問題が生じた。花田派は津島町長がすぐさま辞職すると考えていた。しかし、津島英治は辞職しなかった。県選管の法解釈のミスもあり、再選挙ではなく、そのまま津島が繰り上げ当選になった（注）。

津島は任期終了まで務めたが、一九六二年四月の町長選には再出馬しなかった。後継者に秋谷を推薦した。だが、秋谷は花田派の推す三上に四七〇票差で敗れ、津島派は町政の継続を絶たれた。ただし、選挙違反だけは相変わらず受け継がれた。この選挙でも両候補の夫人をはじめ三十一人が起訴されたのである。そして「選管ぐるみの不正選挙」、「選管を制するものが選挙を制する戦術」は、津軽全体に広く感染、伝播することになったのである。

（注）対立候補の花田に町選管から一九六一年十月二十三日に当選証書が交付された。県選管は、花田が就任を辞退した場合、津島の繰り上げ当選はない、十二月中に町長選実施、と考えていた。しかし、自治省の法的見解は別であった。津島の繰り上げを認めるものであった。その法的根拠はつぎのようなものであった。①花田の当選（公職選挙法96条）。②県議と兼職ができない。やめないと当選人の資格を失う（同１０３条）。③花田が町長に就任しない場合、津島の繰上げ当選（同97条1項）。④最高裁の「当選無効確定」判決は、津島の場合は選挙の得票数の問題である。津島の選挙違反などではない。そこで被選挙権を失うことはない。⑤津島がもし選挙違反ならば、被選挙権を失うことになり、繰り上げ当選はなく、再選挙、ということになる（同97条

3項）。

そのうえ法廷での争いも長く続いた。町長選で投票増減を企てた津島派のT県議やU選管長ら四被告人は起訴され、一九六二年一月三十一日に地裁五所川原支部で、実刑判決を受けた。そこで控訴したが、仙台高裁秋田支部も地裁判決を支持した。四人は上告した。最高裁は、一九六八年五月二日に上告を棄却した。Uは懲役二年、そのほかの者は懲役一年、と一審通りの実刑判決が下った。事件発生から十年の歳月が経っていた。

二、金木の民俗

見栄坊の町

事件の発生した金木町は、北津軽郡のほぼ中央に位置し、一九五五（昭和三〇）年に喜良村・嘉瀬村と合併し、新しい金木町が成立した。人口は、一万七〇〇〇人弱であった（一九五八年三月）。当時は、東部は森林におおわれた大倉岳連峰の背梁をもって東津軽郡ないし青森市と接し、西は岩木川を隔てて稲垣村、南は五所川原市、北は中里町と接していた。つまり岩木川に流れ込む十川を隔てて津軽平野に連なるゆるやかな丘陵に開かれた集落で、低地では稲作、台地は畑作で煙草栽培が盛んであった。山地は国有林野地が広く、良質のヒバ森林地帯であった。また開拓された土地では畜産も盛んであった（なお、二〇〇五年三月に、五所川原市、市浦村と合併し、新しい五所川原市となっている）。

町の特徴は、太宰治によれば、「金木は、私の生まれた町である。津軽平野のほぼ中央に位し、人口五、六千の、これといふ特徴もないが、どこやら都会ふうにちよつと気取つた町である。善く言へば、水のやうに淡泊であり、悪く言へば、底の浅い見栄坊の町」（『津軽』）である。そこで選挙演説も、町民の親しみのある津軽弁で演説すればいいものを、「都会風」の標準語でしなければ「演説もまどもにぶでねのが」と票がへってしまう風土であった（『津軽選挙』一二一〜三頁）。金木町は選挙抗争の激しい町であるが、また民俗行事の盛んな地でもあった。とくに著名なのが、「金木荒馬」と「大綱引き」であった。

サナブリ荒馬

「荒馬」とは、胴に馬の頭と胴体を付け、着飾った「荒馬」と、その手綱を取る「奴」の演じる駒踊り芸能で、津軽の各地に見られる。金木の荒馬の起源は、一説には四代藩主・津軽信政が民情視察のおり、粗末な丸太橋をみごとな手綱さばきで渡った馬上の英姿を再現したものだといわれている。そのため、一般の荒馬踊りは、農作業のしぐさをなぞらえる田踊りの一種であったが、「都会風を気取った金木」の荒馬は、より洗練された。「荒馬殿様」のほか、警護役の「手綱奴」と「手綱引奴」の二人が付き、太鼓・笛・手振り鉦の伴奏をともなって荒ぶれた馬踊りを見せる。

この「荒馬」は、一般には、「さなぶり荒馬」といい、田植え（金木では「五月《ごがつ》」と称した）が終了したあとの村祭りのなかで行なわれた。「さなぶり」とは、神を迎え、その年の豊作を祈念し、神と人が飲食をともにし、その後に神を送り出す行事である。この神が、「さの神」で、「ざんばい」とも呼ばれた。田植えの時に「さの神」を迎えるのであるが、それを「さくだり」「ざおろし」「さんばいおろし」などといった。送り出すことを「さのぼり」とか「さなぶり」と称した（注）。

（注）宮本常一の『左近熊太翁旧事談』（『宮本常一著作集㊲』）によれば、大阪府と和歌山県境の滝畑（現河内長野市）では、戦前のことであるが、田植えのはじめをサビラキと言い終わりをサナブリといったという。

「さなぶり荒馬」とは、田の神（「さの神」）が、一時昇天するときに乗る馬のことである。この馬の様子を芸能化したのが「さなぶり荒馬」である。「さの神」が、帰還されたあとが、「さなぶり休み」でムラ中一斉に農休みとなった。この休みに行なわれるのが「虫送り」の行事である。藁で「蛇体」をつくり、それを先頭に「傘袋」「太刀振り」「荒馬」「獅子踊り」の順に鳴物の太鼓・笛・手振り鉦をともない村内を練り歩く。村はずれにさしかかると林の木に蛇体を投げ捨てて帰還する。全体は、虫送りの行事で、その一部に組み込まれているのが「さなぶり」であり、「荒馬」であった。

競馬

馬は、「荒馬」の芸能だけではなかった。金木は競馬もさかんであった。『金木郷土史』を参照しながら当時の様子を再現すると以下のようになる。田植えのあとの「サナブリ（虫送り）」の行事が終わると、田の草取りに入る。一番除草が済んだ旧暦六月一日、二日に金木では競馬が行なわれた。場所は、現在の芦野公園で、競馬場が設置されていた。太宰の実父・津島源右衛門などが尽力して造ったものである。

競馬が近づくと、金木の町は準備で忙しくなった。商店街では軒先に綱が引かれ、万国旗がつるされた。屋台が作られ、歌舞伎人形が飾られた。杉の青葉で大緑門も設置された。街は清掃が行き届き、旅館では厚化粧の芸者が右往左往していた。弘前からは第八師団長が、青森からは県知事が来訪した。町のお偉いさんが日の丸の小旗を持って、村はずれまでお迎えに出た。随行の軍人や役人は数知れない。ちなみに第八師団（弘前二十一師団）は「陸軍最強の部隊」で「国宝師団」といわれ「粘り強さ」が身上であった。各農家でも近在の親戚がやって来るので、餅を搗いたり、そば切りや黒砂糖で味付けした「鍋すり餅」を作り、来客を接待した。

競馬開会式はラッパ吹奏ではじまった。花火もドン、ドンとあがった。見物人は、西津軽・北津軽郡から、青森・弘前からも集まった。出店も数えきれないほどであった。飴やアイスクリーム、バナナも並んでいた。「カケ競馬」と「ダク馬競馬」があった（注）。カケ競馬は馬券を買い、勝負を競った。ダク馬とは、雪橇制御に用いる輪をタグツ（田沓）ということからか、農耕馬の競走であった。

（注）選挙では、「アテ馬」という戦術がある。太宰治は、酔うとよく「俺はアテ馬になりたくない」と甲州の小説家、熊王徳平に愚痴ったという。この場合は、津軽で行なわれている牝馬に発情を促すためだけの牡馬のようにはなりたくないという意味合いである。

選挙一般では、対立する相手候補の反応や動向を探るため仮の候補者を立てることをいう。相手候補の反応や動向を探るため仮の者を候補者に仕立てるのである。

甲州選挙では、一九七九年一月の山梨県知事選では、現職田辺国男の四選出馬を探るため、反田辺派は、アテウマをつぎつぎに繰り出した。金丸信なども その一人で、さらに田辺の側近中の側近であった中村太郎（参議員・自民党山梨県連会長）をアテ馬候補に仕立て、田辺の動向を探ったことがあった（『山梨日日新聞』一九七八年八月八日／九月六日）。

青森県では社会党の米内山義一郎が、選挙動向を探るため「万年アテ馬候補」として利用されることが多かった。

大綱引き

もう一つの盛大な民俗行事に「大綱引き」があった。長い冬が終わって雪が消えはじめる三月下旬に行なわれた。予祝行事で、春先に豊作を祈願し、一〇〇メートルにもおよぶ大綱をつくり、双方が綱引きをして、勝敗で「神意」を確かめた。その大綱引きは、『金木郷土史』（一九七六年）によれば、天保の大飢饉から立ち直り、荒廃田の再開発に着手した農民の士気を鼓舞し、合わせて慰安を兼ねた行事としてはじまったという。

町内の子どもたちが、「ツーナコカーベァ、ヨーイ、カケアナーナ、ジコデモ、ババデモ、ミナデハレ」と声高らかに町内を何回も触れ回った。まず子どもたちの綱引きからはじまった。そのうち大人も加わるようになり、だんだん綱が太く長くなっていく。最後が上（上金木）と下（下金木）の大綱引きであった。サバイロ（綱の真中）は「ヤマゲン（山源）」（太宰の実家・斜陽館）の前であった。人びとは、足袋に草鞋を履き、豆絞りの鉢巻を締めるなど気合と力が入る軽装姿であった。町内の重立《おもだち》（旦那衆）も出てきて、人員不足で負けそうになるとただちに応援の伝令を出した。上金木は、藤枝・川倉・大沢内・八幡方面に、下金木は喜良市・嘉瀬・蒔田・神原・豊島方面より若い助っ人をかき集めた。集まった若者には酒肴、おにぎりを出し、さらにいくばくかの煙草銭が与えられた。

準備の鐘がなると、屈強な若者たちが先頭部に、そのほかの人たちは中・後部につく。開始の鐘で数千の老若男女が「ややどう」の掛け声とともに渾身の力で綱を引く。一進一退は数分続く。重立衆も若者頭も提灯を捨て、綱に飛び付きあらんかぎりの力を込めた。ただそれだけのことであった。神事（仏事）競技によくある勝敗が、神仏の加護を賜るということでもない。勝っても負けても、神の御利益がどちらかに傾くというわけでなく、個々人が渾身の力をあらん限り注げば、それでいいのである。戦い終わると使用人は一週間の農休みとなる。天下晴れての休みとなったのである。

選挙祭り

このサナブリ荒馬と大綱引きの民俗行事も、一九三一（昭和六）年の満州事変の勃発を機に停止され、競馬も廃止になってしまった。金木の誇るべき祭りと行事は、姿を消してしまったのである。精神が高ぶり、興奮する「祭り」の復活は、戦後の男女普選まで待つことになった。その祭りの頂点が、一九五八年四月の金木町長選であった。

だが、町長選の綱引きの勝負は、裁判では十年もの歳月を要した。町は混乱し、悲劇や憎悪を増大させた。では、その勝負は、津島派が勝利したのか、花田派が負けたのか、なんともいえなかった。そもそも金木の綱引きは、勝敗を決するよりも、農民の生気の高揚にあり、あらんかぎりを尽くす消耗に本質があった。その意味では、決着のつく必要がなかったのである。現実の町長選もすっきりせずに、町政での津島派対花田派の綱引きは、くすぶり続けることになった。

三、津島英治と花田一

御両家政治の崩壊

選挙の喜悲劇は、候補者の身にも降りかかる。町長選は、津島英治と花田一、この二人を旗印として争われたわけだが、親戚組織であるオヤグマキ内部でいえば、宗家（旧家）勢力と別家（新興勢力）の戦いであった。金木町は、明治（末期）以来、高橋家（池屋派）と津島家（山源派）の勢力が拮抗し、その両家の話し合いで町政が行なわれてきた。それを「御両家政治」と称していた（相馬正一『若き日の太宰治』四七頁）。

しかし金木の有力な旧家であるNマキで、宗家（中甚）と別家（中新）の争いが生じた。別家から町長が誕生した（一九二七年）ことから、両派の争いがより深刻化し、安定していた「御両家政治」の町政にまで余震は波及した（「津軽選挙の哄笑と〝おやぐまぎ〟」）。この二派（旧勢力と新興勢力）の対立は、戦後にも引き継がれ、農地改革を契機に旧家勢力（地主＝没落）対新興勢力（自作・旧小作）の戦いとして大きく展開された。

「金木町長選の不正開票事件」においても、この構図は引き継がれており、二派の対立・抗争は熾烈を極めた。津島が旧家勢力派、花田が新興勢力派であった。さらに民俗行事の「大綱引き」でいうと、朝日町の津島英治は「上町方」、小川町の花田一は「下町方」ということになる。両者が大綱引きに参加したかどうかは管見の限りでは不明である。「山源」の前が縄の真中（サバイ（捌く

太宰の実家「斜陽館」

口）であった。知事の津島文治が、立行司ということになろうか。一九五五年に、それも春を告げる四月に、満州事変（一九三一年）から中断されていた「大綱引き」が復活し、五八年の町長選で最高潮に達したといえよう。

だが、金木の「大綱引き」には、鰺ヶ沢町のように「上《かみ》」が勝てばその年は大漁、「下《しも》」が勝てば豊作というように神意が下るという構図はなかった。双方が力の限りを出し合い、性根尽きるまで戦うのである。結果、綱引きの趣旨である町民の「士気」は大いに高められ、「慰安」にもなった。だが、二人の頭目にとっては、その負の代償はあまりにも大きかった。

帰らざる人

津島英治（一九〇〇～一九七〇）は、青森県知事をつとめた津島文治の弟、太宰治の兄である。太宰は、この英治について、つぎのように評している。

この兄（英治）は、谷崎潤一郎の初期からの愛読者でありました。それから、また、吉井勇の人柄を、とても好いてゐました。次兄は、酒にも強く、親分気質の豪快な心を持つてゐて、けれども、決して酒に負けず、いつでも長兄（文治）の相談相手になつて、まじめに物事を処理し、謙遜な人でありました。さうしてひそかに、吉井勇の、「紅燈に行きてふたび帰らざる人をまことのわれと思ふや。」といふやうな鬱勃の雄心を愛して居られたのではないかと思はれます。（「兄たち」）。

英治は、文学肌で、酒に強く、内に占める野望の気迫がみなぎった、豪快な親分肌、そのうえ真面目で謙遜な人ということになる。長兄を地元金木で支え、青森銀行金木支店長、金木町の教育委員長を歴任した。花田町政に不満を持つ「守旧派」に担ぎ出されて町長選に出馬したが「落選」。上述のように「不正」で町長の座に就いたものの、町政は厳しく、みずからの個性をだすこともできず、まるで針の筵にじっと耐える以外なかった。「町内の会合で挨拶に立てば、『ニセ町長』とか『毒てらこ（津軽弁で毒蛾のこと）』などとヤジられたという」（『津軽選挙』一三九頁）。議会では、与野党が拮抗しており、町長の給与も交際費も議会の決議で減額されたりした。結局、町政は町長の専決処分ですすめるほかなかった。役場の行き帰りには、寄り道もせず、その長身の背を折り曲げるように、早足で歩いて帰宅したという（『津島家の人びと』二一〇頁）（注）。

（注）金木町が発行した『金木郷土史』（一九七六年）には、「知名人」欄がある。そこには近代以後現存者を含め百名以上の名前と、その足跡が紹介されている。このなかには太宰治や津島文治、花田一などの人びとが記載されている。だが、「津島英治」の名はない。「町長経験者」であり、地元経済に大きな役割を果たした青森銀行金木支店長であり、教育行政の要であった金木町教育委員長などを歴任した人物である。にもかかわらず、その名が消されている。編纂者によって、故意に町政の舞台（歴史）から消されたのか、本人みずからが固辞したのかは不明であるが、後者であるならば、英治の哀傷がいかばかりであったかが十分に伝わってくる。

アシフッパリ

もう一人の対決者・花田一（一九一九～一九九五）は、大正八年生まれ、一年八ヶ月で父と死別後、厳格な祖父母の手で育てられた。祖父は金木町で海産物問屋を営む北津軽郡内屈指の豪商で、常時数十人の小売業者と店員で繁盛を極めていたという。母方の祖父（津島市三郎）は、「山源」の当主津島源右衛門（英治の父）と従兄弟にあたり、明治末期から「山源」の帳場をあずかり、執事兼会計として戸主の仕事を代行していた。津島家（「山源」）とは、オヤグマキ（親戚）の関係であった。

花田は、修学後、小・中学校の教員についたが、欠食児童の多い現状打破のため政治力の重要性を痛感した。一九四七年三月、金木中学校教諭在職のまま、金木町会議員に立候補、最高点で当選、副議長に選出された。一九五一年四月には、知事・津島文治や妻アイ子の父・中谷新吉郎（元金木町長）らの支援もあり、金木町長に三十一歳の若さで当選。敏腕を振るい、組合立金木高等学校の開校（一九五二年）、新制金木中学校の建設などをはじめ農工業の振興に尽くした。一九五三年十月三十一日の富士山を前にした太宰治文学碑除幕式には、わざわざ山梨県河口湖町に足を運んだ文化擁護者でもあった。

一九五五年、町村合併促進法に基づき、金木町・嘉瀬村・喜良市村の合併に成功し、合併後の初代町長に当選・就任した。人情家で、弁舌はさわやか、俊敏な実行力をもっていた。だが、出る杭は打たれる。とくに守旧派の勢力から恐れられた。アシフッパリが激昂し、二期目の選挙では、守旧派から担ぎ上げられた最強の候補者・津島英治と戦うことになった。世にいう「金木町長選」であった。

木の葉コ沈む

選挙結果は、金木町旧嘉瀬村に伝わる「奴踊り」（青森県指定無形民俗文化財）の伝承そのものであった。いまから三百年ほど前、津軽四代目藩主の信政は、領内の開墾に力を注ぎ、藩士を投入して新田開発を図った。しかし、藩士たちの新田開発の熱意は高揚しなかった。そんな中で藩士・鳴海伝右衛門は、妻子と奴・徳助を連れて嘉瀬に住み、近隣の百姓たちと共に開墾に情熱を傾け、数年後には三百町歩の良田を開墾することに成功した。しかし、同僚の藩士は、冷ややかで、伝右衛門は「腰抜け武士の典型よ」とさげすまれ、冷笑された。伝右衛門は、次第に覇気を失い、沈みがちになってしまった。そんな主人を奴の徳助は、歎き、慰めようと歌ったのが「奴踊り」のはじまりといわれている。

「嘉瀬と金木の間の川コ、石コ流れて、木の葉コ沈む」と歌った。誠実なものは恵まれず、上役に要領よく取り入る軽薄な者が幅をきかせる、「そんな理不尽な世の中、逆さまだ」と、風刺を込めた。花田の町長選の敗北は、「木の葉が沈んで石が流れる」、そんな情景に花田支持者には映じたはずである。

奴踊り

花田は、めげずに一九五九年四月、県議会選に北津軽郡選挙区から無所属で立候補し、最高点で当選した。県会では、「社会をよくし、人様の御用を勤める」をモットーに、働きながら学ぶ若者の教育に情熱を注いだ。以後六期連続最高点で当選した（一九五九〜一九七九）。だが、県会で議長に選出されることはなかった。政策実現のためには、県議―津軽選出代議士という系列や序列を無視し、頭越しに中央の政治家と交渉することが多く、そのことで秩序を重んじるまわりの政治家の疑心暗鬼を生み、花田へのアシフッパリを助長させたようである。

一九六三年十一月の第三十回衆院選に竹内俊吉が知事に転出後、首相佐藤栄作と保利茂の支援で、津軽の開発と肉牛の産地化をめざして、その後釜として国政に転じようとしたが、竹内派をまとめることができず、後継者問題で竹内俊吉の子息黎一に敗れ断念せざるを得なかった。それでも三十一回（一九六七年）と三十二回（一九六九年）の衆院選青森二区から無所属で立候補したが落選、田沢―竹内の両壁の一角を崩すことができなかった。

一九八三（昭和五八）年六月の参議院選（青森全区）には、竹内派から田沢派に鞍替えし、無所属で立候補した。すでに衆院選でともに戦う危険のなくなった田沢吉郎は、金木町長選以来の津島家―花田家とのわだかまりを超えて、津島オヤグマキの一員として支援に回った。また、田沢の国政の領袖であった宮沢喜一も応援を惜しまなかった。だが、当選することはできなかった。このとき花田は六十三歳になっていた。とうとう国会議事堂の赤ジュウタンを踏むことはかなわなかったのである。

一九九五年五月二十八日、花田はこの世を去った。七十五歳であった。葬儀は、六月三日、金木町中央公民館で行なわれた。喪主は従兄の花田昭一がつとめた。県議七期を務めた花田の葬儀には多くの支持者がかけつけた。だが、居るべき妻も一男二女の子どもの姿も見当たらなかった。政治・選挙が家族を苦しめ、悲劇を生み、引き裂いたのであろう。在所には墓以外何ひとつ残っていない。墓地は、津島文治も眠る南台寺の一角にある。だが、互いに見つめ合うことができる場所には建っていない。

賽の河原

金木の北方に芦野公園がある。太宰治がこよなく愛し、妻・美知子と親しく散歩した場所である。公園の湖面を前に東を望むと小高い丘が見える。イタコでしられた「川倉の賽《さい》の河原」である。下北の恐山とならぶ霊場である。陰暦六月二十三、二十四日の両日が地蔵尊の例祭日で、津軽中のイタコが数十人も集まり、「口寄せ」を行なった。近郷近在はもちろん、遠く北海道や秋田からも参詣者が訪れた。最盛期には数万人にもおよんだという。規模は小さくなったが、今日においても存続している。

賽の河原とは、冥途にある河原をいう。幼くして亡くなった児が、苦悩にうちひしがれる場所である。小児がここにきて石を積んで塔をつくる。一つ積んでは父のため、二つ積んでは母のため……。積んでも積んでも大鬼が来てくずし去る。むなしい限りである。これは小児が母の胎内にいるおり、母に多くの苦痛をかけたのに、幼くして死んだため、母の恩に報いることができなかった。その罪を責められている光景だという。

　地蔵様の前には、露店が立ち並び、子どもが喜びそうな品物が並ぶ。かたわらに子を亡くした母親らが、熱心にイタコが霊媒する死者のことばを聞く。黄泉の国から呼び寄せた子の声である。一心不乱に耳を傾ける。悲しみにうちひしがれて、うめき声をあげて泣き崩れる母親もいる。

　この国の選挙もむなしいものなのか。津島英治と花田一の霊を呼び起こし（「仏降し」）、聞いてみたい。私たちは、鬼が現れて、幼子が一つ、また一つ積む石を、無残にも蹴散らしてしまう光景に出会うのだろうか。

川倉の地蔵堂

第三章　二人町長と代理戦争——鰺ヶ沢選挙と大泉村長選

さて、津軽選挙や甲州選挙に祝祭的要素が濃厚であることを示したが、祭りには神の降臨と、その祭場が必要になる。神が現れると、拝殿や境内で歓待行事が開かれ、神事と直会《なおらい》が行なわれる。神を慰撫する神事には、芸能や競技が付随し、激昂することが多い。ここでは二手に分かれ競い合う選挙の「神事競技」を見ることにしよう。

一、津軽鰺ヶ沢の二人町長

代理戦争

金木町長選に象徴されるような中立・公正であるべき「選挙管理委員会」が何らかのかたちで介入し、「投票用紙」を改竄《かいざん》したり、さらにそれをもってして「選挙無効」を唱えるような事件は、その後も津軽選挙では続き、「伝統」と化した。さらに選管自身のミスも加わり、「選管を制する者が選挙を制する」という「津軽選挙」の名をさらに高めることになった。

しかし仔細に見ると、確かに選管を主戦場とする双方の争いであるが、その後に大親分が控えての「代理戦争」の観がないともいえない。「代理戦争」とは、一九七五年に終結するベトナム戦争が、その代表であるが、大国間（アメリカと中国・ソ連）の紛争の代理として戦われた戦争である。巷間でも、深作欣二監督の『仁義なき戦い―代理戦争』が、一九七三年九月に公開され、大ヒットした。こちらはスジを通さない組長（親分）同士の抗争に、菅原文太演じる組員らが翻弄されるストーリーであった。

選挙においても、代理戦争はささやかれ、津軽においては国政の親分、津島文治―田沢吉郎と竹内俊吉―竹内黎一の代理戦争として、配下の者が戦った市町村長選挙も少なくない。甲州でも同時期に金丸信と反金丸派（田辺国男知事ら）の抗争が続いた。なかでも最大の戦争が、一九六七年四月と一九七一年四月に行なわれた西津軽郡の鯵ヶ沢町長選であった。前者は「鯵ヶ沢町長選不在者投票事件」、後者は「鯵ヶ沢二人町長選事件」などと呼ばれている。とりわけ、後者は鯵ヶ沢町を津軽選挙のメッカにした事件であった。まず、あらましを述べておこう。

「愛町会」と「竹風会」の激突

鯵ヶ沢町の戦後初の町長選は、町の政治ボスたちの推す旧勢力を打倒した山屋辰夫が初当選した。山屋は弱冠三十八歳であった。青年団出身者であったが、政治経験はほとんどなかった。就任後山屋は、一九五五（昭和三〇）年三月に鯵ヶ沢町を主軸に、赤石村・舞戸村・中村・鳴沢村との合併を成功させた。西津軽郡の盟主奪還をかけての町村合併であった。新町長選は五月十日に行なわれた。八氏がそれぞれ旧町村をバックに立候補したが、旧鯵ヶ沢町長の山屋辰夫が当選した。山屋は、代議士派閥では三和精一系に属していた。再選をめざした一九五九年四月の町長選では、県漁連会長であり、県議会副議長を辞職して立候補した中村清次郎と対決した。中村は知事・津島文治と昵懇《じっこん》の間柄であった。町内を二分する激しい選挙戦が展開された。勝負は、五八六五票対五六六八票、一九七票の僅差で山屋町長が再選された。

しかし、一九六三（昭和三八）年四月の第三回町長選では、三期目（通算では五期目）をめざした山屋は、逆に中村清次郎に敗れた。五三一五票対六一五五票で、八四〇票差であった。だが、反山屋派でまとまっていた中村派（津島—田沢派と竹内派の連合）は、その年一九六三年十一月の衆院選をきっかけに亀裂が入った。青森二区の津軽では、田沢吉郎が再選され、竹内俊吉は知事に転身し、その後継者には長男の竹内黎一がなり、ともに当選した。

だが、中村町長は、田沢支持を明言してはばからなかった。両派のわだかまりは深まり、亀裂は決定的になった。中村支持者は田沢派と竹内派に分裂したのである。この過程で竹内派は、旧山屋派（清風会）と数合わせのため、「仁義（理論）なき」合従《がっしょう》連衡《れんこう》を行ない「竹風会」を結成した。中村派も「愛町会」（津島—田沢派）を立ち上げ、二強の対立は決定的になった。竹風会には、竹内俊吉知事と竹内黎一代議士の親子が、一方の「愛町会」には津島文治参議員と田沢吉郎代議士のオヤグが控えていた。この大親分が拝殿で床几に腰を下ろしての戦いであった。後顧の憂いのない「代理戦争」は、「選管の横暴」も加わり、「仁義なき戦い」として展開することになったのである。

仁義なき戦い

一九六七年四月の第四回町長選では、中村町長は「愛町会」をバックに二期目をめざした。対立候補は、山屋前町長派と竹内派が連合した「竹風会」の一戸正太郎であった。一戸は、旧中村村長を務め、そこで開業していた医師である。そのうえ、山屋と中村が対決した前回（一九六三年）の町長選では、中村の選挙参謀を務めた人物であった。

選挙は激烈であった。抗争は投票だけで終わることはなかった。商売にも広がり、反対派の商店では買い物をしないという事態まで発生した。投票前には、一票一万円の買収値段のうわさが飛び交った。投票率も九一・八九％と跳ね上がった（『毎日新聞・青森版』一九六七年五月八日）。選挙は、五六六二票対五五七四票で中村が再選された。八八票の僅差であった。開票途中までは、一戸票の出足がよく、中村票を断然リードし、当確がでる雰囲気であった。だが、後半に挽回された。ここで疑惑が持ちあがり、一戸派から異議申し立てがなされた。不在者投票の証明書乱発や代理記載の強制などに関するものであった。中村町長の選挙事務所に、不在者投票を証明するのに必要な町長の公印が入った証明書が多数用意されていたというものであった。有権者一万二〇〇〇人、うち不在者投票は一〇〇〇人を超えた。出稼ぎを口実に不在者投票を行なったものが多かった。にもかかわらずその多くが、当日には農作業に従事していたという。

選挙後、町職員が不在者投票の証明書（「疏明書」——当日投票できない理由書）を選管から持ち出し、中村選挙事務所で有権者に手渡していたことが発覚した。有権者に事務所で不在者投票の証明書を書かせ、その後に車で選管投票所に連れて行き、中村候補へ投票させた。その謝礼に有権者は、千円ずつもらった事実も明るみに出た（『毎日新聞・青森版』一九六七年五月二七日）。これらの事件で中村派は、役場秘書課長ほか係長三人を含む一二人が逮捕され、二三〇人が取り調べを受けた（『青森県百科事典』）。僅差で敗れた一戸候補から当選無効の異議申し立てがあったが、町選管は棄却、県選管も「選挙は有効、当落は逆転しない」と裁決し、中村町政の二期目が始動した。

二人町長の示現

「愛町会」と「竹風会」の三回目の激突は、一九七一年四月二十五日の町長選であった。三選をめざした中村清次郎（漁師町・自民・七二歳、田沢派「愛町会」）の相手は、元県議で病院長の鈴木泰治（舞戸町・六二歳、竹内派「竹風会」）であった。鈴木は前回敗れた一戸に変わり、竹内・山屋派連合の「竹風会」が擁立した候補者であった。開票結果は、中村五二三三票対鈴木四七五五票であった。中村が四七八票差で三選された。町選管は、現職町長・中村清次郎を当選と認め「当選証書」を交付した。

ところが、同月二十九日、竹風会・鈴木派の運動員が鰺ヶ沢署に「一部の投票所（第十七投票所―建石小）から中央公民館の開票所に運ぶ途中、何者かが投票用紙をすり替えた」と、中村町長と町選管を不正で告発した。三十日にも竹風会・鈴木派運動員が町選管に「町長選の投票用紙のなかで中村町長の得票に数百票の同一筆跡がある」と選挙無効の異議申し立てを行なった。異議を取り上げた選管は、二日間にわたって投票用紙を調査した。結果は、中村町長の得票五二三三票のうち八六〇票を同一筆跡と認め、このうち代理投票分の二六七票を除く五九三票（ただし、中村派委員は同一筆跡を一二票とした）を無効とした。これで中村町長の得票は、四六四〇票となり、次点であった鈴木が四七五五票で、逆転当選となり、町選管は二枚目の当選証書を鈴木に渡した。

しかし、当日の当選認定は、選管委員五人のうち四人が出席しなければならない規定になっていたにもかかわらず二人しか出席しなかった。そこで一人を臨時委員としての委員会を強行開催した。内訳は「竹風会（鈴木派）」三人（須藤委員長をふくむ）対「愛町会（中村派）」一人であった。

神主のお告げ

この逆転当選の決定に対し、愛町会（中村派）は鰺ヶ沢署に須藤委員長ら選管委員三人を公文書偽造違反などで告訴した。県選管は、町選管と異なり、五月四日に「現段階では中村氏が町長」と発表した。この結果、「二人の町長」が出現することになった。旧町長の任期が切れ、新町長の登庁日である五月十日になった。庁舎は、かつての津軽藩鰺ヶ沢奉行所の跡地である小高い丘の上に建っていた。前夜から徹夜で警戒にあたっていた町場職員や県警から派遣された機動隊員約八〇名の見守るなか、「きたぞ」の歓声を縫って中村「新」町長が町長専用車で八時に登庁した。前夜から待機していた報道陣や役場職員にモミクチャにされながら「ありがとう」を連発しつつ町

開票を見守る人々（『東奥年鑑』より）

長室に入っていった。消防士が町長室の入口をかためた。
さて、もう一人の「町長」の鈴木は、本人が登庁せず、代わりに「代理人」竹風会総務渋谷文夫が「無用の混乱は本意でない」として「私が本日から鰺ヶ沢町長であることには変わりはない。しかし、混乱を招くのは本意でないので、裁判所の仮処分に従わざるを得ない。法律的措置により、一日も早く晴れて登庁できるよう最大の努力をする。鰺ヶ沢町長鈴木泰治」という声明書を代読するにとどまった（『毎日新聞・青森版』一九七一年五月一一日）。当の鈴木泰治は後日その理由をつぎのように語ったという。

私は一度も町長の椅子に座ったわけではなく、〝二人町長事件〟というのはあたらない。登庁を中止したのは、正確な日時は記憶していないが、騒ぎの最中に仲介する人があって、青森市で竹内知事（当時）に会ったら、知事が「鈴木君、神楽終りしたネ。神楽終ったあどさ神主が出てきてもおがしなもんだべな」と言ったからだ。自分としては、この一言ですべてが終った感じだった。（『津軽選挙』二〇三～四頁）

「神主」（津軽では「宮司」ということが多い）を知事と理解すれば、選挙祭りの後で神主（知事）が出ていって、祭り（選挙）をやり直すのは、神への冒瀆であり、権威の失墜であり、滑稽でさえある。選挙祭りは終わったのだと、「竹風会」の大親分竹内知事にやんわりと諌《いさ》められては、鈴木も反発できなかったのであろう。鈴木は梯子をはずされたような寂寥を感じながら町長椅子の奪還をあきらめざるを得なかった。

選挙の観光化

この騒動を親分・竹内知事が熟知していたかどうかは定かでない。が、同町最大の祭りである白八幡宮の大祭にどこか似ている。白八幡宮は、弘前八幡宮、浪岡八幡宮と並んで津軽の「三八幡宮」といわれている。選挙同様に、四年に一度、大祭が催される。現在では八月十四から十六日にかけて、武運長久、領内安全、五穀豊穣、火難消除を祈願して行なわれる。祭りの起源は、延宝五（一六七七）年で、津軽藩主の命によりはじまったといわれている。呼び物は、「御神輿渡御行列」（神幸祭）である。津軽一帯（現在は鯵ヶ沢町町内）から、神主が集まる。乗馬した神職（白八幡神社宮司）と鯵ヶ沢町長が、二基の神輿に従い、そのあと御神馬、裃姿の奉行役、古式装束に身をまとった鉄砲、槍、弓などの御神器や御神宝を捧持する人々が続く。神輿に従う神職は権威があり、絶対である。

さらに各町内の山車十基が続く。行列は、総勢二〇〇余名、一キロにも達する。沿道の各戸では、「チャクザハイ（着座拝）」といい、家の前に和机を据え、お神酒、お初穂、お灯明を供え、正座し拝礼で迎える。大祭三日目には、御座船に御神輿を遷して海上渡御も行なわれる。先導船に導かれて海上に繰り出した御座船の上では大漁祈願祭が執り行なわれる。かつては、相撲も奉納された。

ところで、この「二人町長事件」は、本物の祭りを凌駕した賑わいであった。景気を刺激して「経済効果」は抜群であった。登庁までの一週間、町の賑わいは驚異的で、町内の五軒しかない旅館はどこも超満員で五〇万円以上（一九七一年当時、大学卒初任給は四万六千円ほどであった）のカネが懐に入り、同町最大の呼び物である白八幡宮大祭の経済効果を上回ったともいわれた。

当時町が直面していた「過疎の町、貧困の町、そして後進性の町」（『広報あじがさわ』一九七一年八月号）のかじ取りは重いものがあった。「二人町長」がいてもおかしくない課題が山積していた。当時の鰺ヶ沢町の人口は二万三〇〇〇人ほど、米とリンゴ、それに漁業が町の主産業であった。事件は鰺ヶ沢町を有名にした。そこで町民のなかには皮肉を込めて「選挙を観光化して町の発展をはかればよい」との声もあがった（『毎日新聞・青森版』一九七一年五月一一日）。だが、当時小学生であった人物は、修学旅行先で「ああ、あの二人町長の鰺ヶ沢ね」といわれ、「メグサイ」（恥ずかしい）と感じたという。選挙を観光化できたかどうかは定かでないが、祝祭性と暴力性を顕わにした町長選は鰺ヶ沢町を著名にし、選挙の本質を顕在化させたことだけは確かであった。

盟主・鰺ヶ沢

その鰺ヶ沢は津軽平野の西部にあり、藩主津軽氏発祥の地でもある。藩政期には津軽藩の米積み出し港として栄えた。一八七八（明治一一）年の郡区町村編制法によって、青森県は東・西・南・北・中津軽郡、上・下北郡、三戸郡の八郡を設置した。鰺ヶ沢は西津軽郡に属し、郵便局や警察署などの官庁も置かれ、その盟主と見なされてきた。だが、近代に入り交易港の地位を青森港に奪われ、衰退の一途をたどった。

一八九三（明治二六）年二月十一日には、新興の木造村への郡役所の移転が郡会で決議された。木造村は、人口ではすでに鰺ヶ沢町をぬきさっていたが、新田開発で台頭してきた村であった。海岸地域の鰺ヶ沢住民は黙ってはいなかった。激昂した町民六〇〇人が郡会に押し寄せ、移転賛成派の議員や警官に襲い掛かり、残っていた議員に圧力をかけ、議会を開かせ、木造村移転決議を取り消させた。町の重立衆（有力者）を中心に七四名が検挙されたが、郡役所の移転決議は白紙に戻った。これが、世にいう「郡役所移庁鰺ヶ沢暴動事件」である。この事件で検挙された重立衆が保釈になった日、町境の浮田村川尻まで大勢の町民が出迎えに出かけ、「凱旋帰国」を祝い、浜では「ビンチョ（祝いの宴）」が開かれたという。ビンチョとは、陰暦小正月に鰺ヶ沢の港で行なわれた祝いの宴で、街のところどころに酒宴の場が作られ、飲めや歌えの大盤振る舞いが行なわれた（『鰺沢町史第二巻』二二六頁）。

綱引き

その鰺ヶ沢にも予祝行事の綱引きがあった。雪が消える三月下旬頃の行事であった。夕食後、「ええ綱引き　よいカゲねえな　カッカイロジャ　カッカイロジャ　田中町のアカビッキ　綱コねえな　カッカイロジャ　カッカイロジャ」の歌声とともに、家人総出して綱引きをした。三晩も四晩も続いた。鮫戸橋を中心にして上下に分かれてひいた。上が勝てば豊漁、下が勝てば豊年だといわれていた。上は漁師の町、下は農民が多かった。近在からも応援がたえなかったという。のちには田中町の川沿い（岩谷）の通りで、鰺ヶ沢と舞戸の対抗綱引きに引き継がれ、熾烈《しれつ》をきわめた。その様子を『鰺ヶ沢町誌』は、つぎのように伝えている。

当時の人の熱の入れようといったらたいへんなものでした。サバイ口（捌く口）に木を差し込む人は、よほど腕ぷしの強い人でないと、いろいろ文句がついて、収まりがつきません。この仕事は岩カネのじさまがやったそうです。舞戸方では、負けそうになると、タッチユウ

（岩谷の斎藤さん）の前にある杉の木に綱のはしをこっそり結んでおくので、鯵ヶ沢方では、いくら力を入れても勝てません。（略）鯵ヶ沢方も、田中町のコミセの柱へ、こっそり綱をつないで、柱が抜けそうになったりしたこともあったそうです（略）。応援する人は、石川のコミセ屋根へ登って提灯を振って音頭を取るなど、大騒ぎでした。コミセの屋根を走り回って歩く役目は、アドコのオドだったそうです。また相手方の回し者がナイフで綱を切ったりしないかと、見回る役目の人もありました。綱を強くするために、針金を入れたり、藤つるを巻いたりしましたが（略）ときには切れたりして、けが人が出たりしました。（『鯵ヶ沢町史・第三巻』五七二～三頁）。

神事にもとづく神聖な綱引きであったにもかかわらず、かずかずの工作がなされ、激昂するとさまざまな不正が行なわれた。その綱引きも戦前で消滅してしまい、復活の気配はなかった。過疎化が進む港町で、往年の綱引きが、あだ花のように咲き誇ったのが鯵ヶ沢町長選であったといえよう。中村清次郎は漁師町で上（かみ）、一方の鈴木泰治は舞戸町で下（しも）であった。漁師町が勝ったが、漁業の振興は芳しくなかった。

それでも鯵ヶ沢の港近くには浜町・海女町・漁師町・釣師（釣）町など漁師港にちなむ特有の町名が続き風情があり、また三ヶ寺がつづく寺町もあり、そのうえ漁港（海上）から望む岩木山は、「神の山」にふさわしい威厳に満ちている。

二、甲州の二人村長

二人議長

津軽の「二人町長事件」に比べると規模は劣るが、甲州でも「二人議長」が一九六五年三月に、また「二人村長」が一九八三年四月に発生している。

前者は、霊峰富士の麓、富士吉田市議会でのことであった。招集された議会は、昨年秋から空席になっていた議長の後任人事に入った。まず議長席に座ったのは、野党出身の副議長であった。投票の結果、与党候補が一票上回った。すると議長席に座っていた野党出身の副議長は、与党候補の得票のうち二票を無効として、自派のたてた候補者を逆に当選と宣言した。

ここから二週間、議会は大荒れに荒れた。議会定数は三〇人（欠員一名）、革新一人、あとは全員無所属の保守派であったが、二派に分かれての抗争は熾烈であった。市長（渡辺新）与党は天野知事・金丸信代議士につながる派閥（新政会）、一方の派閥（一八会）は前市長（堀内昇）・内田常雄代議士につらなるグループであった。

結局、自治省の「二票は有効」という見解で事態は一段落した。そこで天野知事が再度仲介に入り、「法律論と面子を足して二で割る」解決案を示した（『まちの政治むらの政治』）。

野党議員の宮下をまず議長にし、議会で挨拶したあとに「一身上の理由」（『広報富士吉田』一九六五年四月）で辞任させ、後任に与党議員の吉田を議長にするという案であった。これが了承され、ひとまず富士吉田市議会は動き出した。宮下の議長職は、数十分にも満たないものであったが、宮下は第十五代議長として市政の歴史には刻まれた（『富士吉田市史・行政編（下）』）。

当時、富士吉田市は、富士山北麓の人口四万六〇〇〇人ほどの市。富士講で栄えた御師の街で、また「甲斐絹」の産地でもあった。さらに財政を豊かにしているものに北富士山麓の入会地の地代を管理する恩賜林組合があり、国（防衛庁）から受ける交付金は大きいものがあった。

二人村長

「二人村長」事件は、一九八三年四月二十四日の北巨摩郡大泉村の村長選で発生した。「産業の新興・豊かな村づくり」を公約に掲げ、村政の流れを変えようと訴えた新人と、「総合福祉・教育の充実」の村政の継続を訴えた現職との戦いであった。結果は、一二六八票対一二六七票の一票差で、新人K（谷戸集落）が現職Y（西井出集落）を破り、当選が決まった（注）。投票率は、九七・三四％にのぼった。

翌二十五日、Y派は村選管に異議申し立てを行ない、記載の再点検を要請した。しかし村選管は、要請をズルズルと延ばしていたが、県選管の行政指導もあり、一ヶ月近くも経った五月十九日にやっと委員会を開き、「疑問のK票は無効」を三対一で決定した。委員会の構成はU委員長はK派、ほかの三委員はY派であった。Kは、兄弟三人が、F一、F二、F三であったため、他の兄弟の名前を書いた者もいたようだ。そこでY前村長の異議申し立てを認め、当初の「K当選」を取り消したのである。同日、選管の職務代理者によって、役場の二階でYに「当選証書」が渡された。翌二十日にYは役場に登庁し、ここで「二人村長」が出現することになった。Yは、役場でミニ会見を開いたあと退庁した。Kは、課長会議を開いたあと外出したので、両氏の鉢合わせはなかった。

また、この「珍事」の見物人も村民が数人いただけで、鰺ヶ沢のように「観光化」を企てるのには程遠いものがあった（『山梨日日新聞』一九八三年五月二一日）。Kは五月三十日、県選管へ審査申し立てを行ない、八月十日県選管は村選管の判断を覆しKの主張をほぼ認め、Kを当選とした。

（注）一票差で涙をのんだ議員としては、一九八七年四月の山梨県議選（東八代）で苦杯を喫した前島茂松がいる。このとき前島は潔く選管の決定に従った。この態度が有権者の心をゆさぶり、次回の選挙で雪辱を遂げる一助になった。

この選挙も国政の自民党代議士派閥の「代理戦争」であった。新人Kが金丸信派閥、現職Yは田辺国男（知事）—中尾栄一（代議士）派閥であった。金丸対反金丸の構図の代理戦争であったといえよう。カネも飛んだ。Yの義兄が、助役に合計数百万円のカネを渡し、選挙運動を依頼するなど、両派あわせて多くの違反が発生した（『山梨日日新聞』一九八三年五月二四日）。

なかでも標的になったのが二集落で、そこはKの地盤であった。ここに現職Y派が、昼間から地域一帯に無差別でカネを撒く「絨毯爆撃」を開始したのである。これに対抗するようにK派も防衛上、相手の追撃をかわすための「追い討ち金」を打ち、一票が三万円から最終的には六万円にも跳ね上がった。双方が用意したカネは一億円といわれ、両派とも「どんなことをしても負けたくない。まして金で負けるようなことはしたくない」と、「手付け金」、「つなぎ」（中間のカネ）、さらには「上乗せ金」、「追い打ち金」（投票日前に相手の追撃をかわすカネ）と、あらん限りブチ続け

た（『山梨日日新聞』一九八三年五月二九日）。

トリヤのなかには両陣営からカネをもらった者（「二重取り」）も少なくなかった。Y派では、現職の助役が真昼間からカネをばら撒き、村会副議長ら五人が現金数十万円を受けとった容疑で投票翌日に逮捕され、K派でも実兄をはじめ一五人が起訴された。「二人村長珍事」などではなく、カネの行方に興味関心が集中し、己が身に降りかかる疑念に戦々恐々としていた村民が多かったという。この選挙での逮捕者・検挙者は七十数人におよび、取り調べ中に自殺者まで出ている。

四年後の一九八七年四月の村長選も、この両氏の戦いであった。こんどは逆にYが、二一票の僅差で雪辱を果たし、返り咲いた。双方が訴えたのは、前回の選挙はカネをバラ撒きすぎた「子供の選挙」と反省し、今回は「金、物に惑わされない真の選挙の推進」と「甲州選挙を脱却し、明正選挙」（『広報おおいずみ』一一二号、一九八七年五月）を実践するというものであった。ただ当選したYは、前々回（一九七九年四月）の村長選で、現職を破り初当選してから三度目の選挙であった。その前の村議（三期）時代を入れると、選挙は数回にも及ぶ。何回選挙をすれば「子供から大人」になるのであろうか、という疑問も湧いてくる。だが、一度味わったカネをバラまく興奮と陶酔は、賽の河原の石積み同様に、何度でも繰り返さざるを得ないものなのであろう。

馬の村

大泉村は、人口は三五〇〇人ほど、有権者は二六三三人ほどの小さな町であった（一九八三年）。山梨県の北西、八ヶ岳東南麓に位置した風光明媚な村で、首都圏の人びとの別荘が多く並んでいる。金田一春彦の別荘があった関係で、村の中心に金田一春彦記念図書館が設立されている。高原野菜や酪農の盛んな村で、巨摩郡は古くから馬の産地としても知られ、農耕には馬が使われてきた。近在の日野春村（現北杜市長坂町）では、明治三十八年から昭和十五年まで馬市が開設され、群馬や長野県などをはじめ、遠く東北地方からも馬喰が集まってきたという（「北杜市郷土資料館企画展―いつもそこに馬がいた―」北杜市郷土資料館、二〇一三年三月）。

路傍には馬頭観音が祀られ、馬に関する信仰も厚い。二月八日の針供養のコトヨウカには、「道祖神さんの火事見舞い」が行なわれる。餅を搗き、小さな俵に詰め、藁《わら》でつくった「藁馬」に背負わせ、その藁馬を集落ごとに祀られている道祖神場に引っ張っていく。道祖神にその餅を供え、藁馬は引っ張って帰り、それを家の屋根に投げ上げる。この行事は、小正月のドンド焼きで道祖神のお小屋が燃えてしまったので、道祖神に対する「火事見舞い」なのだという。この行事同様に「義理堅い地域」なので、「差し出されたカネ」は「義理」でももらわぬわけにはいかなかったのである。そして「義理」返しは、票に化けたのであろう。

椀貸伝説

「義理」といえば、八ヶ岳の火山台地にあり、川に恵まれない大泉村にも「椀貸伝説」が伝わっている。村の大字谷戸の北西に四メートル弱四方の巨石がある。異変があると必ず鳴ったというので「鳴る石」といっている。この石には「椀貸伝説」が付随している。

冠婚葬祭などで入り用があるとき、この巨石の前に行って「明日までに〇〇を貸してください」と頼むと、翌朝に行ってみると必ず石の上に頼んだものが載っていたという。ところがあるとき、借りた品物を壊したまま置いておいたら、石はたいそう怒って、そのとき以来いくら頼んでも、決して貸してくれることはなくなったという。

これは、全国的に分布している川淵の場に発生している「椀貸伝説」であるが、大泉では川ではなく巨石になっている。「義理」同様に借りたものはきちんと返さなければならない、という教訓じみた話の成立のためには、川淵が巨石に変化する必要があったのであろうか。

大泉村も、一九六三（昭和三八）年までは、村長をはじめ、消防団長や婦人会長などの村の役職は一期で下りて、相手方の村に譲る「一期交代制」が村の習わしであった（『朝日新聞・山梨版』一九八三年一月一二日）。

すなわち一八七五（明治八）年に西の谷戸、東の西井出が合併して大泉村が成立するのであるが、村の平和を維持するために交互に譲るのが村の暗黙の決まりになっていた。それを壊したのが、県―国政へとつながる「利益誘導政治」のパイプであり、系列化した代議士派閥抗争であり、その代理戦争の展開であった。

二〇〇四年十一月に、大泉村は近在と合併し、現在の北杜市となってしまった。そして、ムラ選挙も衰微の傾向にある。二〇〇四年十一月、合併後初の市長選は無投票当選、二回目の二〇〇八年十一月の市長戦は現職と新人（元小淵沢町長）の争いであったが、現職が当選、そして二〇一二年十一月の第三回市長選では現職が無投票で三選された。小選挙区制導入で自民党の派閥代理選挙も影を潜め、選挙祭りもシラケてしまった。

第四章　出稼ぎと行商——不在者投票

出稼ぎや行商は、民俗学では「生業—交易」の分野になる。生業とは、生活するための仕事で、農業、漁業、林業、交易などである。ときには収入と直接結びつかない仕事も含めることもある。世襲議員で継承される「政治家は家業」も、なりわいであることに違いないが、ここでは、在所を離れて異郷で稼ぎをする「出稼ぎや行商（交易）」を選挙がらみで見ることにしよう。選挙における不在者投票（「期日前投票」）に注目することになる。

一、替玉投票

秘密投票から公開投票へ

選挙は、秘密投票が原則である。誰が誰に投票したかはわからない。だが、わからないとこまることもある。そこで取調官同様に「自白の強要」ということがおこる。津軽選挙では「投票した候補者の名前を言え」と自白をせまり、拒否した従業員を解雇した経営者の事例が黒石市から報告されている（『毎日新聞・青森版』一九五五年五月八日）。そのようなトラブルを避けるために、候補者の名前とともに自らの名前を書く「公開・記名投票」が必要になる。しかし、一般選挙では、みずからの名前を書くと無効票になることが多い。そこで「選挙ボス」や「選挙ブローカー」は、そのための手法を見つけざるを得なくなる。

複製（コピー）を取るのである。筆記が毛筆の時代には、持ち込んだ用紙を下敷きにすれば墨がしみ込んだ。左手に墨蹟を残してくる方法もあった。カーボン用紙が普及すると、下紙に写しをとってくる者も現れた。用紙の持ち込みが厳しくなると、またまた新しい手法が考案された。

投票用紙持ち出しである。①最初の人物が、偽造した投票用紙を投票箱に入れ、本物の投票用紙を持ち帰る。②その用紙に自派の候補者の名前を書き、それを持たせて投票所に行き、投票させ、新たに貰い受けた用紙は白紙のまま持ち帰る。③事務所でこの用紙に自候補者の名前を記入する。④その用紙をつぎの投票者が持参し、投票所に赴き、それを投票箱に投下する。⑤新たな投票用紙を持ち帰る。これを繰り返すと、「浮動票」は完璧な「固定票」と化す。

そのほか文盲や指のケガなどを理由に、選管の委員に代筆を頼む事例もある。他者の目に触れるわけである。そのうえ選管委員が、自派とつながりがあれば、認定にこと欠かない。こうなれば間違いなく「公開・公表投票」となる。事後には「雪駄（謝礼）」が待っていた。

鳴沢村記名投票

では、まず素朴な「記名投票」の事例をあげておこう。本人に代わり別人が投票する「替玉投票」である。入場券を別の人物に渡し、本人と偽って投票所に出向き、替わりに投票するのである。これを組織的に行なった事件としては、はやいところでは、甲州南都留郡鳴沢村の「鳴沢村替玉投票事件」が知られている。一九五二（昭和二七）年十月の衆院選に発生した。三〇〇人におよぶ人物が関与し、なかには小学校の教員や未成年者も加わっていた。もちろん監視すべき選管委員や役場職員、立会人などは、一枚岩でまとまり、不正を見て見ぬふりをしていた。厳密に言えば「村・選管ぐるみ」といえよう。

鳴沢村は現在（二〇一六年）、安倍晋三首相をはじめ大政治家や大経済人などの別荘などもあり、富士の霊峰を前にした観光業などが盛んな豊かな村であるが、当時は富士北麓の寒村にすぎなかった。

柏村代理記載

津軽選挙では、より進化した替玉投票が報告されている。選管委員がみずから「替玉」に手を染めた事例である。といっても、職員みずからが替玉の主体を演じたわけではない。投票氏名の「書換え」を演出したのである。一九六七（昭和四二）年四月の西津軽郡柏村村長選のことであった。役場職員が有権者から代筆を頼まれながら、別の候補者の名前を投票用紙に書いたのである。一般には「柏村不正代理記載事件」という。

事件のあらましを述べておこう。三人の立候補者があった。K（四八歳、会社役員）は現職の村長の長男、Y（元県議六六歳・自民新）は反町長派の候補、C候補は泡沫候補であった。KとYは、ガップリ四ツに組んだ。

老婆が投票所に現れ、役場職員に代理投票を頼んだ。「Yを書いてくれ」と指示した。ところが、役場職員J（三〇歳）は、「Kの名前」を書いて投票した。老婆は文盲でなかった。不正が見抜かれた。「父親のK村長さんにお世話になっていたから」とJ（役場職員）は自供した。投票事務は、五時間も中断し、警察官も出動した。

これは役場職員による明らかな不正代筆行為であるが、役場の「瑕疵《かし》」も明確であった。法（「公職選挙法第四十八条」）では、投票管理者は投票立会人の意見を聞いて、代理投票補助員二人をあてることになっていた。にもかかわらず、このときは補助員は一人であった。「不正」は前もって工作していた疑いもあった。この老婆の前にも十四人が同様に代理投票を頼んでいた。こちらも厳正に行なわれたかどうかは判然としなかった。選挙結果は、K候補者一三七五票、Y候補者一五三七票であった。反町長派のY候補が当選した。村選管は、当落に大きな影響があるとして「選挙無効」を宣言した。県の選管は、それを取消し、選挙は有効とし、Yの当選を認めた。

柏村（現つがる市）は、木造町の隣で、津軽平野のほぼ中央部に位置している。五所ヶ原市に接し、水田とリンゴ園の農村である。明治の町村合併以来、地域の分離・合併・編入がたびたび行なわれてきた。にもかかわらず、それまでの柏村の選管は、衆院選や知事選などの選挙事務が優秀であったという。県選管から「模範村」というお墨付きの表彰も受けていた。その「法」を遵守すべき選管が、「法」を破ったのである。役場職員は「法」より生活慣習の「義理」を重視したということだろう。生活は「法規制」より重い。老婆も「公知選挙」で「義理」を果たそうとした。両方の「義理」と「義理」の衝突であった、といえよう。

公知代理記載

つぎに、替玉や代理記入がシステム化した事例をあげておこう。西津軽郡木造町のことである。

発覚したのは、一九七九年四月の町長選のことであった。一般には「木造町長選不在者替玉投票事件」とか「木造町選挙性急性文盲症流行事件」などともいわれている。

この日午後十一時すぎ、木造町役場前でマイクロバスから降りた同町大畑地区のA子さん（六〇）ら十二人は現町長派を名乗った。「地区の運動員に勧められてやってきた」といい、役場正門玄関わきに設けられた不在者投票所で受け取った宣誓書に、Aさんは理由を「孫の子守」。Bさん（六五）は「温泉に出かけるため」。一番年輩のO子さん（七二）は「東京に行くため」と書いた。

字が書けない、とA子さんとB子さんは選官の職員に代筆してもらった。近くで見張りをしていた反対派の運動員に聞いたところ「役場の職員に代筆してもらうことで、私は○○候補に確かに入れたことを証明しているので、彼女らは決して字が書けないわけではない。われわれも使う手」といった。

ちなみに、

不在投票をすませたこれらの人たちは、再びマイクロバスで候補者の事務所に行き、おにぎり、そば、刺し身などのついた昼食をごちそうになった。そのあと、すぐ隣の秋元温泉に入って、ゆっくりくつろぎ、夕方、自宅に帰っていった。「よい一日でした」と年輩のC子さんは満足そうだった。（『朝日新聞全国版』一九七九年四月一六日）

浮動票を自派に確定するために期日前に不在者投票（現期日前投票）を行ない、さらに誰に投票したかを「公知」させるために「代理記載」をお願いしたのである。その見返りが、食事の供応と温泉の接待、そしてカネであった。

ここで少しこの選挙の背景を見ておこう。この木造町長選は、前回（一九七五年四月）も同じ候補者同士で行なわれた。現職の成田幸吉候補（六一歳、竹内派の選挙参謀）と、元町長の成田幸男（五五歳―田沢派）の一騎打ちであった。候補者の名前は、四文字中三字まで同一であった。開票は、両候補とも六六〇〇票のままで中断した。残り約九〇〇票の疑問票をめぐって混乱が生じ、さらに約二〇〇票の「なりこう」でも問題が生じた。開票場の外でも両派の支持者約一〇〇〇人が対立、一触即発の険悪な空気に包まれていた。選管は、最終的に疑問票を五八票に絞り込み、二九・〇〇一と二八・九八二の按分加算することで決着した。結果は、成田幸男元町長が、わずか七票差（毎日新聞は九票差）で町長に返り咲いた（『朝日新聞・全国版』一九七五年四月二八日）。

以後も対立はおさまることがなく、今回の選挙となったのである。結果は、現職の成田幸男が、元町長成田幸吉を八二二八票対七九七〇票で破り、通算で三選された。投票率は、九五・九二％であったが、有権者約一万七〇〇〇人中、不在者投票が、約一六％で、その数は二七〇〇票ほどに達していた。

町の概要―馬市の町

木造町は、岩木川の流れる津軽平野中央部に位置し、日本海に面した町である。かつては名だたる湿原地帯であったが、近世にはいり新田開発がなされ、つぎつぎに新しいムラが誕生していった。村名「木造」の由来は、この一帯は泥炭地であったため木材を敷いて通行したことから「木作」という地名がつき、明治初年ころに「木造」に改められたという（『木造町誌』）。

一九五五（昭和三〇）年三月三十日に近在の村を合併し、新制木造町が誕生した。町の総面積の約半分が水田地帯で、リンゴ栽培はさほど盛んではない。二〇〇五年二月に西津軽郡森田村、柏村、稲垣村、車力村と合併し、つがる市となっている。

民俗行事として、サナブリのほか、ムラ（部落）対抗の綱引きが三月末に行なわれてきた。勝った方が稲作のできがよいとされ、ムラこぞって大興奮につつまれた。八月下旬の馬市は東北三大馬市にかぞえられるなど賑わった。町最大の年中行事であったが、農作業の機械化により競市は衰退していた。その「馬市」を「祭り」として復活させたのが、「馬市まつり」であった。選挙祭りを沈静化させるかのように一九七五年八月にはじめられた。「馬市まつり」は、新田開発に尽くした馬の霊を慰めるとともに、地域の活性化をはかろうと「馬ねぶた」などが町を練り歩く祭りとして復活し、今日では「選挙祭り」を凌駕するかのように町最大の祭りとして定着しつつある。

紀州でも

さて、話をもとの「記載方法」や「駆り出し」に戻すと、この方式は津軽や甲州だけのものではなく、全国に普及し、一九七〇年代にはシステムとして完成していたといえよう。その一例をあげておこう。

一九七五年四月の和歌山県議選（御坊市選挙区）でのことであった。新顔候補者にわずか一一〇票差で敗れた候補者が用いた手法である。有権者を買収した時点で、すぐさま不在者投票を実施するというものであった。落選したM候補（自民党）陣営は、「買収」「輸送」「確認」の三グループの「不在者投票駆り出し部隊」を編成し、円滑に不在者投票を行なっていた。買収班は主婦が中心で、金で動くとみられる有権者に目星をつけ、自宅によんでM候補への投票を依頼する。つぎが輸送班で、承諾した有権者をすぐさま乗用車で市選管へ運び、市役所ロビーで待機していた確認班が投票の指示を行ない、自派へ投票を行なったかを確認する。投票後に、買収班がカネを自宅で手渡していた。買収金額は一票三千円で、投票日が近づくにしたがい五千円から七千円にハネ上がったともいわれた。そのために不在者投票は、一三四五票と通常の二倍余りに急増し、市選管は当初用意していた千枚の宣誓書が不足し、慌てて追加注文するありさまであった（『朝日新聞』一九七五年四月一六日夕刊）。

二、不在者投票

勝山村カブツ紅白戦

ところで、替玉投票や不正記入など選挙違反が行なわれる磁場として、投票日の期日前に投票する「不在者投票」が多用されてきたのだが、その背景を探っておこう。甲州でもっとも著名な事例が、世にいう「勝山村長選不在者投票」である。それは一九六八年三月に発生した。この村のじつに有権者の七〇％近くが、投票日前に投票をすましてしまったのである。そのうちの三分の一近くの二〇四人が、「温泉療養」となっており、不在者投票が「選挙ボス」や「選挙ブローカー」たちによって仕組まれ、「浮動票」の票固めに利用されたことを裏付けていた。この事件では八五人が公職選挙法違反で起訴された。

勝山村（現富士河口湖町）は、勝山と小海の二集落（部落／ムラ）に分かれ、当時、世帯数七四〇ほど、人口二〇〇〇人ほどの富士北麓の寒村であった。ここにも根強い選挙派閥がある。カブツという。カブツは、まとまりの株内《かぶうち》と関連がありそうだが、語源は不明である。

起こりは、一九二五（大正一四）年、郵便局の設置位置をめぐる意見対立から発生した（『勝山村誌（上）』）。村の主要産業であったスズ竹製品（笊など）の販売が大きくかかわっていた。なかんずく抗争を恒常化させたのが、防暑帽体の軍部への納入をめぐる争いであった。防暑帽体は、帽子の枠組をスズ竹で作るものである。軍では、鉄兜の蒸れを防ぐための中敷きに用いた。日本軍の南洋侵略とともに急激に需要が伸びていった。この防暑帽体の納入を一手に掌握していた既存勢力に対し、そこに割り込もうとした新興勢力との対立がカブツの発生要因であった。「赤組」カブツが守旧勢力の既存グループ、「白組」カブツが既存グループに対抗して生まれた新興勢力であった。

カブツは、親族や同族とかかわりのない集団である。勝山村では、姓を同じくする本家—分家の家連合をジシンルイ（地親類）という。さらにジシンルイを統合したものがイッケシ（一家衆）である。代表的な苗字には小佐野・倉沢・小林・渡辺・流石などがあるが、各々の姓ごとに一つのイッケシを形成するのではなく、いくつかに分かれている。甲州選挙ではこのイッケシないしジシンルイが候補者の選挙母体になることが少なくないが、勝山村では別の形態をとっていた。イッケシやジシンルイが分断され、カブツの赤組か白組に編入されていた。すなわち個々の家単位で赤組ないし白組に編入されていたのである。そこで血縁関係が集票とは結びつかず、また大金をバラ撒いても票に変化がないといわれてきた。

そのうえ勝山村は、一九六〇年代までは行商が盛んな村であった。商品は、富士山の二合目付近でとれるスズタケを原料にした竹製品の笊や籠、それに絹織物などであった。村会議員にも行商人が多く、そのために村会が東京の麻布で開かれたこともあったという（『勝山村誌（上）』）。

行商のために以前から不在者投票は頻繁に行なわれてきた。そこに目を付けたのが選挙ボスたちであった。数少ない「浮動票」をカネで確定しようと「不在者投票」を有効利用したのである。支持者の心変わりを喰い止めるための苦肉の策であったが、これにのった有権者は少なくなかった。

だが、なかには派閥選挙にあき、一刻もはやく選挙の呪縛から逃れるために、期日前に不在者投票を行なった「良心派」もいたようである。ムラのカベ新聞に「運動会ではないから赤白はやめろ」などといった派閥（カブツ）をふまえた風刺のきいた一文句が掲げられていたことからもうかがえる（『朝日新聞・山梨版』一九六八年六月七日）。「落書」であろうが、当時、中国は文化大革命の時期（一九六六〜七六年）で、壁新聞が政治運動の手段として広く利用され、「人民の権利」としてもてはやされていた時期であった。

市浦村「不在者抹消」合戦

さらに不在者投票は「変容・進化」した。不在者の替玉や期日前に投票を強いるだけではなく、不在者（票）を事前に選挙人名簿から削除したり、逆に加えるような工作が、選管を通して行なわれるようになったのである。一九七五年四月に北津軽郡市浦《しうら》村で発生した。一名「市浦村不在者抹消事件」である。

ことの発端は、一九七五年四月の村長選を前にはじまった。村に住所を置きつつ東京などに出稼ぎに出ている有権者二十四人に対して、「永久選挙人名簿」から抹消するという通告文が、村選管から届いた。通知を受けた全員は、「現村長S派」に属していた。前回四年前（一九七一年四月）の村長選では、現職の村長（K）が、現村長（S）にわずか五一票差で敗れ落選した。その時、村選管の構成は四人で、内訳は「現村長（S）派」一人、「前村長（K）派」が三人であった。今回の村長選でも、前回同様に「現村長（S）」と「前村長（K）」が激突し、当落が僅差で決まる戦いが予想されていた。多数派を形成していた「前村長（K）派」の村選管委員が、「現（S）町長派」の支持者を切り捨てるためにとった戦術が、特定の有権者（二四名）を選挙人名簿から削除する方法であった。この処置によって抹消された有権者は異議申し立てを行ない、一八人が「生き返り」の復権を果たした。

ところが、逆に「前村長（K）派」は、長期にわたって村に住んでいないので抹消が妥当であるとの異議申し立てを行ない、対抗した。それに対し「現村長（S）派」も、同様に「前村長（K）派」の住民一八人の選挙権消去を求めた。こうしてますます泥仕合は深みに陥っていった。選挙結果は、現職（S）一四八四票対元村長（K）一四一七票で、「現村長派」が勝利した。

抗争は、四年後の一九七九年四月にも発生した。前回の教訓を生かし、現職村長（S）がとった戦術が、選挙前に反村長派の多い選管委員の勢力を封じ込めることであった。まず、反対派に与《くみ》する選管の事務を取り扱う選管事務長（総務課長が兼任）を村長が職権をもって、総務課長から出先の保育所の所長へ更迭したのである。前回の有権者の「抹消」に対して、今回は先手を打って選管事務長を「抹消」するかのように更迭（左遷）したのだ。だが、選管委員長（選挙長を兼任）には、再び反村長派のMが就任することになった。

選挙は、混乱が予想された。事実、開票途中でMが席を外したりし、また再点検、再三点検を要求するなどして事務作業はてんてこ舞いであった。だが、あらかじめ混乱を予想していた県選管の強力な指導などで沈静化し、開票事務は無事終了した。

選挙結果は現村長（S）が、一七票差で、前助役を退けて三選を果たした。しかし、「開票結果を見て失望し」たMは、確定した選挙結果を発表せずに任務を放棄し、突然雲隠れしてしまった。そのために当選証書を手渡すことができなくなって、また混乱が生じた。

市浦村は、人口約四六〇〇人、有権者は三五〇〇人ほど。北津軽郡にあった岩木川が流れ込む十三湖に面した農業と林業、漁業を中心とした村である。一九五五（昭和三〇）年三月に、相内・脇元・十三・太田の四つの浦が合併し、「四浦村」になるはずだったが、四が死につながる縁起の悪い数字ということで、あえて「四浦」の四を「市」にした。二〇〇五年三月に隣接する中里町や小泊村とは合併せずに、あえて五所川原市、金木町と合併し、新しい五所川原市となっている。

鶴田町水増投票戦

選挙人名簿からの削除があれば、逆に「選挙人名簿水増し事件」もあった。これも津軽選挙で発生している。一九五六（昭和三一）年四月の「鶴田町分町住民投票水増し事件」である。

鶴田町は、北津軽郡に属し、岩木川中流の平野部に位置する。町名は、飛来する鶴にちなんだ清純な美しい名である（『鶴田郷土史』）。津軽最大の廻堰大溜池である津軽富士見湖は鶴の飛来地として、またそこにかかる「鶴の舞橋」は、観光名所として有名である。

一九五五年には、全就業者のうち八四％が農業従事者であった。米とリンゴ栽培が主産業で、それに大豆が加わる。戦前は、北海道のニシン漁への出稼ぎが多かった地域であった。一九五五年には、鶴田町と六郷村・梅沢村、西津軽郡水元村が合併、北津軽郡鶴田町が成立。翌五六年には、旧梅沢村の一部の梅田・中泉地区が、五所川原市へ編入。五八年には、旧六郷村の石野・野中地区が板柳町に編入した。この地域は明治期より行政区の組割りの変遷が激しく、地区の分離合併がたびたび行なわれてきた。そのため町村合併問題では、「家族同士でも意見が分かれ、離婚騒ぎまで起こるほど過熱化した。分村賛成派の梅田婦人会は産土神社（オボスナ）で「分村成就誓願祭」を開くほどであった」（『青森県史資料編近現代5』一四三頁）。

事実、板柳町への編入のおりには「学校が別な土地へ移転し仲のよいお友だちが、別れ別れになるかも知れないという話です。（略）大人たちが町の議会で決めたことはどうしてもやるのでしょうか。私たちは合併したことも、分村させることもうらみます」と小学生の悲痛な投書もあった（『東奥日報・夕刊』一九五六年四月六日）。

また「分町反対派の娘を嫁にしては、同志に顔むけができないと離婚する者が出たり、反対派には物を売らない商店」（『鶴田町誌（下）』）が出たりした。だが、板柳町では市制施行を実施するためにも石野・野中集落の編入が不可欠であった。逆に鶴田町では、何としても石野・野中集落の分離・板柳町への編入を阻止せんと躍起になっていた。

謀略選挙

この勝負は、分町派が多数派で、誰が見ても明らかに板柳町へ編入する形勢であった。石野・野中集落の住民投票は、一九五六（昭和三一）年四月二十六日に行なわれた。投票当日は、多数の報道陣がかけつけ、警官隊も不慮の事故に備えて待機していた。このとき分町に反対する鶴田町長が取ったのが「植え付け」（『青森県の政治風土』三五頁）と呼ばれた「水増し投票者」であった。住民の知らない顔の者が、投票所に来て堂々と投票していたのである。それも五〇人、一〇〇人ではない。摩訶不思議、どうなっているのか、住民には理解できなかった。町長の「謀略」で、「有権者の集団移住の戦術」が取られたのである。町内に居住している消防団員二一六名を、両集落のリンゴ倉庫内の住所に移させ、居住証明書と住民票を発行したのである。かかった費用の二百万円は、町費から支出された。この消防団員が分町反対に投票をしたのである。このビックリ仰天の戦術で、前夜まで絶対優勢であった分町賛成派は、予想を完全に覆《くつがえ》されてしまった。

石野・野中集落の住民の多くは、今日こそ分町が実現すると喜んで投票所に来た。にもかかわらず、突然に喜びは驚きに変わった。投票所では両派の小競り合いが生じた。正午からは賛成派は牛歩戦術をもちい、二十分以上も座り込む者もでた。午後三時ころから賛成派は、投票所内に座り込み、完全に投票記載所を占拠した。集団転入派と衝突になったが、賛成派は上着を脱ぎ、鉢巻を締め「記載所を死守する」旨のシュプレヒコールを絶叫した。警鐘が乱打され、呼応するように花火が打ち上げられた。この光景を見た消防署の消防自動車がサイレンを鳴らし、投票所にかけつけた。群衆は拍手をもって、これを迎えた。

午後五時半頃、選管と県警本部長らの協議の結果、投票続行不可能と判断され、午後五時五十五分頃、投票は中止された。結果は、有権者総数七六八、棄権一九、投票総数七四九、有効投票七四四、賛成四一八、反対三二六、無効五で、分町派は三分の二に達せず敗れた。ただ新移住者（「水増し投票者」）の票（二一六人）を除けば、分町賛成四一八、反対（現状維持派）二〇二となり、分町賛成派の勝利となったはずであった。

出稼ぎ投票

町長の戦術、「植え付け」が効を奏したのである。だが、町長の「謀略」で移動した消防団員にとっては、「投票の出稼ぎ」にすぎなかった。移住ではなく、生業の場を一時的に移したにすぎず、投票がすぎればまた元の場所に戻ることになるので、「出稼ぎ」のほうが適確であろう。

五月二日には、「水増し投票指導」の容疑で鶴田町助役が逮捕され、同八日には町長も逮捕された。「鶴田町水増し投票」（地域外住民に虚偽の居住証明書を出し投票を行なったこと）は有効か無効か、さらに町村合併促進法違反かどうかで法廷闘争になった。結果は、（渋谷）町長側が「虚偽公文書作成行使、虚偽公文書作成行使教唆並びに町村合併促進法違反教唆」の罪で敗訴した。だが、この戦術は、町村合併問題で揺れていた全国の市町村から注目を浴びた。滋賀県栗東町などからも町に問合わせがつづいた。自治庁は、慌てて政令をもって対処した。一九五六（昭和三一）年五月十一日、町村合併促進法施行令の一部を改正した。「当該地域内の選挙人」の範囲を明確にし、「出稼ぎ投票」を封じ込めたのである。

ところで、この分町問題は、最終的には、鶴田町長と板柳町長が、地元の親分・青森二区選出の代議士・三和精一（一九〇二～一九六四）の仲介斡旋で「手打ち式」を行ない、三年間の抗争をめでたく納めた（一九五八年九月二一日）。地域の境界を一部変更することによって、石野・野中地区の分離、板柳町（五所川原市）への編入が成し遂げられたのである（『鶴田町誌（下巻）』）。

投票用紙の水増し

なお、この鶴田町では、この「出稼ぎ投票」だけではなく、「投票用紙の水増し」（「植え替え」）事件も発生している。一九七〇年八月の町長選のことであった。三選をめざす現職（N）と新人（M）が、町内を二分する激しい選挙戦を展開した。開票結果は、現職（N）が九一九票の大差をつけて当選した。それから十三日も経過した十九日になって、反N派の町議らが、町役場の玄関脇の草むらから四二票を発見した。内訳は、「記号式」三九枚、「不在者用投票用紙」三枚であった。その四二票中四一票までが「N票（現職票）」であった。だが、反町長派は、これを証拠に選挙事務の不手際を指摘し、「選挙無効」を選管に申し立てた。

ただ、当日の「持ち帰り票（投票箱に票を入れずに外に持ち出す票）」は三四票なのに三九枚にも上った。どう見ても不可解であった。警察の調査で謎が解けた。反町長派が、不正に入手した投票用紙と正規の投票用紙をダブらせて二枚以上一緒に投票箱に入れたのである。だが、そのままでは投票数が合わない。そこで自派の選管事務員に正規の投票用紙を抜き取らせることが必要であった。だが、自派の新人が大差で敗れることが判明したので、その必要がなくなった。そこで逆に、投票用紙を捨てて選挙事務のズサンさを印象づけ、「選挙無効」を勝ち取ろうとした工作であった。しかし、その企ては、警察にバレて水泡に帰してしまった。

カラ転入

津軽では、同様の行政や選管の主導する「選挙工作」が続いた。「出稼ぎ（植え付け）」に類似した方法の「カラ転入」も、その一つであった。一九五八年五月の南津軽郡常盤村長選で、それは明るみに出た。すでに転出している住民多数を選挙人名簿に記載し、投票させた事件である。常盤村は津軽平野にあり、ほとんどが平地で、宅地と農地が大半を占める。リンゴ栽培が主産業で、二〇〇五年に藤崎町と合併した。

同じような不正は、一九八三年四月にも東津軽郡の今別町長選で発生している。この事件では、少なくとも町に六〇人以上が転入し、なかには同じ日に同じ場所に一二人もが転居していた事例が発覚した。

今別町は津軽半島の北部にある人口七〇〇〇人ほどの町で、ここも政争が激しいところであった。町長選のたびに保守系の「二世町長」である二人（MとN）が激しい選挙を展開してきた。一九七一年四月にはMが四七票差で、一九七九年四月にはNが三三票の僅差で当選を勝ち取った。一九八三年四月の選挙でも、同じ候補者が一騎打ちを演じた。そのために一票でも多くの票が必要であった。そこで編み出したのが、町外からの「転入票」（注）であった。

（注）常盤村では、奇怪な事例が、一九八三年四月の村議選でも発生した。候補者の「カラ転出」であった。女性新人が選挙期間中に転出届を出し、隣りの田舎舘村に引っ越してしまったのである。転出届を出しても立候補辞退とはならないが、被選挙権を失い、同候補への投票は無効になる。何のために立候補したのか、理由は皆目わからない。投票した人は〇人、皆無であった。

類似したケースは、一九六六年六月の甲州の塩山市長選でも発生している。ある候補者が政治ボスの圧力に屈し立候補を取りやめようとしたが、すでに選挙期間に入っていたため、辞退することができず、その後一切選挙運動をしなかった。にもかかわらず相手候補の七七一九票に対し、五〇五三票も取った。そこで住民は「寝ていて五〇〇〇票」とはやし立てた。

二〇〇三年四月の青森県東北町議選（定数十八）では、二〇名の立候補者があったが、現職立候補者二人が告示翌日に町からの転出届けを提出したために、結果的に定数限度内となり、無投票と同じ状態になり、全員当選となった。「選挙談合」の疑いが濃厚であった（『毎日新聞・全国版』二〇〇三年四月二六日）

幽霊転入

甲州選挙でも「架空転入」「幽霊転入」などの語彙があるように「カラ転入」は、数多く発生している。ただ、首長や選管が主導する事例は少ない。候補者個人が知り合いにお願いする事例が多い。とくに村議選に顕著に現れる。村議は得票数も少なくすみ、当落が数票で決まることが多い。となると一票は重い。そこで告示日前の三ヶ月以前に他市町村からの転入者を増やし、自陣営の票数を増やす工作をするのである。

一九七四年七月の東八代郡芦川村議選では、春先に一五〇人ほどの架空転入があり（『朝日新聞・山梨版』一九八六年五月二一日）、以後もこの戦術はあとを絶たず、一九九一（平成三）年の村長・村議選でも一ヶ月半の間に三十八人の転入者があった。

一九七四年九月の南巨摩郡中富町長選でも、一九七五年四月の南都留郡山中湖村議選などでも、他村から住民転入が急増した。山中湖村の場合には一七〇人にものぼり、選挙目当ての大量転入にほかならなかった（『読売新聞・山梨版』一九七五年三月六日）。だが、実際に居住するわけではなく、単に住民票を移すだけで、投票がすぎればまた生活の本拠地に帰るので「出稼ぎ投票」ということになる。以後もこの戦術は、衰えることなく、一九九一年四月の村議選でも三〇〇人以上の転入者があった（『山梨新報』一九九一年二月九日）。

三、不在者投票と生業——出稼ぎか行商か

以上のような、得票数を増やし当選を確実にするための「カラ転入」や、選挙人名簿からの削除や逆に水増しなどの事例は、「不在者投票」を基盤に発生することが多いが、それはまたその地域の特色をよく反映したものでもあった。津軽では「出稼ぎ」と、甲州では「行商」と結びついていた。

津軽の出稼ぎ—ガンガン部隊

津軽の出稼ぎは、行商から発生した。津軽では村々を訪れた行商人を「タベト」といった。柳田国男によれば、タベトは古語で小物売りの旅商い人をいい、「賜はれの（タベ）も旅人の（タビ）も同じ事で其の語源は行商であり、（アキナイ）であった」（「交易の原始形態」『柳田國男全集㉙』五一〇頁）という。アキナイとは、季節ごとの交易であり、収穫物の交換であった。売る者と買う者との間には一種特別の社会関係があり、また文化伝播にも大きな役割を果たした。その行商人「タベト」が、大正時代には消えてしまったという（『日本の民俗・青森』）。

戦後は、イサバが現れた。イサバとは鮮魚の行商人のことである。鮮魚商からカレイやサンマのひらき、タコ、煮干しなどを仕入れ、内陸部へ行商に出かけ売りさばいた。現金のない農家からは米と物々交換することもあった。そこで帰りには、米を背負って帰ってきた。その米の一部は、青函連絡船で北海道に運ばれ、帰りには魚や干物を背負ってきた。青函船での往復は一日一回なので、米二俵(一二〇キロ)を運んだという。それを「ガンガン部隊」と呼び、またカツギ屋とも称した。食糧管理法の網を潜った商売であったが、米の供給過剰で、一九七〇年ごろにはほとんどいなくなった。

それに比して増えたのが、大都市圏への出稼ぎであった。津軽の出稼ぎは、昭和恐慌(一九三〇～三一年)頃から増えはじめ、当初は北海道や千島列島が主な働き場所であった。「ヤトイ(雇)」とか「カイド(北海道)」といった。賃金は比較的よかったが、重労働で危険が伴った。そこで出かける前には、家族と「みずさかずきを交わす」こともあったという(『青森県西津軽郡車力村実態調査報告書』一六四頁)。

ヤン衆

戦後(一九五三年)においても津軽海峡を渡って北海道のニシン場へ行くニシン漁夫、いわゆる「ヤン衆」(「鰊の神様」ともいわれた)が青森県全体で一万五〇〇〇人以上いたといわれている。それが高度経済成長期に、増大する大都市圏の労働不足に応えるために、また農村においても現金収入の必要性から、副業的に農閑期に出稼ぎに出かけるようになり、それが周年的、専業的に変化した。

一九六〇年代末には、青森県は出稼ぎ県といわれ、農閑期の冬場には農民の多くが出稼ぎに出ていた。とくに一九六八（昭和四三）年には「山川市場」といわれたリンゴの暴落があった。リンゴの豊作と、バナナの自由化（一九六三年）による消費の落ち込みで、リンゴは出荷経費にもならない低価格になり、かなりの量を山や川に捨てざるを得ない状況になった。そこで多くの農民は、出稼ぎに行かざるを得なかった。また律儀で勤勉実直な津軽人は、出稼ぎ先では重宝された。だが、その分だけ危険な作業を強いられたといえよう。

そんな中で起きたのが、一九六九（昭和四四）年四月一日の東京都墨田区荒川放水路工事現場事故であった。亡くなった作業員八名中七名までが、津軽からの出稼ぎ作業員であった。

ケヤグ選挙

その年（一九六九年）の十二月に第三十二回衆院選が行なわれた。出稼ぎ者こそ、大切な有権者であり、一票は重い。軽んじてはならない。この選挙こそ、彼らの声を反映しなければならない。毎日新聞は、この選挙を青森県内に浸透させるため「ケヤグ選挙」（『毎日新聞』一九六九年一一月一〇日）と命名した。ケヤグとは契約のなまったことばで、兄弟分を誓った仲間内のことである。民俗学者、とりわけ「族制」研究に業績のある竹田旦は、津軽半島できわめて特色のある慣行の一つとして、この慣習に注目した（竹田旦『日本の家と村』一二五七頁）。そのケヤグの慣習を掘り起こし、選挙意識を高め、投票率をあげようとした「毎日新聞」のキャンペーンであった。

若者組

ここで仲間意識を醸成したケヤグをはじめとする「若者組」の実態について触れておこう。若者組は、かつてムラの中核組織であり、祭礼や治安には欠かせなかった。とくに津軽地方の社会組織では、この年齢階梯組織である若者組（若者仲間・ワカゼという）を無視できなかった。

若者組に加入する年齢は、十四～十七歳であったが、そのほかにもカツギイシ（津軽では「五斗石」といわれ重さ七十五キログラムほど）を担げば、年齢に関係なく加入することが許されたという。東津軽郡平舘村根岸では、小学校を終えると、酒一升をもってワカゼヤドに加入し、二十五歳になるか結婚すると脱退した。北津軽郡市浦村相内では、正月に仲間入りする若者が先輩に連れられてくると、若者宿では二升樽が添えられた正面に若者頭が陣取り、両側に仲間がずらりと整列する。加入者は、二升樽を前にして「どうか仲間に入れてくれろ、きまりはよく守る、よろしく頼む」と口上を述べる。若者頭が「よしっ」といって加入が決まるしきたりであった（『日本の民俗・青森』一三五頁）。北津軽郡金木町嘉瀬では、旧暦五月の「田の実ヤスミ」に若者組に加入することになっていた。これを「菖蒲打ち」と称した（「青森県・緊急民俗調査カード」）。

若者組は、ムラのきまりなどを取り仕切る自治的な組織であったため、ムラでは特別視されていた。組内での階層は厳格で、二十歳まではツカイワカゼ、二十一歳から二十五歳までがコワカゼ、二十六歳以上がワカゼといった。ツカイワカゼは、ムラ休みを伝達するような使い走り、会席ではコワカゼまでは接待役、ワカゼになってはじめて一人前に扱われて膳を前に座ることが許された。羽織や袴もワカゼになれば着られたが、コワカゼ以下は筒袖着物であった。「一つ上なら兄と思え、二つ上なら親父と思え」と教えられ、目上の者には絶対服従であった。会席では必ず上座から年齢順に座したので、地位と年齢が一目瞭然であった。

若者組の統率者（若者頭＝シタガシラなどという）は、どこへ出ても立派に口がきけ、人をおそれず、思慮分別に長け、読み書きもでき、仲間の信望を集める者でなければならなかった。そのため家柄や財産などと関係なく、選任されたという。若者頭は、仲間に対して絶対の権力を持っていた。もし若者頭に口返ししたり、若者組のきまりに従わない者がいると、制裁を加えたり、その親に断わって除名した。はずされると、仲間はもちろん、メラハド（娘たち）も口をきかず、夜遊びにも入れてもらえなかった。詫びのためには、親が羽織袴姿で酒二〜三升をもって出かけることもあったという。

若者組は、夜になると若者宿に集まって寝泊まりをし、仲間だけで生活をすることもあった。宿は、世話好きな家を頼んだ。宿では若者頭や年長者の指導で、草履や草鞋、ケラ（雨具——南部ではミノといった）を編むなどの藁仕事をした。その間にムラの娘たちの品定めなどもするのであった。

ギンミ

ムラでは若者組に治安・安寧上の権限が与えられていた。これをギンミといった。ムラヤスミ（村休み）に働きに出たり、田畑荒しをする者を取り締まった。違反者には制裁を加えたりするなどの権限・権力があった。ムラの林に畑を開墾した者が、若者頭から抗議を受け、畑を返上したという話もある（『日本の民俗　青森』一二九頁）。

南津軽郡の黒石付近では、ムラに盗難があると、若者たちはオボツナサマ（産土神）に宮籠りし、断食して、犯人が現れることを神に祈った。そして村人全員がお宮に集められ、若者頭の命令で神前の太鼓をたたかされた。その態度に不審があると追及し、白状をせまったという。

祭りも若者組が管理するものであった。旧正月になると、津軽の多くのムラではオボツナサマへ豊作祈願の裸参りが行なわれた。これも若者組が取り仕切った。大きなトシナ（年縄、鳥居に飾る大しめ縄）やお神酒・お供餅を担ぎ、まわし一本の裸姿の若者が「サイギ、サイギ」の掛け声とともに雪の上を練り歩く。

弘前市鬼沢地区では毎年、トシナを編み上げ、旧正月元旦に若者組を中心に壮年の男性が集団で、鬼神社をはじめとする地元の社や祠にハダカ参りをし、トシナを奉納して、その年の豊作を祈願する。厳寒のなか大樽の冷水に入って水垢離し、心身を清め、その後、マワシ一本の姿で、トシナや供物をかつぎ、サイギサイギと唱えながら地区内をねり歩く（『弘前市鬼沢 鬼神社の信仰と民俗』）。

東津軽郡平館村根岸では、若者組が「権現回し」を行なう。権現とは獅子頭のことで、若者たちがこれを担いでムラの厄払いをする。行列は塩まき・太夫・権現の順に並び各戸をまわる。塩まきが各戸の戸口に塩をまいて清め、太夫が御幣をもち祝詞《のりと》をあげ、権現三人が獅子頭を舞わす。年四回、旧暦の正月・六月・七月・八月の十五日に行なう。若者は、巧みな節回しで民謡を歌い、踊りにも堪能であった。芸能は「昔の若者にとっては一つの訓練であり、社会人として必要な資格として身につけたのである。獅子踊りのような激しい動きをする芸能を修めて、祭事に奉仕することも、一人前の男として認められる条件であった」（『日本の民俗・青森』一四一頁）。

田植えがすんだあとの「サナブリ休み」に行なう「虫送りの行事」も若者組が主役であった。田植え終了後の祝いまたは休日がサナブリ休みである。苗を水口に供えて田の神を祀る。田植えが終わったのを見て、田の神が天に帰る日である。同時に虫送りも行なわれる。藁でつくった龍や蛇のかたちをした大きなムシをつくり、ムラ中をまわり、最後にムラ境の大木に掛け、虫よけ祈願をする。若者組なしには行なうことができない行事である。

その若者組にはヨバイが公然と認められていた。村内婚がほとんどであった戦前までは、婚姻には若者組の承認が必要で、彼らの意志に反してムラの娘が他村に嫁ぐような場合には、さまざまな妨害が加えられた。他村に嫁を出すのはウスケネ（意気地なし）といわれ若者組が侮辱された。そのため婚礼の日にはタルイレ（樽入れ）といって、若者組が酒を強要するしきたりがあった。

このような若者組が青年団という新しい組織に移行するのは、大正時代であるが、その内実はほとんど変わらず、戦後まで引き継がれた。この若者組の力を背景に戦争直後の選挙で当選をむしり取ったのが、青年団出身の金木町長の花田一や鰺ヶ沢町長の山屋辰夫、さらに田舎館村の県議、衆議員の田沢吉郎などであった。

兄弟分

その若者は、さらに結びつきを強めるため、親しい者同士が仲間の契りを結んだ。それをケヤグといった。男は「兄弟分のケヤグ」、女は「姉妹分のケヤグ」といった。タテ関係が厳しいなかにあって、ヨコの絆を重視した「兄弟契り」の間柄であった。とくに兄弟姉妹が夭折したおりなど相手を見つけ、盃を交わした。『青森県西津軽郡車力村実態調査報告書』には、兄弟分締結の事例が六例載っているが、締結には親の兄弟や当人の兄弟姉妹などが参列し、祝言（結婚式）なみに酒・肴が出て、飲み食いをし、契りを結んでいる。締結した兄弟分の兄・弟の関係は家格の上下ではなく、あくまで双方の年齢によるもので、その関係性はフラットなものであった。

以後、親しい関係は強固に生涯にわたって続いた。日常生活での往来、農作業での労働力の交換（ユイッコ・クミッコ）、冠婚葬祭の義理などはもとより、相手が亡くなったあともその家とはしばらく行き来があった。締結者も一人だけでなく二、三人いることもあり、一九六〇年代まで締結が行なわれ、機能していた。

その若者組の慣習やケヤグの伝統が残る津軽人は、何にもまして仲間を大切にし、「義俠心」を重んじてきた。仲間（ケヤグ）が東京に出稼ぎに行っている各選挙陣営も、それを読み込み、運動員を通して仲間に正月休みを繰り上げて帰省するよう電報戦術を展開した。

当時青森県の出稼ぎ人口は、約六万五〇〇〇人（一説には七万〜一〇万人）、そのうち一区が二万五〇〇〇人、二区が四万人といわれていた。この有権者獲得が、当落を決しかねない。出稼ぎ問題を出稼ぎ者の票で解決する以外なかった。

一九六九年の衆院選は、津軽選挙区（青森二区・定数三）の場合、候補者は九人、そのうち保守（自民党）系は六人で、国政派閥ごとの選挙を展開した。田沢吉郎―前尾派、竹内黎一―藤山派、森田稔夫―佐藤（田中）派、木村守男―中曾根派、楠美省吾―船田派、花田一―佐藤（保利）派であった。革新系は、東海正次郎（社会党）と津川武一（共産党）を擁立し、野呂峰五郎が諸派であった。三席独占をねらった自民党であったが、結果は田沢、津川、竹内が当選した。以後、田沢と竹内は津軽選挙の後盾の巨頭となり、二大派閥として津軽選挙を制御、差配、支配するようになる。

甲州の行商

不在者投票が、津軽選挙では「出稼ぎ」と結びついていたように、甲州選挙では「行商」と深い関係にあった。代表的事例は、上述した一九六八年三月の「勝山村不在者投票事件」である。柳田国男は、甲州の行商をつぎのようにいう。「甲州（主として北及び中巨摩郡）の山村では昔からコクヨセ（穀寄せ）といつて、穀物を得るために出稼ぎに出る慣はしがあつた。その最初は桶屋の職人で、甲州の場合は大抵甲府付近の村々を檀家にして、一軒前米一升とか二升とかといふ風に契約して出掛けたが、同じ甲州でも南の方の精進湖付近の山村では、この桶屋の代わりに杓や綰物（わげもの）を作つて商ひ、一度他の物資と交易して、更にそれを穀物と交易してゐたのである。」（『郷土生活の研究』『柳田國男全集⑧』二八三頁）

甲州の行商は、不足する米麦を得るために、木製品との交易を行なってきたというのである。山国甲州にあっては、しかるべきことであった。

その行商体験を描いた本に熊王徳平の『甲州商人』（一九五八年）がある。熊王徳平（一九〇六〜一九九一）は、甲州増穂の生まれで、その地で床屋を営みながら作家生活を送った人物である。甲州の風土に根ざした作品が多く、「いろは歌留多」（一九四〇年）が芥川賞候補、また『山峡町議選誌』（一九五七年）が直木賞候補になった。

その熊王が描く『甲州商人』は、櫛形町（現南アルプス市）で品物を仕入れ、在所である甲州の増穂・鰍沢町（現富士川町）から出発し、常磐線、東北本線を北上し、ときには北海道まで旅することもあった。

商品は粗悪品の衣類、背広は一度着ればしわだらけ、セーターはすぐ延びてしまう。泥棒まがいの行商、「行商は魚釣り」とうそぶく。だが、そんな甲州商人を東北の農民は受け入れたのである。騙されつつ、行商人のおかしな話やおもしろい情報に耳を傾けた。そこにはだまされる農民とだます行商人の駆け引きのおもしろさが潜んでいた。

ベタに注意

行商は商品より人間関係が基本であった。世の中は、持ちつ持たれつの関係なのである。しかしながら甲州人は「自虐的気質」ゆえか、「甲州べえと牛の糞に油断するな。上べだけ見てかかると、飛んだ眼に逢うぞと、日本中から嫌われている甲州商人も、根っからの悪ではない。……目覚めの悪い商売などやめにしたいに定っている。」(『無名作家の手記』一九五七年)と、熊王は自己擁護に努めている。なお、牛の糞は甲州ではベタと言った。

その熊王徳平や深沢七郎(一九一四〜一九八七)の作品を論じたのが、民俗学者・谷川健一(一九二一〜二〇一三)であった。深沢は、『楢山節考』や『東北の神武たち』、また嶋中(中公)事件を起こした「風流夢譚」の作者である。その深沢を論じるなかで、谷川は「山梨県の出身である深沢七郎は、おなじ山梨在住の小説家、熊王徳平の描くところの甲州商人のように、油断のならないところがある。それだけ立ちまわりがうまく、行商なども得意だったと私は思う。しかし、人の気持ちをすばやく読みとって、その上手上手をゆく彼の長所は、やがて彼の短所でもある」(「死ねない悲劇的文学者」『谷川健一全集㉑』四八一頁)と、述べている。

行商の体験から「すばやく人の気持ちを読みとって」相手の心情に合わせて行く狡猾さはあるものの、計画性や長期展望を持たない、その場限りの気質を山梨の県民性と見たのである。

バイは一人

なお、甲州の行商は、仲間と連れ立って旅に出ることもあるが、基本的にはバイ（商い）は一人であった。仲間連れも同年齢というより年が離れ、親分子分関係のようにタテの主従的関係であった。実生活でも津軽のように同年齢の仲間が、個別に兄弟分・姉妹分になるような関係性（ケヤグ）は少なかった。若者組や青年団組織はあったものの、内部統制も津軽のように厳しいものではなかった。また若者組の内部構成は、津軽のように新規加入から退団するまでいくつもの段階に分かれており、その段階ごとに役割が明確に決まっていることも少なかった。

『山梨県史民俗編』が指摘しているように「山梨県内の若者組にはそのような段階が明確に存在する例は少ない」、さらに名称も「新加入者の若者をコワカイシュウ（小若い衆）とよぶことはあるが、その上の階梯は曖昧である」。「名称同様に階級制も厳格ではないことが多い」（一八九頁）。そこで選挙では、ケヤグのような同年齢の仲間内の絆をターゲットにすることは少なく、あっても「同級会無尽」ぐらいで、後述するカネを主体とする職種ごとの無尽やタテ関係の親分子分関係を利用する集票戦術がとられることになった。

第五章　神仏の力と選挙タタリ

「さわらぬ神にタタリなし」。正月に迎える年神（歳神・歳徳神様など）にして、そうである。そのため甲州の塩山市（現甲州市）などでは、元旦・三ヶ日がすぎた四日には、はやくも「正月送り」をする。「歳神様は難しい神様なので御機嫌を損ねないようにとの配慮」だという。そこでお坊さんの「年始回り」がはじまる正月四日の朝には、急いで門松や松飾りをはずしてしまうのである（『塩山市史民俗調査報告書―神金の民俗―』）。選挙だって例外ではない。選挙運動に積極的に加わらなければ、被害（タタリ）は生じないはずである。

民俗学では、このように神仏を扱う分野は、「信仰」ないしは「年中行事」、「俗信」ということになる。「信仰」は、神仏に関することで、寺院仏閣のほか俗信なども入る。「年中行事」は、生業との関係において年ごとに繰り返される行事や儀礼である。正月から暮れまでの出来事を扱う。「俗信」は、日常生活を左右するものとして、世間で広く信じられてきた観念や言い伝えで、禁忌・予兆・占卜・呪術・諺・憑きもの・幽霊・妖怪などをいう。では、神祭りを見てみることにしよう。

タマ選びとイリット

「当たるも八卦、当たらぬも八卦」、津軽では「当たるも当たらぬも八卦」という。吉にせよ凶にせよ、いちいち気にすることはない。だが、一票を投じる候補者となれば、知っておきたいことは少なからずある。政策は、人物は、と候補者の政治的能力を見極めようとする。だが、候補者選びを見るとどうも「八卦」で、そんなことは関係なさそうである。

とくにムラの候補者には、そんな政治能力や見識は必要でないような観さえある。青森県議会議員だって、その任期中に一回も議会質問をしなかった御仁もいたという。ましてその下の市町村会議員となれば、なおさらである。議員は、先生と呼ばれ、箔《はく》をつける名誉職にすぎない。となると議員は、輪番制でも成り立つ。事実、甲州のあるムラでは、議員は輪番制に等しいものであった。任期は一期のみで、再選はご法度であった（注）。

（注）北都留郡小菅村では、一九七一年以降二十年間以上にわたって村議選の無投票が続いた。ここは川池、小永田、白沢、田元、東部（余沢）、中組、長作、橋立の八つの集落（ムラ）がある。一二人の議員はこの集落を基盤に選出される。まず常会と呼ばれる集落の集会で村議候補者が選ばれる。希望者が多い場合は、区長（集落のまとめ役）が作成した投票用紙で「内選」し、他集落と談合を持ち、定数内に収まるよう調整する。このため村議選が無投票になるわけである（『朝日新聞・山梨版』一九九一年三月一二日）。

それでも選挙となれば、カネが必要になる。そこでカネのあるタマ探しが必要になる。タマとは候補者のことである。選挙はタマ探しからはじまる。カネを使う選挙では、タマ探しが大変になる。白羽の矢が立つのが、婿養子である。津軽ではモゴ・モコ・ムコウなどといった。甲州ではイリット・イセキなどともいう。双方に「米ぬか三合（三杵―津軽）あれば、婿に行くな」との俚諺がある。婿養子には、イジメが待っていた。家でもムラでも肩身が狭かった。働かなければ「クソームコー」（津軽）と罵られた。

ムラの祭礼では、御神木や幟旗《のぼりばた》の穴掘りは、婿養子というところもあった。しんどい仕事ばかりが廻って来た。ムラ寄合でも常に下座に座らされ貶《おとし》められていた。そんな婿養子が、ムラのれっきとした構成員になるためには、選挙の洗礼が必要であった。

婿養子の餌食

選挙御輿に乗せ、揺さぶるのに婿養子は恰好の餌食であった。ムラ選挙はイジメの側面がある。タマは当選するまではイジメぬかれる。日頃の態度が悪い、付き合いがよくない、カネに汚い、などと叱責される。乗せられた神輿は、大きくゆすぶられ、練られて放り出されることもある。カネの要求は、尽きることがない。気心を知ったオイツキ（生付き）にはできない法外なかずかずの要求が待っていた。そこで立候補に二の足を踏むタマも少なくなかった。だが、イリットは、ムラから認知されるためにも、荒神輿に乗らなければならなかった。この供犠的役割を果たしたのが婿養子であった。

ムラには、正式な構成員になるためには入会の手続き（ムラ入り）が必要になる。甲州の多くのムラでは、小正月の道祖神祭りに酒一升を供えたり、ムラ祭りのおりに特別な祝儀を差し出したりする。この酒で一応はムラ入りが果たせるわけであるが、これだけでは「一人前のムラ人」とはいえない。一人前のムラ人になるためには、家格の高い家では選挙による洗礼を受けなければならない。選挙でイジメ抜かれ、はじめて婿養子は一人前の当主として、ムラ人から認められることになる。イセキ（家蹟）を継ぐためには、婿養子はムラ人の「暴れ御輿」に乗る必要があったのである。

だが、当選してもすぐさま役立つ政治家になるとは限らない。代議士でいえば「陣笠議員」でしかない。地元に利益誘導を果たす「桃太郎議員」になるためには、さらなる試練が待っていた。甲州では、水礼式という行事がある。山梨市日川消防団が、幹部昇進のために行なう行事である。正月五日に行なわれる。幹部団員になるために一般団員が二〇メートルほどの火見櫓に登り、下から仲間の団員から消防ポンプの放水を受ける行事である。寒風のなか二十分以上も水をあびせられるため手足のみならず身体全体が寒さで硬直し、感覚がなくなるような体験を味わうという。この厳しい放水の洗礼を五～六年も受け、はじめて責任ある幹部団員となり、消防団を統率する資格を得ることになる。

議員も同様で、ムラ人の雑多な批判に耳を傾け、また法外な要求にも応えつつ、じっと我慢する忍耐力を養なってこそ「使える政治家」として「桃太郎議員」、さらには「領袖（ドン）」への道をたどることができるのである。

願掛け神社─津軽

さて、立候補となると、支持者の掻き集めがはじまる（そこで酉《とり》の市よろしく大手の「熊手」が飾られた選挙事務所もあった）。後援会名簿がつくられる。小集会やパーティーが催される。支持者回りがはじまる。自治会長などムラやマチのボスが露払い役を務める。「顔見せ」興行である。このおり、選挙に協力してくれるか否かを相手の顔色や目の瞬きで知ることができる。「顔見せ」とは、民俗でいう、祝言（結婚式）後に嫁を姑などが付き添いながら、集落の一軒一軒を回り、お披露目するムラ歩きのことである。

　神仏祈願もはじまる。選挙は博奕である。半が出るか丁が出るかは、いかさまをしない限り、わからない。そこで神意を聞く必要にかられる。神仏の加護も欠かせない。神仏詣である。まず、有力神社への当選祈願がはじまる。津軽では、岩木山神社ということになろう。

　岩木山神社は、顕國魂神《うつしくにたまのかみ》・多都比《たつび》姫神《ひめのかみ》・宇賀能《うかの》賣神《めのかみ》・大山祇神《おおやまづみのかみ》・坂上刈田《さかのうえのかりた》麿命《まろのみこと》の五柱を祀り、その五柱を総称して岩木《いわき》山大神《やまおおかみ》という。岩木山は、「お山」、「お岩木さま」と地元では呼ばれ、祖霊の座す山として、またお山参詣で名高い。旧暦八月一日、津軽五郡の各ムラからお山に集団で登拝する津軽最大の伝統行事である。十歳すぎれば一行に加わった。津軽では「男でヤマカケしないものは一人前でない」と言われ続けてきた。津軽の農海産物の守護神として、開運招福の神さまとして崇《あが》められている。

　そのほか青森市内の広田神社や諏訪神社も選挙祈願者が多い。広田神社は、青森市の中心街にあり、寛永二（一六二五）年に青森湊鎮護のために青森の産土神として外ヶ浜にあった神社を町の中心に遷座した。天明四（一七八四）年の大飢饉では、多数の死者や疫病が蔓延した際、外ヶ浜の産土神であった神社を、江戸幕府の命により遷宮して祈願したところ、ようやく病魔を退散させ、大飢饉の災難を払い除くことができた。以後、雑多な災難・厄・病を祓い除く〝病厄除け〟の守護神として信仰されている。祭神は、天照大神を主祭神とし、これに国土経営の神である大国主命、事代主神《ことしろぬしのかみ》、蛭子命《ひるこのみこと》を合祀している。

境内には「千鶴萬亀之塔」が建立されている。明治百年を記念して青少年向けに建立したものである。碑には「五ヶ条の御誓文」が刻まれている。第一条は佐藤栄作内閣総理大臣、第二条は竹内俊吉（元青森県知事）、第三条は津島文治（元青森県知事）、第四条は佐藤尚武（元参議院議員）、第五条は長谷川才次（時事通信社・初代代表取締役）と日本および青森を代表する政治家が筆を揮《ふる》ったものである。このほか岸信介などの碑文もあり、政治家の信仰を集めるのにふさわしい装いをした神社である。

また市内栄町に建立されている諏訪神社も選挙祈願神社として名高い。狩猟・戦の神である建御名方《たけみなかたのかみ》神を祀り、陸奥湾の海の安全を司っている。寛永八（一六三一）年、青森開港に際し、開港の守護神として堤川中洲に遷座した。近時は、護国、国土安泰、農工商漁業の繁栄、船舶・交通の安全、厄除け開運の守護神として信仰を集めている。

参議員を三期務めた山崎力（一九四七〜）は、選挙当日、まず、この諏訪神社に詣でる。参拝後、すぐ竜飛にむかう。車で二時間以上もかけ、帯島の龍神様（弁財天）に出向き、参拝・祈願したあと、本格的遊説に入る。環境庁官を務めた先代山崎竜雄、さらに衆議員・青森県知事を歴任した先々代山崎岩男の代からの恒例であるという。信心深い政治家一家なのである。

岩木山の神罰

ところが先の参院選（二〇一六年七月）では、山崎は大きな過ちをおかしてしまったようである。岩木山に祀られている神を敵に回してしまったようだ。津軽には、第一章で触れたように安寿姫の伝説が残っている。津軽の守護神・岩木山は、安寿姫と厨子王を祀るお山である。その安寿姫と厨子王を奴婢として酷使虐待したのが、丹後の強欲非道の金持ちの山椒太夫であった。そのため丹後の人が領内に入ると岩木山の神の怒りにふれ、天候が荒れ、災いが起きるというのである。それを「丹後日和」と称している。江戸時代の旅行家・橘南谿《なんけい》が書いた『東遊記』にも、つぎのような記述がある。

奥州津軽の外が浜に在りし比《ころ》、所の役人より、「丹後の人は居ずや」と、頻りに吟味せし事あり。「いかなるゆえぞ」と尋ぬるに、津軽の岩城山の神甚だ丹後の人を忌嫌う、もし忍びても丹後の人此地に入る時は、天気大きに損じて風雨打続き、船の出入無く、津軽領甚だ難儀に及ぶと也。（略）丹後の人津軽領の界を出ずれば、天気たちまち晴れて、風静に成る也。（略）「いかなるわけの有りて、かくはいう事ぞ」と委敷尋《くわしくたずね》問うに、当国岩城山の神と云うは、安寿姫出生の地なればとて、安寿姫を祭る。此姫は丹後の国にさまよいて、三庄大夫にくるしめられしゆえ、今に至り其国の人といえば忌嫌いて風雨を起こし、岩城の神荒れ給うと也。

（『東・西遊記1』四四〜四五頁）

山庄（椒）大夫につながる丹後の人が、安寿の霊を祀る岩木山への登拝はもちろん、津軽領に立ち入ることさえ禁じていた。丹後の人が津軽領内に立ち入れば、岩木山の神の怒りにふれ、災いが起こり、天候も不順になる。

古川古松軒《こしょうけん》も、天明四（一七八四）年に幕府の巡見使に随行して津軽を訪れた際、「このたび御巡見使御下向に付き、江戸において御三所に津軽侯の御使者来りていう、このたび召しつれ給う御家来の内、もし丹後出生の人あらば御無用あるべしとのことなり。すでに川口久助殿の士に丹後の産ありしゆえ、御供をのぞかれしなり。」（『東遊雑記』九九頁）と、「災い」を恐れ、津軽行きの従者に丹後出生の家来を加えぬよう弘前藩から要請があったことを記している。

そこで「疑わしい船頭には岩木山神社の牛王のお札をのませると、偽っている者は神罰をうけ、血を吐いて即死する」という伝説も発生している（『日本の民俗・青森』二三五頁）。丹後人の津軽領内立ち入りは厳禁なのである。

幹事長に神罰か

この伝説を山崎陣営が知らなかったは

弘前市・長勝寺に祀られている安寿と厨子王の像

ずはない。だが二〇一六年七月の参議院選では、この禁忌を犯してしまった。安倍晋三首相をはじめ自民党の大物代議士がつぎつぎに津軽入りした。自民党幹事長の谷垣禎一（一九四五〜）も例外ではなかった。よりにもよって最終日の七月九日に弁士として青森市で街頭演説に立ったのである。開票は最後の最後までリードしていたが、土壇場で民進党の田名部匡代に詰め寄られ、僅差で敗れてしまった。敗因の一つは、岩木山の神の激怒にあったと思われる。谷垣幹事長は丹後選出の代議士である。やはり岩木山の神が許さなかったのであろう。

山崎は、神道政治連盟国会議員懇談会にも加入するなど信心深い候補者ゆえに、細心の注意が必要であった。岩木山の神の恐ろしさは知っていたはずである。にもかかわらず、幹事長の応援を断りきれなかったのであろう。谷垣幹事長本人も、応援に津軽入りしたちょうど一区切りの七《な》日《ぬか》後（葬式ではシチナノカ・ヒトナノカという）の七月十六日に、都内でサイクリング中に転倒、頸髄《けいずい》損傷を負った。命には別状なかったが、長期入院を余儀なくされ、幹事長のイスをふいにしてしまった。後任には紀州の二階俊博が起用され、谷垣は政治生命を危うくしている（『朝日新聞』二〇一六年八月二日）。岩木山の神は怖いのである。

願掛け神社―甲州

甲州選挙でも神仏祈願は重視される。戦勝祈願として著名なのが、金桜神社や甲斐奈神社、武田神社、生ノ木稲積神社、北口本宮冨士浅間神社などの有力神社である。金桜神社は、甲府の名勝昇仙峡にあり、御神体は金峰山で、その山頂には少彦名命《すくなひこなのみこと》を祀っている。「金の成る木の金櫻」として、金運、厄難解除の神として崇信されている。

甲斐奈神社は、県内に三か所あり、菊理姫命《くくりひめのみこと》（白山権現）と木花開耶姫命《このはなさくやひめのみこと》を祀る。甲府市に鎮座する甲斐奈神社は、武田信玄の父親・信虎が永正年間に甲府築城のおり甲斐奈山から現在地に遷座したといわれている。安産、縁結びの神として崇敬されている。

武田神社は、武田信玄を祀る神社で、大正時代に創建された。旧県社で信玄信仰の国、甲斐にあっては初詣の人数では毎年他を寄せ付けない、絶対の神として信仰されている。金丸信の初陣はこの神社から始まった。

稲積神社は、衣・食・住を司る生活の守護神として信仰され、大祭は「正ノ木さん」と呼ばれ、五月のゴールデンウイークには、神輿渡御が行なわれ、植木市とともに、見物人で大いに賑わう。

北口本宮冨士浅間神社は、富士吉田市に鎮座し、木花開耶姫命、彦火之瓊々杵命《ひこほのににぎのみこと》、大山祇命の三柱を祀っている。武田信玄によって再建されたといわれ、戦勝の神としても崇敬されている。講社を結成し、登る富士講は、江戸期には江戸八百八町に存在したといわれている。八月二十五日の火祭りは、つとに知られ、無病息災などを祈願する。だが、候補者が講社を結成し登拝したという事例は聞かない。それでも選挙が近くなると候補者は急に信心深くなるようだ。ゲン担ぎがはじまる。

一例を示しておこう。一九五一（昭和二十六）年四月に行なわれた富士山のお膝元・富士吉田市長・市議選のことであった。上吉田、下吉田、明見の三町が合併して成立した初の選挙であった。選挙開始日が、四月三日、仏滅の日であった。立候補者は、「仏滅」と翌「四日」を避け、翌々日に選管へ立候補を届け出て選挙運動に入った（『山梨日日新聞』一九五一年四月四日）。やはり信心深い人びとの街といえよう。富士吉田市は、霊峰富士をあおぐ富士山麓の町で、御師の町でもある。

信仰の町ならではの選挙で、これを一名「御幣かつぎ」ともいった。

渡御・御幸

有力神社で戦勝（当選）祈願の神事に臨み、厳かに神官によって候補者はお祓いを受ける。ただ候補者が、それに先立って潔斎を行なうかどうかはわからない。潔斎とは、神事（選挙）の前に、酒肉の飲食や男女の営みなどの行為を慎み、沐浴《もくよく》などをして心身を清めることである。

選挙公示日は、本格的な事務所開きである。選挙事務所に真新しい神棚をしつらえる。有力な神を勧請し、日々魚貝類や農作物の神饌を供える。神棚は、甲州では多くは候補者があがめる位置に備えられるが、津軽では人の目線と同じ場所につくられる。前には御神酒や神饌が供えられる。また近くには、ダルマなどの縁起物も置かれる。甲州では、かつては生け贄として鹿や猪が供えられたこともある。

そして出陣式である。広場などにステージが設営される。多くの支援者が集まる。候補者や支援者が壇上から支持を訴える。芸能人もかけつけ花を添える。華やかな選挙祭りのはじまりである。遊説が開始される。候補者（タマ＝魂）は、神輿よろしく選挙カーに乗り込む。ウグイス嬢が連呼をはじめる。カラス（男のウグイス嬢）も、ときには加わる。支持者が集まっているところでは、選挙カーから降りて、演説がはじまる。御旅所《おたびしょ》での辻説法である。御旅所とは、神輿が巡幸の途中で休憩や宿泊する場所である。道中に複数箇所設けられている。御旅所に神輿が着くと、御旅所祭りが執り行なわれ、酒やご馳走が振る舞われる。

奈良豆比古神社の奉納相撲

相撲興行

遊説は選挙期間内連日行なわれる。著名人がかけつける。「相撲王国」津軽では力士が圧倒的人気を集めた。一九五六年七月の知事選では、山崎岩男候補のために東京両国から第四十二代横綱・鏡里もかけつけた(『山崎岩男伝』)。

相撲は、神事としてはじまった。大相撲のような競技相撲のほかにも祭儀相撲がある。奈良市の奈良豆比古《ならつひこ》神社の奉納相撲は、神主から授かった榊の枝を手にホーイホーイの掛声に合わせて拝殿のなかをゆっくり歩きまわるだけで、勝負はしない。これを「祭儀相撲」というが、選挙は「競技相撲」でもある。勝敗が重要になる。神の力とともに力士の剛力も必要になる。祭儀と現世利益、信心深かった山崎岩男はさすが、両方を兼ねた効果をねらったのであろう。もちろん当選を手中にした(注)。

一方、悲しいかな甲州には、大相撲の横綱や大関が誕生していない。それでも神社の祭礼では奉納相撲が行なわれ、辻（土俵）が備わっている神社は少なくない。とりわけ政治家は、力士が好きなようである。金丸信は、横綱昇進の二代目若乃花（大鰐町出身横綱）に初黒星を付けた富士桜（元関脇）の後援会長をつとめていた。富士桜も恩義を感じ、金丸の選挙運動に三日間も同行し、山梨県下を遊説したことがある（『人間金丸信の生涯』五六一頁）。当選は、ゆるぎないものになった。

（注）戦後の横綱だけでも青森県出身者には、鏡里（三戸町／在位一九五三・三～一九五八・一）、若乃花（弘前市／一九五八・三～一九六二・五）、栃ノ海（田舎館村／一九六四・三～一九六六・一一）、若乃花二代目（大鰐町／一九七八・七～一九八三・一）、隆の里（浪岡町／一九八三・九～一九八六・一）、旭富士（木造町／一九九〇・九～一九九二・一）の六人がいる（ただし鏡里は南部である）。

甲州の最高位、関脇の富士桜は、二代目若乃花とは互角に勝負した。対戦成績も若乃花には十一勝十七敗と相性がよく、九つの金星のうち三つは若乃花から上げている。とくに若乃花が横綱昇進した新場所（一九七八年七月）の初日に対戦し、初黒星を付けている。また青森県東北町出身（南部）の陸奥嵐には、同じ関脇を最高位にしながら十一戦全勝と一方的な記録を残している。

票読み

選挙事務所では、連日選挙ボスたちによる「票読み」が行なわれる。すでに用意されている「選挙人名簿」から自派の「選挙人リスト」を作成する。さらに固い票かどうか入念にチェックする。

◎（確実）、○（ほぼ）、△（不明）、×（見込みなし）などの記号をつける。血縁・姻戚などは◎、親戚や同志、同級生などは○などと、票読みが行なわれる。とくに気を付けなければならないのが寝返りの可能性のある票である。要チェックである。こうした票の取り合いをめぐっての攻防がはじまる。供応や買収などの手段が用いられる。さらに自派であるとの旗印を明確にするために、選挙カーに乗せたり、街頭で応援演説をさせたりする。相手陣営の動きを封じることも重要である。

甲州のムラ選挙では、見張り番が街道に出て相手方の動きを探り、怪しい車を見つければ追跡がはじまる。ムラの入口では古タイヤが燃やされ、不審車の侵入をブロックする。その場所の多くは道祖神の鎮座するところである。ムラの入口に建立されている道祖神は、邪悪なものがムラに入ってくるのを見張る神としての信仰が強い。

百鬼夜行

最終日が打ち上げである。御旅所遊説からの神霊《タマ》のご帰還である。甲州では、事務所近くで、候補者が選挙カーから降りて街頭を支持者とともに練り歩く「お練り」がはじまる。地域に富をもたらす神の巡幸からのお帰りを感謝する所作である。津軽では「桃太郎歩き」という。キビ団子をもって犬、猿、雉を従えての鬼退治というわけである。神の恵みか鬼退治か、経済的利益か政治浄化か、ここにも甲州と津軽の政治観が表れている。

そして、事務所前で最後の演説となる。選挙期間中の支援を感謝する。午後八時で選挙運動は終わり、事務所前の電灯が消される。暗闇になる。タマは事務所（神殿）の中にご帰還する。すると「百鬼夜行《ひやっきやこう》」となる。政治屋的妖怪の一団が、カネを携え町中を跋扈《ばっこ》するのである。

　投票日は朝早くからごった返す。投票一番をめざして、熱心な有権者が訪れる。事務所では、「駆り出し」などで忙しい。自家用車が用意され、有権者の投票所への送り迎えをする。カネが手渡されたり、供応なども行なわれる。

　投票所では、誰が誰に入れたかの探り合いになる。投票所の立会人は、選挙を公平に行なうためというよりも、自陣営に投票したかどうかの睨みを利かせる監視人に変貌する。「選管を制するものが選挙を制する」津軽選挙の見せ場である。ケガを装って「代理投票」をお願いすることもある。「公表選挙」で支持者名を明確に監視人に伝えるしぐさもある。ときには「不正用紙」が紛れ込むこともある。

町を練り歩く政治集団

「替え玉」投票だってある。「落穂拾い」もある。「落ち穂拾い」とは、病気や出稼ぎなどで棄権するであろうという有権者を選挙参謀があらかじめリストアップしておき、投票時間締切間際に棄権が間違いないことを確かめた後、選挙事務員に耳打ちして投票用紙を抜き取り、自派の候補者を書き、投函する替玉行為である（『青森県の政治風土』）。

神域への乱入—津軽

投票が終わると、開票である。多くの人が、開票に見入る。文字の判別などで一悶着ある。候補者別の山ができる。票読みがはじまる。一進一退を繰り返す。不正が見つかると、異議申し立てや選挙無効が宣言される。会場には、多くの傍聴者が集まり、気をもみながら、開票作業を窓越しに見つめる。かたずをのみ、少しの不審も見逃さない。昂じれば「神域」の開票所への乱入もある。警察官や機動隊の警備が行なわれることも少なくなかった。

投票所乱入事件といえば、一九七五（昭和五十）年四月二十七日の北津軽郡中里町長選が著名である。選挙は現職で四選をめざした塚本恭一町長（無所属—大字福浦字松野尾・武田地区—田沢派）と、開業医であり、中里町最初の学位保持者である井沼洋三候補者（無所属—大字中里—竹内派）の、村を二分する熾烈な戦いであった。選挙結果は、現職の塚本町長が四七五六票、井沼候補が四四五四票で、塚本が四選を果たした。

この過程で暴動は発生した。町選管が投票率を「九五・一〇％」と発表した。が、県選管の指摘で計算ミスとわかり、「九六・一四％」と訂正した。会場にいた井沼洋三候補の支持者約三〇〇人が、「選管は投票率さえ間違ったのだから、開票結果も信用できない」、「選管に不正がある」

と騒ぎ出した。そこで町選管は再点検した結果、塚本候補の票の中から無効票一票を発見し、「塚本候補四七五五票」と訂正した。

騒ぎは大きくなった。群衆五〇〇人近くが「選挙はデタラメだ」、「投票をやり直せ」などと叫び、じょじょに激昂し、群衆約三〇〇人が、会場に乱入した。集積台にしていた卓球台がひっくり返され、投票箱が壊され、投票用紙が破られ、票が散乱した。暴徒化した人々が暴れに暴れまくった。選管委員長代理や委員などがケガをして、近くの病院などに救急車で運ばれた。金木署員が暴徒を逮捕し、県警機動隊の出動を要請した。十二時を回ったころ機動隊四〇人が到着、騒ぎはいったんおさまった。だが、会場内には、投票用紙や選管の書類が散乱していた。騒ぎは、翌日になっても収拾がつかず、反町長派約五〇〇人が再度体育館に集合し、町選管をつるし上げた。これに屈した工藤選管委員長は「当選は無効、再選挙」を約定した。

井沼派のアマダ（共同作業）によるごり押しの勝利であった。だが、県選管は承認せず「再選挙」を断念するよう強く指導をした。町選管委員長は身の危険を感じたのか、どこかへ消えてしまった。「神隠し」か「雲隠れ」か定かでない。

またも〝津軽選挙〟騒ぎ
乱入し投票箱こわす
開票中、千二百人暴れる
中里町長選
散乱する投票用紙
間組作業宿舎で爆発
グラリ、角さんの地元
四千票差で逃げ切る

「またも“津軽選挙”騒ぎ」（『朝日新聞・全国版』一九七五年四月二八日）

そうこうしているうち町長の任期切れがせまった。選管委員長が不在では、当選証書の交付ができない。後任町長が決まらない事態が生じかねない。十日も経った五月二日、工藤委員長が突然役場に現れ、塚本町長に当選証書を渡し、やっと事態は沈静化した。塚本町長の四選目の初登庁は七日の朝であった。刺客の「殺し屋」が来るなどのデマもあり、役場は緊張に包まれていたが、無事に職務につき一段落した（『毎日新聞・青森版』一九七五年五月八日）。この選挙では、一九人が選挙騒擾罪で逮捕された。

中里町は、北津軽郡に属し、大半は津軽半島の脊梁山地に占められ、人口は一万五〇〇〇人あまりの町。一九四八（昭和二三）年以降、国営の十三湖干拓・改良事業により水田の造成・改良が行なわれ、稲田が津軽平野の末端部にまで広がった。南域は金木町に隣接する。戦争直後には、一時革新勢力が中心になり、町長を追放した事件もあったが、その後は、保守勢力が圧倒的に強い。一九五五年三月一日に中里町・内潟村・武田村が合併して新しい中里町が成立した。一九五八年七月には「公明選挙のモデル地区」として、青森市および三戸郡新郷村とともに県から指定されていた。一九七八（昭和五十三）年時点では第一次産業就業率が人口の七二％を占める農村地帯であった。企業といえば役場が最大の「企業」ということになる。

この町長選も二大派閥の代理戦争の感は否めなかった。塚本町長は田沢派、井沼候補は竹内派、国政の親分をバックにしていた心理が、町民の開票所乱入を容易にしたといえよう。二〇〇五（平成一七）年、平成の大合併で中里町と小泊村が合併し中泊町が成立した。隣接する市浦村とは合併せず、地続きではない小泊町と合併して、中泊町となったのである。全国的にも飛び地合併はめずらしい。これも津軽選挙の賜物であろうか。

つぶて―甲州

権威に弱い甲州人には、さすが「神聖な神域の投票所」へ乱入し、「選挙無効」を企てるノウテンキは見られない。あっても演説会場内で双方が乱闘するぐらいである。

たとえば一九六七年一月の知事選では、現職の天野久と自民党代議士の田辺国男の戦いとなった。五選をねらう天野に対して田辺陣営は社会党と組み、保革連合で対抗した。天野はかつて田辺のところで働いていた丁稚〜番頭で、田辺はその酒造会社の社長であった。「番頭とあるじの対決」として「血で血を洗うような骨肉の戦い」が展開された。怪文書が横行し、脅迫電話の応酬、悪質なデマが飛び交った。

立会演説会では、両陣営が送り込んだヤジ馬が跋扈し、悪質なヤジが飛び交った。終盤には演説が十数分間中断したり、候補者が何を言っているかほとんど聞こえないありさまであった。会場にはウイスキーの空ビンやビニール袋に詰めた目つぶし用の砂袋が用意され、異様な雰囲気に包まれていた。だが、そこまでである。権威に弱い甲州人には、津軽選挙のような「神聖な投票所」への乱入や、投票箱をひっくり返したり、こじ開けて改竄するようなパワーはなかった。

ただし、神聖な場所へ乱入する民俗がないわけではない。田植えを済ましたばかりの神田へ神輿が乱入したり、田圃を神輿が意気揚々と練り歩く祭りもある。甲州市塩山松里の八坂神社の祭礼などもその一つである。

また神事の投石も多い。「つぶて（飛礫）」であるが、これは神の意思を聞く重要な儀式であった。笛吹川をはじめ河川を挟んでのつぶて合戦は多い。だが、選管への「不信感」が、つぶてとなることはめったにない。つぶては神の訪れの先払いであり、投石は塩同様にその場を浄めるものなのである（『つぶて』）。開票所は、すでに神聖な場所として定立し、塩や再度投石で浄める必要はないのである。それゆえに甲州においては、選管が管轄する投票所への乱入やつぶて攻撃がないのかもしれない。

ダルマの開眼と論功行賞

選挙の世俗の側面に話を戻そう。当確近くになると開票所はざわつく。勝利を確信すると、歓声があがる。伝令が選挙事務所へ走る。選挙事務所で勝利宣言、万歳が叫ばれる。報道陣や支援者がかけつける。事務所前にステージがつくられる。暗闇の中からタマ（候補者）が壇上に上がると、ペンライト（かつては提灯）がゆれ、歓声があがる。選挙ダルマ（高崎ダルマが多い）の目に墨が入れられる。両目が開く。ダルマは束縛から解放される　ダルマは、「魔除けの赤」と「起き上がる」「七転び八起き」などの縁起物であるが、民俗学者・田中宣一によれば、「縛られ地蔵」同様に、目を入れないことで、ダルマを脅迫しながら願い成就を強いるものでもあるという。選挙ダルマも、当選を「強制祈願」するもので、片目のままイジメることで、両眼を開こうとするダルマの力に期待する縁起物なのだという（「選挙とダルマ」）。

そして、花束や神饌（鯛など）が届く。さしずめ収穫祭である。収穫を祝い、初穂などを神に供える儀式である。宮中での新嘗祭であり、新首長が誕生すれば大嘗祭ということになろう。諸地域（各集落）から奉られた新穀を食することにより、地域の統治権を掌握する儀礼ということになろう。報道陣のカメラのシャッターがつぎつぎに切られる。当選者側の選挙祭りの興奮は、最高潮に達する。

逆に落選者の事務所は、静まりかえる。支援者が、挨拶もせず、一人またひとりと音もなく消えていく。残った数少ない支援者に、候補者が紋切型の「私の不徳のいたすところ」と敗北を詫びる。家族は、悔しさをかみしめながら支援者に御礼とねぎらいの言葉をかける。

勝者の翌日は「当選報告会（戦勝報告会）」である。①開会の言葉、②事務長・来賓挨拶、③祝辞祝電披露、④候補者謝辞（ダルマの目入れは先に行なう）、⑤万歳三唱、⑥乾杯、⑦閉会の言葉、の順で行なうのが一般的である。候補者や事務所の関係者や代議士らの御礼の挨拶があり、選挙祭りは一段落する。

最後が選挙の後始末である。お礼（挨拶）参りとなる。事務所の近隣や報道機関、選管、警察等関係官庁への挨拶回りが行なわれる。

選挙事務所に陣取っていた「選挙ボス」たち幹部は、「論功行賞」の査定に入る。現職が落ちれば、役所に激震が走る。選挙で活躍した人たち（勝ち組）が、ご利益を得ることになる。勝ち組は主要ポストを独占し、負け組は出先機関に飛ばされる。

支援者へのオブックもある。オブックとは、代参講などの土産のことで、元来は、「宮笥《みやげ》」やお札《ふだ》のことであったと思われるが、甲州では土産を近隣におすそ分けすることをいう。

占領政策――津軽

さて、では「論功行賞」の事例を津軽選挙に見てみよう。第二章でふれた「金木町長選」では、「投票用紙の増減」を行ない「汚れ役」を演じた傍島選挙長は、津島町政で収入役に抜擢され、町政の権力者に登りつめた。

同様な事例は、鰺ヶ沢町長選などでも見られた。高橋興『津軽選挙』によれば、「二人町長選事件」前の一九六三年四月の鰺ヶ沢町長選では、戦後直後から町長を四期務めた山屋辰夫が元県議中村清次郎に敗れると、役場から青木助役、世永総務課長、櫛引企画課長、岩谷行政課長ら幹部職員を中心とする二九名が一斉に辞任に追い込まれた。代わりに「中村派」は、総務課長に神（元鳴沢村長）を、行政課長に清野を、企画課長に斎藤を、と選挙功労者を送り込んだ（注）。このような人事断行後の町政を津軽では「占領政策」といった。なお、この中村人事の前に、落選した山屋町長は、残り任期中にみずからの腹心として選挙運動に尽力した職員に昇進や昇給などの処置をとって、役場に一千万円の出費を行なわせている（『朝日新聞・青森版』一九六七年五月二七日）。

（注）：「鰺ヶ沢役場の「占領政策」一覧」

（役職）	山屋町政（退職）		中村町政（新規採用）
助役	青木		
総務課長	世永	→	神（旧鳴沢元村長）
行政課長	岩谷	→	清野
企画課長	櫛引	→	斎藤（のちの町長）
建設課長		→	沢田
財政課長		→	対島

赤石出張所長 ――→ 三上

舞戸出張所長 ――→ 中村（旧舞戸村長）

（『津軽選挙』より作成）

この「占領政策」は津軽選挙では、大胆に実行された。戦争直後であるが、新町長が役場職員をほぼ全員入れ替えた南津軽郡柏木村（現平賀町）や、旧町長派の職員を一掃しようとした同郡常盤村など、露骨な事例も目立った。前者は不当労働行為と認定され、後者は裁判沙汰になった（『津軽選挙』二三〇頁）。これは一九八〇年代においても鎮まることはなく、名を「占領政策」から「報復人事」と変えながら、木造町をはじめ多くの町村で継続されている（『毎日新聞・青森版』一九八三年四月二一日）。

甲州では、当選・就任した首長や議員が、ポストを選挙報酬として与えるだけではなく、売買する事件も発生している。一九八三年十一月に発覚した南都留郡道志村収入役選任事件では、収入役に就任（一九八一年二月）した職員からポスト謝礼として、議員一二人中一〇人が数十万円ずつ受け取っていた。ワイロはムラの慣例で、収入役は、賄賂を捻出するために役場の公金二億円を横領し、その費用の一部に充てていた（『山梨日日新聞』一九八三年一一月二三日）。収入役の公金横領がバレて、この事件が明るみに出てしまった。

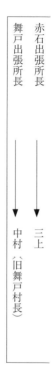

側近政治―甲州

さて、津軽選挙同様に甲州選挙も「論功行賞」や「報復人事」では負けてはいなかった。「二人村長」で世間を賑わせた北巨摩郡大泉村では、つぎの選挙で元村長が返り咲くと庁舎内に中傷ビラが貼りだされ、有力職員二人が辞職に追い込まれた（『山梨日日新聞』一九八七年五月九日）。甲州の場合は、これを「報復人事」といった。

甲州選挙では、論功行賞や報復人事を行なう人びとのことを「側近」といい、彼らの意向が行政に多大な影響をおよぼすことを「側近政治」といった。

顕著な事例を示しておこう。田辺国男知事の県政時代（一九六七～一九七九）であった。田辺は四期続いた天野県政を保革合同選挙で破り、その地位に就いた。就任二年目頃から県庁内や県政界では「一法皇、三知事、一副知事」の「側近政治」の風聞が流れ、人事への関与が強まった。

法皇とは山梨日日新聞社野口二郎会長、知事とは小林昌治、中村太郎、竹下信夫の三県議、副知事とは有泉亨県議を称した。県政への経験を持たなかった田辺知事がブレーンとして重んじた人物で、県民の動向・県政全般への相談役として野口、県議会での議会対策を小林、公共事業関係を中村、人事関係を竹下、経理関係を有泉が担当したことから生まれた用語である（『最後の「井戸塀」』一二一～一二頁）。その結果、「一法皇（野口）、四知事（小林・中村・竹下・有泉）、一副知事（田辺）」などと揶揄されたのである。

四期目をめざした田辺国男県政は、一九七九年の知事選で頓挫した。副知事・望月幸明の叛乱に遭い、敗れたのである。望月には、自民党の金丸信代議士や社会党県連が保革連合を組み、支援した。県庁内も二派に分かれ、「骨肉相食《は》む戦」が展開された。このおり「戦犯名簿」なるものが県庁内に出回った。誰が前知事を応援したかを明確にするために、職員録に印が付けられた。選挙後の「人事処遇」では、印をつけられた「負け組の大半が、出先機関に飛ばされたのに対し、勝ち組は主要ポストを占めたうえ、その昇進は目を見張るものがあり」、わずか四年間で課長から、事務職トップの出納長に昇りつめた者もいた（『山梨日日新聞』一九八二年一一月一六日）。

このときに敏腕を振るい、人事査定をしたのが、望月知事の「側近」YとKであった。Yとは金丸信の後援会「久親会」の総合委員の会社社長、Kとは望月知事の後援会「明山会」幹部で元県職員であった（『朝日新聞・山梨版』一九九三年三月三一日）。

奉納金

役場・県庁職員よりもっと深刻なのが、出入り業者であった。選挙の帰趨は、生活に直結していた。勝ち組は、指名業者（主に建設業者）を優遇する。逆に反対派（負け組）は閉め出される。「負け組」は、自治体発注の公共事業などの入札で差別される。とくに土建業者は「一度負けたら四年間寝たふり、二回負けたら死んだふり、三回負けたら本当に死ぬ（倒産）」ことになる。

上述の津軽の「開票所乱入事件」の中里町では、反町長派は「二十年間もいじめ抜かれたワ（私）だちの気持ちが、よそから来てわかるものか、生きるか死ぬかの問題だ」という。誘致企業は「津軽東大」という名の無線工場が一つ。従業員は八〇人。これに比べて役場は、一八〇人。村最大の「企業」である。役場に採用されるのも町長派だけ。保育所の入所にも差別がある。うまい汁を吸えるのは町長派のみである（『毎日新聞・青森版』一九七五年五月五日）。

論功行賞は徹底していた。津軽選挙が伝播した上北郡東北町では、いまもって露骨である。町長選（二〇〇五年四月）で負けた土建業者に助役が「信頼のおけない業者は指名するわけにはいかない」と公言し、「一年間は町発注工事の入札を遠慮するのが筋でしょう」と圧力をかけてはばからない（『朝日新聞』二〇〇五年六月一七日）。

甲州も同様である。発注業者に対してのあからさまな差別がある。「選挙を通じた信頼がないと工事を任せられぬ」と反町長派を閉め出した南巨摩郡身延町長や北巨摩郡小淵沢町長の事例（『山梨新報』一九八九年一月二一日）など数知れない。

そこで負け組が許しを乞うたのが、「奉納金」であった。「側近」から「奉加帳」がまわされる。元来は寺社造営や祭礼時に寄進した金額や氏名を記入する帳面のことであるが、転じて祝い事などの際に金品を集める目的のために関係者にまわされる帳面のことをいう。選挙では政治家が資金を集めるために各企業や支援団体・個人に差し出す帳面のことである。これが甲州選挙では、ばら撒くカネの資金源となるのだが、詳しくは次章にまわすことにしよう。

新聞戦争

土建業者だけではない。マスコミ業界も例外ではない。公正な報道を建前としている新聞社だって論功行賞の対象となる。支持する候補者に有利になるような記事をそれとなく掲載する。津軽選挙の二大巨頭の一人、竹内俊吉（一九〇〇〜一九八六）が地元の有力紙『東奥日報』の記者〜取締役であったため、ない腹を探られることもあった。文人知事といわれた竹内のこと、記事内容は慎重を期したと信じるほかない。だが、甲州では、記事内容にとどまらず、社運を決するようなこともあった。一九六七年一月の山梨県知事選挙においてである。

地元の二大新聞の一つ『山梨日日新聞』が新人田辺国男、もう一つの『山梨時事新聞』が現職天野久を、あからさまに支援し、それぞれが「偏向」した記事を書いたと、両陣営から批判されたのである。それを裏付けるかのように天野側の自民党県連情宣部からは「謀略のすべての根源は山梨日日新聞」(「情宣資料No.3、部外秘」)、さらに「天下の公器いまや邪剣と化す／元山日記者からよせられた痛憤の手記／破産以外に手はない山日・狂乱の危機打開策」などの暴露や中傷が掲載された怪文書などが流された。一方田辺陣営(県政刷新連盟)からも同様の『山梨時事新聞』を批判する「知事選挙報道の偏向を嘆く／私は山梨時事の一記者」などの記事が、機関紙「刷新連速報No.4」に掲載されるなど、「新聞社戦争」は泥仕合化した。

山梨県下の二大新聞を巻き込んだこの知事選は、田辺の勝利に終わる。それは、またオヤブンとして、田辺知事を「国男」と名前で呼びつける山梨日日新聞社長野口二郎の勝利に終わるわけで、新聞戦争にも勝敗が下された。勝者である『山梨日日新聞』が生き残り、『山梨時事新聞』はこの後(一九六九年)山日に吸収合併され、無惨にも廃刊に追い込まれたのである。

第六章　カネの力と悪銭

さて、選挙祭りの行程は、前章で示したが、賽銭（カネ）と神饌（供物）について、もう少し見ておこう。

選挙では、神仏の加護（当選）が期待できなければ、賽銭（カネ）を増やす以外ない。「選挙も、地獄の沙汰もカネ次第」なのである。そこでカネをより多くバラ撒く「散銭」が必要になる。かつて富士講の人びとは、江戸からの道中、ところどころで「悪銭《びたせん》」を撒いた。そのため日常の出費を控え、小金を貯め込んでいたという。選挙もカネがいる。自分の貯えがなければ、ご先祖様が貯め込んだカネを放出する以外ない。では、どのくらい必要なのであろうか。「法定金額」ではない。選挙の贈賄・買収資金、闇のカネのことである。

消えた村──津軽

まず、悪銭の使い過ぎで、廃村になったムラを紹介しておこう。鳴沢村である。甲州の鳴沢村（南都留郡）ではない。青森県の西津軽郡鳴沢村である。鳴沢村は、一八八九（明治二二）年の町村制施行により、西津軽郡南浮田村、北浮田村、湯舟村、小屋敷村、建石村、出来島村の六ヶ村が合併して誕生した。事件当時（昭和二八年）世帯数七〇三戸、人口四五三〇人、水田三三三町、畑一七六町、リンゴ園一六六町の農業が主産業の村であった。

事件は、一九五二（昭和二七）年八月二十日の村長選で発生した。現職村長の神（五八歳）と元助役の新人木村（五八歳）の争いであった。両候補者は、ともにヒートアップし、山林から家屋敷まで売り、「金つぶて」（注）を投げ合った。バラ撒いたカネはおのおの一〇〇万円ずつ。軍配は「木村（新人）」一、一一八票、神末（前村長）九七六票で、「木村」に上がった（「全村に百万円バラまく」『東奥日報』一九五二年八月二七日／「鳴沢事件をくり返すな―現・前両村長の紙上対談」『毎日新聞・青森版』一九五三年三月二四日）。

（注）「金つぶて」（『毎日新聞・青森版』一九五三年三月二四日）の金はキンと読むかカネと読むかは不明。つぶてとは飛礫であり、石の投げ合いで、中世においてはよき神の訪れを意味した。甲州の民俗学者、中沢厚は『つぶて』（一九八一年）を著し、在所（山梨市笛吹川流域）で春、水がぬるむころ川を挟んで石合戦が行なわれた事例を報告している。また、つぶては五月の「菖蒲切り」とも関係深い行事で、つぶての小石で額に巻いた菖蒲が切られると、健勝に成長することができるとの言い伝えがある。小石がざらざらと降ってくるのはよき神の訪れを知らせる音なのである。「金」の投げ合いこそが、よき政治の訪れを意味しているということか。

村人のツケも大きかった。候補者二人のほか、買収容疑で一九〇〇人が検挙された。村政担当者のほとんどと、村民の大半であった。有権者二一六八名の八八％にあたる。

裁判では、村長・議員・農協役員・農業委員・各部落総代などの村の有力者がこぞって有罪、公民権を停止され、村の行政機能は停止状態に陥った。罰金は、もらった額の七・八倍の約千五百万円、これに弁護士や証人喚問の費用などが加わった（『毎日新聞・青森版』一九五三年三月二四日）。水田とリンゴの村は、年総収入が三千五百万円であった。肥料代はおろか、飯も食っていけない。これでは、「村が立ち行かぬ」と、選挙管理委員長（二八歳）を代表者に、村民約一五〇〇人が、翌一九五三年一月十九日に、青森地裁鰺ヶ沢支部や国会に「鳴沢村村長選挙違反の減刑嘆願書」を提出する羽目になった（『毎日新聞・青森版』一九五三年一月二八日）。

結局、村は解体。一九五五（昭和三〇）年三月に、旧村の出来島が木造町に編入され、残りの南浮田・北浮田・湯舟・小屋敷・建石が鰺ヶ沢町に、裂かれて合併され、消滅した。だが、元村長は、同年（一九五五年）五月十四日、収監されることになった（『毎日新聞・青森版』一九五五年五月一七日）。

半狂乱の買収実録

では、買収はどのようにして行なわれたのであろうか。その一部を当事者である現（木村）・前（神）両村長が『毎日新聞・青森版』紙上で対談、「鳴沢事件をくり返すな」（一九五三年三月二四日）と選挙の渦中を語っている。

木村　勝つためには家屋敷など眼中になかったが選挙が終わってから反省してみればバカらしいことだった。選挙は全く色恋ざた同様めくらにするものだ。

神　もちろん戦いの最中には候補者が半分気狂いのようなものだから問題は金や品物では

なく勝つことだけが目的だ。この気持ちは直接選挙に出た人でなければ解りませんね。
本社　どうして多額の金を選挙に使わねばならなかったんですか…
神　自派の運動員は敵が品物や金を配り旅館や温泉でごち走しているという情報を集めてくるので「これでは危ない」といった気持から対抗手段をとる。これがまた相手の出方を大きくするようになったわけです。
木村　こっちもそれには負けているものかというので又金品を配る。この場合どうしても相手のやり方が派手に見えて仕様がない。これが同一有権者に双方が二回も三回も飲ませる、食わせる、つかませた結果となった。（略）
神　私も二十一日間留置された。（略）公判で裁判長から聞かれる一声々々が神様に申上げているような気持で「選挙違反なぞ夢であってくれれば」と思ったりしました。
本社　ところでこんどの総選挙に当り「公明選挙はこうすれば実現できる」といった話を鳴沢村長選違反を参考にお伺いしたいわけですが…
木村　全選挙民「鳴沢村となるな」といいたいね。鳴沢村はいま罰金で困っている。年総収三千四、五百万円のうち一千五百万円が罰金で持ってゆかれる。こうさせたのも我々の責任だが警察がもっと早く警告を発してくれればこれ程にならなかっただろう。
神　私もそれには賛成です。事前監視がもっと強化され、違反行為が取締られていたら鳴沢の違反はもっと小さくてすんだでしょう。（略）
神　選挙にはダク酒がつきものだから税務署も監視すべきだろう。また買収の宴会は他管内の旅館などでやることが多いから旅館、温泉に張込んでいたら絶対摘発出来る。

木村　候補者が運動員を選考する際、節操のないものと思ったら絶対避けるべきでしょう。（略）鳴沢村の例を見てもこうゆうものが敵にも味方、こっちにも味方の二またコウヤク（膏薬＝貼るカネ）で双方と運動資金を受取り知らん顔の半兵衛といういわゆるブローカーが少なくない。

神　敵か味方か見破ることは絶対必要だ。

木村　それに狂人同様になっている候補者から金を巻きあげようとする有権者の根性もなくしたいものです。これではまったくドロボー同様だ。

神　鳴沢の例からいっても口で運動しても金や品物で運動すべきではないね。公明選挙で一番効果のあるのは児童が親へ呼びかけること。（以下略）

買収選挙では候補者は、半狂乱になり、屋敷田畑を売っても勝つためにカネを調達し、買収・供応のあらんかぎりを繰り返す。有権者は、寄生虫のように集まり、たかり、カネをむしり取る。選挙ブローカーも有権者もカネを二重三重に取る。取り締まる警察も甘い。こんな選挙を打破するのは、オトナでなく、児童しかいないというのである。

「地方自治は民主主義の小学校である」というが、「公明選挙（清く明るい選挙）」は、小学生から学ぶ以外ないのか。この選挙の背景に津軽人の気質である「ジョッパリ（強情っぱり）」や「アシフッパリ（足引っ張り）」、「意地のつっぱり合い」、「自己顕示欲」などを見ることも可能で、その気質が顕在化し、ぶっつかりあったのが、鳴沢村の選挙祭りであった、といえよう。

消えた村—甲州

では、甲州選挙はどうか。村消滅の話は聞かぬが、やはりカネ選挙の本場である。カネでは負けてはいない。一例を南都留郡秋山村にとってみよう。秋山村は県の東はずれ、神奈川と県境を接し、護良親王の子を産んで息絶えたという悲恋の雛鶴姫の伝説や国指定の重要無形民俗文化財である無生野《むしょの》大念仏などで知られている山村で、戦後は「里親の村」としても注目された。世帯数五四二、人口は二五八八人（一九七〇年時点）で、生業はかつては米麦養蚕の農業生産のほか林業で、第一次産業が主であった。

この村を著名にしたのは、一九五七年（昭和三二年）四月の村長選で、現金買収で実に検挙者が三七九人にものぼった。それも一度限りの買収ではなく、初回の買収金が二百円で、追加の「追い打ち」でさらに百円が追加され、一人当たりの買収総額は三百円にも上った。これを教訓に「選挙違反撲滅運動」を展開したが、十年後の一九六七年四月の県議選でも一九人が買収で起訴されている。さらに十二年後の一九七九年十月の衆院選では、現金買収で数ヶ月にわたって三〇〇人近くが取り調べられ、村議から一般有権者まで二二四人が三年から五年の公民権停止処分を受けた。実に村内有権者の八人に一人が処分されたのである。

そこで同年十一月十八日に選挙違反村の汚名をはらそうと村役場は、村内三ヶ所に三メートルにおよぶ「明るく正しい選挙宣言塔」を建立した。そこには「思いきり生まれかわろう明るい選挙」の標語が掲げられた。だが、秋山村は、二〇〇五年二月に隣接する上野原市に合併され、村名が消え「生まれ変わる」機会を失ってしまった。

選定もカネ次第

カネは、選挙に必要不可欠であった。カネの見通しのつかない立候補予定者は脱落せざるを得なかった。一九六七年一月の山梨県知事選のことである。五選をめざした天野久現知事を阻止するため自民党の一部と社会党が手を組み「県政刷新連盟」を結成した。その統一候補を決定するおりのことである。田辺国男（自民党）と小林信一（社会党）の両衆議員が最後まで残った。そのときの両幹部の候補者選定のやり取りの記録が残っている。

長田猪太郎（新政会＝田辺支持）：「刷新連」の舞台に上るゆえに小林も勝てると思っているのであろう。金が非常にかかるけれど、それらも考慮した上のことか。

島田庄吾（社会党＝小林支持）：カンパを集めることが取決められている。気力、意力は充分にある。

長田猪太郎：今まで我々のやった選挙とはケタ違いの金が必要だがそれも配慮の中に入っているのか。準備しているとか出来るとか言うことではなく、ぜひ統一候補にと言う事のなかに、その配慮も入っているのかどうかをきいているのだ。

島田庄吾：配慮しているかと問われると配慮していると答えざるをえない。もちろんケタ違いに微少であろうけれども……。

星野重次（農政連）：長田意見を私も言おうとしていた。保守選挙は莫大な金が必要だ。天野に対抗できるには相当の金がいる。小林のためにもこの際お譲り願った方がよろしいのではないか。（中略）天野は前回でも四億使ったという。今回はさらに輪をかけて使うだろう。それらの事を考えると今度は田辺でやった方がよろしいのだ。

（略）

米沢良知（田辺参謀）：選挙に勝つためには、保守を割る以外にない。保守の候補以外になかろう。金も必要だ。

内藤盈成（社会党県議）：いろいろの話を聞いて参考になった。ここで休憩にしていただきたい。

（『山梨県知事交代』七二～七四頁）

「地獄の沙汰もカネ次第」、「選挙もカネ次第」。保革統一候補は「ケタ違いのカネの差」で保守の自民党代議士田辺国男に決定した。田辺は酒造会社を経営し、父親は戦前の政友会の幹事長の七《しち》六《ろく》、伯父は阪急・宝塚劇場の小林一三《いちぞう》、叔父は後楽園スタジアムの田辺宗英である。カネ蔵が後ろに控えていた。田辺は現職の天野久を破り初当選、山梨県知事に就任した。

カネの選挙語彙

カネで候補者が決まれば、カネは使わないわけにはいかない。そこでカネにまつわる「選挙語彙」が豊富になる。とくに甲州は、津軽に対して実に豊かといえよう。そのカネの流れを追いながら選挙過程を見ることにしよう。

選挙運動は、まず選挙事務所や候補者などの自宅で「票読み」からはじまる。入手ずみの選挙人名簿からだれが投票するかを念入りにチェックする。固い票は、家族親族である。そこで一部は隠し票にし、「票読み」の中に入れない場合がある。さらにマキ・近所・同志・友人などが加えられ「基礎票」が算出される。そのうえで上積み票となる。「浮動票」の獲得である。これは、どちらにも寝返る可能性がある。この「浮動票」の獲得の攻防がはじまる。「選挙戦術」の展開である。素朴な戦術は、供応や買収である。供応はもてなし、買収は金品の授与である。「悪銭を懐にねじ込む」（『新甲州及新甲州人』四三頁）ような「商品選挙」がはじまる。

「選挙はバクチ」といわれる。当選が保証されているわけではない。神意（有権者の心）を確実に知るために、賽銭（カネ）が必要になる。カネは、高額であればあるほどいい。また寺社まわりも数が多ければ多いほどいい。神は、八百万の神である。「選挙の神様」である自民党山梨県連選対委員長などを歴任した米沢良知がいうように、甲州選挙は「一も金、二も金、三も金」（『選挙違反報告書』二二頁）、「金があれば馬鹿も当選」（同一一九頁）なのである。

選挙が近づくと、カネ（津軽では「お銭《じえん》コ」）の飛び交う「黒い興奮」への期待が急速に高まる。候補者は「古新聞」（札束のこと）を積み重ねる。「黒い祭り」のはじまりである。選挙は「生きたカネがものをいう」世界、「札ビラ」、「現ナマ」、「軍資金」とカネの名称が飛び交う（津軽ではカネをタマといい、カネをぶつことを「金つぶて」という）。「物量（大量の金品）作戦」、「札束選挙」、「金力・金権・金脈選挙」で、「選挙景気」が高まる。「実弾」、「爆弾（買収資金）」の使用は、地域一帯に無差別に行なう「絨毯爆撃《じゅうたんばくげき》」に越したことはない。

撒き屋と歩き屋

ゲンコツ（買収金）」は「選挙では何よりも利く実弾」である。「選挙ゴロ」が生き返り、「選挙ブローカー」や「撒き屋（津軽では「歩き屋」ともいう）」、「ブチ屋」は選挙資金を「ネコババ」しつつ、「黒いカバン」に入れ、残りを「黒いカネ」として有権者に打つ。一説では、打ち金一千万円のうち実際に打つのは四百万〜五百万円ほど、あとは中間搾取（ネコババ）ということになるようだ。買収資金が末端まで浸透しないで、途中で運動員にネコババされてしまうことを「途中下車」ともいう。撒いたカネの七割が有権者に直接届いていれば、選挙は勝つことができるという。有権者の「トリヤ（取り屋）」（津軽では「タカリ」ともいう）は「こじき根性」で、いくらでも取りたがる。「二重取り」だってある。そんなヤツは「おくら坊主」（他派から買収されないように投票日までお蔵に押し込めておくこと）にしてしまえばいい。

告示前に手渡す「現ナマ」が「手付け金」、そして中間に「つなぎ」があり、さらに「上乗せ金」、投票日前には相手の追撃をかわすための「追い討ち金」などが投入される。またカネを受け取るか否かで、票の動向を察知するためのカネが「かため」である。黙って受け取れば堅い票。確認のためにカネをぶつが、わからぬ「不発弾」もある。投票日前日の土壇場でダメ押しを行なうのが「仕上げ料」。

カネを渡し歩くのが、「選挙ブローカー」、さらにその手先が「選挙細胞」（細胞とは共産主義運動において自己増殖して再生する細胞になぞらえて組織の最小単位である三人ほどの班をさすことが多い。そこから転じた語彙）である。戸別訪問は「選挙細胞」が担当する。カネは「茶封筒」（汚れたカネを清浄な白の封筒に入れられない）に入れ、仏壇にシンゼ（供え）たり、「天板の下（コタツの布団の上に置く板、ソデの下のもじり）」に置いてくる。金丸信の在所（現南アルプス市）では天板をゲスイタといった。ゲスは下肥のことである。

時には、郵便受け箱への「投げ込み」もある（注1）。カネの「現金書留」郵送だってある（注2）。

投票が終わると「書き賃」、当選後に渡すカネが「雪駄《せった》（踵に留め金がついている草履）」となる（注3）。

（注1）一九七五年四月の甲州の富士吉田市長選では、団地内の各戸のポストに、候補者のイニシャル一字がかかれた茶封筒に一万円札が投げ込まれていた（『朝日新聞』一九七五年四月二四日）。

（注2）一九八三年一月の田富町長選では、現金を封筒に入れ郵送した「現金封筒郵送事件」が発生している（『山梨日日新聞』一九八三年一二月二五日）。同年二月の中巨摩郡若草町長選では、現職と新人候補が争い、五票差で現職が再選されたが、この選挙では告示直前に現金入り封筒が有権者数軒に郵送される事件があった（『山梨日日新聞』一九八三年一二月二五日）。

（注3）青森県三沢市議選では、千円札を二つに切って半分渡し、当選後に残り半分を渡すこともあった（『朝日新聞・青森版』一九六〇年一〇月二六日）。

カマド焼け

「金馬簾将軍（第一次大戦景気で大成金になった甲州の金力候補）」のような「金力候補」や「金権候補」ならいざ知らず、カネはいくらあっても足りない。「銀行屋（地元の信用組合など）」は当選確実となれば多額の融資を行なうが、戦況が悪くなると「貸しはがし」（金融取立）（注1）を行ない、「金欠病」に陥れば命運が尽き、「泡沫候補」の身となる。悲しいかな悲しいかな落選すれば「タダの人」。残るは「井戸塀のみ」、津軽では「カマド焼け」ともいう（注2）。

（注1）金融取立とは、地上げ屋などに貸した金銭の取立でなく、銀行が選挙で好ましくないと判断した候補

者から貸付金の返還を請求することをいう。一九五一年四月に県下最大の地方銀行山梨中央銀行の吉田支店長及び大月支店長が、ある人物に選挙応援を依頼したが拒否されると、逆に貸付の返還を求め、さらに今後は融資しないなどといって圧力をかけた事件が発生した（『山梨日日新聞』一九五一年四月二九日）。

（注2）家産を使い果たし、家屋敷に残ったものは井戸と塀のみになってしまうことを、津軽では、カマド焼けというが、それをを回避し、選挙資金をばら撒く代わりに地域の足「弘南鉄道」の敷設にカネをまわした人物もいる。南津軽郡平賀町（現平川市）の菊池武憲であった。開通は昭和二年だからだいぶ前のことであるが。

オールドパー

では、カネはどのくらい使われたのであろうか。一九五二（昭和二七）年の衆院選では、「三当二落」という選挙語彙が発生した。選挙費用に三千万円使った候補者が当選、二千万円では落選といわれた。同様に一九六三年十一月の総選挙では「五当三落」が流行り、五千万円ならば当選、三千万なら落選というのが通り相場になった。この頃の大学受験生は、「四当五落」といわれていた。寝る時間も惜しんで勉強し、四時間の睡眠ならば合格するが、五時間も眠るようだと合格できない、といわれていた。

金権選挙は永田町にまで波及し、金額も桁違いに高騰した。「ニッカ・サントリー・オールドパー」という永田町用語もつくられた。一九六四年の総裁選の時である。池田勇人が佐藤栄作、藤山愛一郎を抑えて自民党総裁になった。このおりの選挙では、自民党国会議員に配られた買収資金は十数億円にのぼったという。二派閥から買収された議員がニッカで、サントリーは三派閥のそれぞれから金額をせしめた議員ということになる。「オールドパー」は、三派からカネを受けとりながら、誰にも入れない議員である。

選挙の神様

たまりかねた「明るく正しい選挙」連盟は、一九六八年に「三ない運動」を展開した。「三ない」とは、政治家の寄付についてカネを「贈らない、求めない、うけとらない」というものであった。だが、選挙浄化運動は、焼け石に水であった。カネを湯水のように使う候補者も出現した。その筆頭が三十二歳の糸山英太郎であった。

一九七四年七月の第十回参議院選全国区に、石原慎太郎らの後押しで自民党から出馬した。糸山の実父は新日本観光や新日本開発などを経営する佐々木真太郎で、長者番付全国一位にもなったカネ持ちであった。義父は笹川了平で、その兄がモーターボート競走会連合会の笹川良一である。

選挙中から金権候補といわれ、その動向がマスコミの耳目を賑わせた。当選直後に大規模な選挙違反が発覚、オフダ（逮捕状）の数は全国津々浦々におよび、そのなかには、親戚をはじめ、選対本部長、経営していた会社の社員、ギャンブル関係者などが混じっていた。

この選挙に自民党から送り込まれたのが、林闇《ただし》であった。米沢良知とともに山梨県下ではよく知られていた「選挙プロ」であった。一九五一年四月の現職の吉江勝保と新人の天野久が対決した山梨県知事選で竹中英太郎（竹中労の父親）とともに敏腕を振るい、劣勢の天野を当選させた功労者であった。以後、林は自民党山梨県連の事務局長を務めながら、県内の選挙では八面六臂《ろっぴ》の活躍を見せ、「選挙の神様」といわれるようになった。林の手掛けた選挙は、二十数回におよび、公職選挙法違反で三回逮捕され、起訴された。だが、「買収資金ではなく、後援会作りの資金だ」などと否認し続けて、そのたびごとに有罪をまぬがれてきた。

カネより見識

林閭がその手腕を高く買われて中央の選挙に躍り出たのが、一九六八年七月の第八回参院選であった。自民党から依頼されて「毒舌」で知られた作家で僧侶（奥州平泉天台宗中尊寺貫主）の今東光（一八九八〜一九七七／七〇歳）の「選挙参謀」を務めたのである。選挙事務長は、この年にノーベル文学賞を受賞する川端康成であった。川端本人も「五十年来の親友」として「街頭演説」に立った。川端は「文芸春秋の講演にも絶対出ず、人前に立たなかった」（『毒舌和尚奮戦記』二二三頁）作家であった。林もカネをバラ撒く必要がなかった。

私（林）は幾つもの後援会づくりをやって来た。しかしはばかりながらこんなに誇れる後援会は、日本国中どこにもないだろう。そりゃ、金を出せば、いくらでも人間は集められますよ。そして事実、ひとり幾らという金を出してやって来た。しかし、東光会を組織するために一文の金も出していない。これも驚くべきことだ。一言でいえば、量より質ということだろう。このようなことの出来る人物は、今東光以外ないだろうと思う。（『毒舌和尚奮戦記』二二八頁）

カネより見識の優位である。それは選挙プロの林から見れば「選挙としては、これほど稚拙極まるやり方や構成はいままで、見たことがない」（『毒舌和尚奮戦記』二二九頁）ものであった。だが、それを十全に生かした「選挙参謀」林のやり方に、今も川端も絶対的信頼を置いた。林もそれに応えた。

「まず、一番最初に考えたことは、いままでの自民党がやって来たような腐った選挙をやって当選させたのでは、今東光の毒舌というか直言を期待している国民に申し訳けがない。参議員になっても、あの毒舌が吐けるような選挙をやらねばいかんということだ」（『毒舌和尚奮戦記』二二六頁）。

林は、クリーンな選挙を心掛けた。川端もそれを高く評価し、「遊説隊の解散式」で、「わたし、涙が出るほど嬉しいのであります。と申しますのは、（略）玄人というのは後にも先にも林君ただひとりであります。あとは素人ばかりです。その代わり選挙ブローカーという奴は、一歩も入ってくることが出来なかった。それからまた玄人の政治屋という奴も寄せつけなかった」（『毒舌和尚奮戦記』二二五頁）と、クリーンに選挙全般を統率した林の手腕を高く評価した。

しかし、開票がすすむと石原慎太郎や青島幸男、大松博文（東京オリンピック金メダル女子バレーボール監督）などの後塵を拝し、開票率五八パーセントの段階でも三十位に釘付けの状態であった。これでは当選しても不本意な結果で、選挙事務所内は悲観的なムードが立ち込めた。だが、ひとり林だけは「まだまだ、都市部の開

今東光の応援演説を行なう川端康成
（『毒舌和尚奮戦記』より）

票が終わっていない。どう低く見ても、九位以内に絶対入る」(『毒舌和尚奮戦記』二三二頁)と予想し、啖呵をきり、自信のほどを示した。最終結果は、林が確信したように一〇〇万票以上を獲得し、石原慎太郎、青島幸男、上田哲についで四位で当選した。「ただ一人の玄人としてこの選挙を演出、指示した林闇」(『毒舌和尚奮戦記』二二七頁)の功績を誰もが認めた瞬間であった。池田隼人総理をして「林君こそ日本一の事務局長」と言わしめたのである。

選挙終了後、林は『選挙の実際』(東光会、一九七三年)を著し、東光側は『毒舌和尚奮戦記』(一九六八年)を刊行した。

なお、東光は祖父の代までは津軽藩の「お山奉行」を務めた家柄で、「津軽人としての良さと悪さを同時にもっている」(今の弟・今日出海「今東光における人間の研究」『中央公論』一九六一年一〇月)作家であった。林も甲州の素封家、父親が明治時代の文人で代言人、そして県会議長を務めた。つながりの少ない津軽と甲州、やはり縁結びは選挙であった。

BIG・YEN

つぎに林が送り込まれたのが、一九七二年十二月の千葉県旧二区の第三十三回衆院選の林大幹の選挙であった。ここでも林闇は、初陣の林大幹を初当選に導いた。そして一九七四年七月の参議院選においては、全国で出馬した糸山英太郎のの選挙事務長として、選挙運動を取り仕切り、遊説スケジュールなど選挙運動全般をプロデュースしたのである。林の戦術は、知名度のない糸山を補完するために「選挙の質」でなく、「選挙の物量(「大量のカネ」)」に注目した。

そこで地方の中小都市やその周辺の農村部を目標に、後援会「糸山英太郎を育てる会」を組織し、一〇〇万人を組織化する運動を展開した。「裏」には糸山の関連会社の役員クラスが組織した「影の選対」があり、全国の地区責任者に直接カネをばら撒いた。例えば、長崎県では公示日とその数日後の二回にわたって、取りまとめ役の家具商の家に近所の人々を集め、一人五百円相当の酒食を提供した（『毎日新聞』一九七四年七月一四日）。また、買収資金も一人五百円から数千円と、全国区ではめずらしかった町村レベルでのきめ細やかな「どぶ板」、「ローラー作戦」を展開した。

林は、この選挙では、「十当七落」を唱え、十億で当選、七億では落選と推定していた。警察の捜査が進むと、林は関係書類を全部焼却せよとの「証拠隠滅の指令書」を出した。が、最終的には観念し「私一人で六億円使った」と自供した（『毎日新聞』一九七四年七月三一日）。糸山派の選挙違反は、全国津々浦々におよび検挙者八三四人、逮捕者一三六人におよんだ（『毎日新聞』一九七四年九月一〇日）。選挙資金は二十億円に達したという（『毎日新聞』一九七四年七月一四日）。糸山は、七七万八七二八票を獲得して、十三位（定数五〇人）でみごと初当選を果たした。

この参院選（田中角栄内閣）は、全体の総額で一千億円のカネが舞ったともいわれ、アメリカの「ワシントン・ポスト紙」がつけた選挙名は「BIG・YEN」であった。ただし、その頂点に位置していた糸山事務所の選挙費用の収支報告によれば、収入は一千八百万円（自民党からの一千万円）、支出はたった六百六十二万円であった（『毎日新聞』一九七四年九月一〇日）。

投票率は選挙史上最高の七三・二〇％を記録した。ちなみに比例代表制が導入された一九八三（昭和五八）年六月の参院選の投票率は、有権者の五七％で、二〇〇〇年代に入ると五〇％台が長く続いている。カネと投票率は比例するようだ。

選挙景気

選挙でもらったカネはあぶく銭、貯蓄などには回さずに、すぐさま使われ、地域消費経済を潤し「選挙景気」を呼び起こした。まずはあぶく銭の使い道である。

（津軽では）小学校二年になる男の子が、お母さんに自転車をかってほしいとねだった。お母さんは、もう少し待ちなさい、選挙がくるからといったそうである。（略）子どもにとって自分の欲しい自転車と選挙がどう関係があるのか疑問に思っていた。そこで、この子どもが小学校の作文にこの疑問を綴ったことから親子の会話が明らかとなり（略）選管に伝わったのである。（『青森県の政治風土』八六〜七頁）

選挙でもらったカネは、すぐさま「自転車」に変わり、消費を促した。これは日銀の低金利政策で景気を刺激するより、衆院選を中選挙区に戻し、派閥を煽り、「選挙祭り」を大型化した方が、よほど景気対策になる事例である。

そこで、甲州選挙の景気変動を少し見ておこう。一九五一年四月では、好況を伝えている。『山梨日日新聞』には、「今年もやって来た選挙景気／ざっと三億円／飲食店へ・印刷屋へ駈け回る資金」（『山梨日日新聞』一九五一年三月一六日）の見出しが躍る。これは「統一地方選挙」の賜《たまもの》であった。

だが一九五五年二月の知事・衆議員選では景気低迷で選挙景気はさっぱりで、事務所を自宅に置く節約組もおり、甲府市内の料理屋や芸者なども下火になっていることを報じている。これは選挙法の改正、公明選挙運動による買収・供応の自粛、および規制による「不況」によるものであった。

しかし、一九六〇年代から選挙景気は上昇し、一九七〇年代には高騰はピークに達し、空前の選挙景気をもたらした。そのため、高騰する買収のカネを抑えるために鳥取県北条町では、町議候補者が買収金額を一票五千円と定めた「談合」さえ起きている。公共事業の「談合」が問題になっているおり、選挙運動においても「談合」が行なわれ、高騰する金額に歯止めをかけようとしたのである。町議候補者の大半が同意したという（『朝日新聞』一九八六年六月一七日）。

カネの捻出

ところで、カネの放出・流れ（支出＝フロー）を勢いづけるためには、膨大なカネのストックが必要になる。みずからの財産を放出するとなると、「井戸塀政治家」になるほかない。親の財産を食いつぶすこととなる。だが、そうならないためにも収支のバランスは重要になってくる。カネの支出が多ければ、それに見合う収入が必要になる。重要なのは、集金システムの構築である。

国会議員は、給料のほか、派閥の領袖から氷代、餅代と称するカネが流れてくる。氷代とは夏の中元、餅代とは暮れの歳暮にあたるカネである。それ以外は、みずからが調達しなければならなかった。「悪銭《びたせん》」の「錬金術」である。ここには「口銭」「口利き」「利権」「上納金」「奉加帳」「歩金《ぶきん》」「まんじゅう」などの選挙語彙が散乱した。

口銭は、「こうせん」といい、政治家が業者・企業から受け取る仲介手数料である。「口利き」料ともいう。市町村会議員がいう「口利き」とは、就職の斡旋、道路などの環境整備、農地などの許認可の申請などの紹介や仲介がある。たとえば、役場への就職斡旋で議員が受け取る謝礼が口利き料となる。

口銭は、権力から見れば、上納金である。口銭同様江戸時代の用語で、百姓が領主に納めた年貢（米）のことである。転じてモノやカネを官府に納めることをいったが、選挙語彙では公共事業の工事を請け負った企業（主に建築・土木）が、その返礼として権威筋（首長や代議士など）に定められた金額を納めることをいう。

津軽では、この「上納金」を「歩金」という。建設業者が仕事を請け負うたびに建設業組合に二％ほどの金額を納める仕組みになっていた。（『朝日新聞・青森版』一九八三年四月二二日）。

なお津軽では、選挙直前に「寄付（歩金）」の割り当てがきたという。たとえば昭和五十年代（一九七五〜一九八四年）の五所川原市長選では、後援会の一般会員は五万円、役員は十万円、副会長は二十万円、会長は三十万円ほどだったという。土建業者のほか、市役所への商品納入業者、さらには市役所職員にしてもらおうとする人々まで後援会に入った（『朝日新聞・青森版』一九八三年四月二二日）。

権力側がカネを集める必要にかられると「奉加帳」を廻す。奉加帳とは、元来は寺社造営や祭礼時に寄進した金額や氏名を記入する帳面のことである。転じて祝い事などの際に金品を集める目的のために関係者にまわされる帳面のことをいう。選挙では政治家が資金を集めるために各企業や支援団体・個人に差し出す帳面のことをいう。新しいところでは、「政治資金パーティー」などもこの変形と見るべきであろう。

利権マシン

そこには利権が渦巻いていた。利権とは、政治家が業者と結託し、利益を専有することで、とりわけ政治家と公共事業者との間で行なわれることが多い。あがりの一部をピンハネして、政治資金として納入させる仕組みである。また「利権マシン」といえば、多くの公共事業者と結託し、特定の政治家に利益が集中する仕組みを整えることをいう。完成すれば「利権帝国」となる。

この上納システムを作り上げ、「利権帝国」を構築したのが、甲州では望月知事県政時代の金丸信と望月幸明だといわれている。その端緒は、望月県政誕生（一九七九年二月）後二年間、前知事田辺国男側についた負け組に、望月側の勝ち組が受注に厳しい制限を加えたことにある。そのため負け組が仕事を取るために、必要だったのが「上納金」を支払うことであった。この後に「上納金システム」が出来上がり、全企業に浸透することになった。

そして一九八三年頃から慣例となっていた権威筋への盆暮れの「付け届け」以外にも、仕事受注の礼金として「上納金」が企業に課せられるようになった。さらに選挙のおりに権威筋（選挙陣営）から命じられる定められた選挙資金（「軍資金」）も「上納金」と呼ばれるようになったのである（『朝日新聞・山梨版』一九九三年三月二〇日）。

たとえば金丸の土建業界の後援会の一つ「建信会」は、この上納金を一九八六年の衆参同時選挙には五千万円、一九九〇年の衆院選直前には一億円納め、金丸の地位が上昇するに従い確実に高騰していった。とともに郷土山梨県への利益誘導、貢献度も絶大になり、県内の永久橋の九割を作り、道路を整備し、リニア実験線の誘致などを可能にしていった。

このような公共事業と結びついた土木行政を一般には「土建政治」ともいう。甲州では、四期十六年（一九五一〜一九六七）知事を務め、台風災害の復興などの治山治水に尽くした天野久知事を「土建知事」と呼称していたが、転じて土建業者と結びついた選挙を「土建政治」というようになった。首長の交代で受注が左右され、業者の浮沈が決まるために論功行賞（「選挙発注」）を求めて、土建業界の選挙活動は熱が入り、すさまじいものになった。

また通常でも公共事業受注の口利きを頼むために盆暮れの付け届けが常習化され、業者との癒着は密になり、汚職など温床になっている例も少なくない。癒着とは、元来は分離していなければならないもの同士が連結・融合することであるが、それが官と民の結びつき、とりわけ政治家と公共事業業者との結びつきへと転化した。

「まんじゅう」という選挙語彙もある。永田町では総裁選挙などでのポスト確約やカネ（現金買収）を指すようだが、甲州では献金のことをいう。なかでも金丸信が県内建設業者や同協会から受けとった「まんじゅう代」はよく知られている。百万円がまんじゅう一個に換算され、公共事業発注のおりなどに便宜をはかってもらった謝礼に業者が上納した。

そもそもまんじゅうは、餅とともに香典の返礼である忌中明けの共同飲食である「忌中払い」のおりに食したものである。業者への工事発注を「香典」とすれば、香典返しが「まんじゅう」になる。民俗の理に適った用語といえよう。なお、金丸と親しかった野中務は、「まんじゅう」にも「毒まんじゅう」があるといったが、政界は甘いものではない、「一寸先は闇」である。失脚につながる「まんじゅう」もある。

汚れ役

あえて「毒まんじゅう」を喰らう政治家もいないわけではない。それを「汚れ役」といった。白日のもとに晒され、世間から「汚い」と指弾されつつも、ドロ（汚名）を一身にかぶる役である。自分の手を汚し、親分に献上する政治資金を調達する役目である。カネはやばいところから調達することが多く、そのカネのクリーニング役をはたしている政治家である。津軽では、津島文治知事時代の三和精一代議士、国政では池田・佐藤内閣時代の田中角栄であった。

金丸信も「汚れ役」を経て代議士の椅子を手に入れた。一九五三年四月の参院選では、のちに金丸選挙の後見人になる山梨中央銀行頭取名取忠彦の実兄・広瀬久忠の裏参謀として応援するが、警察の取り調べ中、買収の証拠書類（カネを渡した名刺）を呑み込んで事件の発覚を避けようとした。このエピソードが金丸人気を一層高めた。オヤブンのためには汚れても、「任侠心」を貫き通す。それがまた博徒・アウトロー好きな山梨県民に受け、初陣で代議士の椅子を手に入れたのである。この「男気」が、さらに一九六〇年代から七〇年代にかけての高倉健の任侠映画と結びつき、金丸の支持者を増やしていった。

金丸は「政治家は義理人情を忘れてはあり得ない。私は義理人情の政治家だ」（一九七二年一二月二二日）、義理あるオヤブンのためには身を賭す覚悟はできている、というのである。政治家の「義理堅さ」は、出世と結びついていた。「陣笠議員」から「桃太郎議員」、そして「領袖」、「頭《ド》領《ン》」へと階段を上っていくには、「義理堅さ」は永田町では不可欠な要素であった。「義理」は、地元有権者にも還元された。地位の上昇は、地元への利益誘導を容易くする。どれほど多くの利権を国から運んでくるかが、「使える議員」の証左になる。駆け出しの「陣笠議員」

が、中央から地方へいかに宝物（利益誘導）を運ぶ「桃太郎議員」になるかは、補助金による公共事業を地元にいかに多く持ってくるかにかかっている。地元が公共事業で潤えば、選挙の「義理」を果たしたことになる。さらにその「義理」のピンハネが「上納金」となり、みずからの懐（政治資金）に入ってきた。

そのカネを政治家が放出し、大量にばら撒き、「選挙景気」をあおり、祝祭性を強め、「選挙祭り」を盛り上げていく。祭りにカネは付きもの、散財こそが祭りの本質、カネは天下のまわりもの、納税した有権者がそのおこぼれで興奮して何が悪い、という論理になる。投票率も確実に上昇し、富の再配分にもなった。

第七章　飲食の力と食物禁忌

民俗学では、生活の基本を「衣食住」という。なかでも食事の場所、回数、食品、献立、器具などを総称して「食制」と称することが多い。また食事・食品には、避けなければならない慣習やタブーも存在する。この章では、選挙にまつわる飲食の問題を取りあげてみよう。

酒食作戦

選挙においても候補者・運動員ともに食事は不可欠である。選挙では、有権者に提供する食事が中心で「酒食作戦」などといわれている。具体的には、アルコールと食べ物をいかに調達し、配分するかである。

選挙では、神棚に祀った神仏への神饌のほか、運動員や事務所員に提供する食事、さらには有権者に提供する食事（供応）や贈答品（贈賄）が、この範疇に入る。これらは、カネと違い、人びとの嗜好が重視される。間違えると逆効果になりかねない。細心の注意が必要であった。

「食べ物の恨みは恐ろしい」のは、選挙中も同じであるが、一方で食事は人々の心を和らげる。とりわけ一つの火で調理したものを食べる共食は、連帯感を養うのには持ってこいの機会であった。

「食い物と念仏は一口ずつ」(津軽)、分け合うことが大切で、「同じ釜の飯を食った仲」の絆は強い。

金丸信の初出馬(一九五八年)のニュースも、金丸と同郷(中巨摩郡白根町)で自民党山梨県連筆頭副幹事長を務めていた名執斉一が、山梨県庁の県政記者クラブの面々を集めてカレーをご馳走した席上で発表し、大騒ぎになった(『金丸信・全人像』)。当時、一般家庭ではカレーが食卓にのぼることはまだなく、また「金丸信」を知る人もなかった。金丸信の名は、選挙でばらまいた「信ちゃんアメ」以前に、カレーライスとともに発信されたのである。

候補者選定も食い物の差で決まる。一九五一(昭和二六)年四月の山梨県知事選に先立ち、野党連合の幹部五人が上京した。目的は、知事候補者の品定めと、意向打診であった。三人の有力者に会った。内田常雄(経済安定本部金融局長/のちの衆議員、厚生大臣、自民党幹事長)と、金丸徳重(郵政省簡易保険局長/のちの副知事、衆議員)、それに天野久(民主党衆議員)であった。

そのとき出された食い物が、「内田さんがショートケーキに紅茶、金丸さんが昼食にそば、天野さんがビールに議員会館の定食——とあっては、ご馳走の順位からいって第一候補は天野だ」(『天野久の生涯』二〇九頁)ということになった。まだまだ食糧難、「貧乏人は麦を食え」(一九五〇年十二月、池田勇人発言)の時代である。議員会館の定食は腹を満たすのには十分であった。「一粒のお米も無駄にしてはならぬ」。天野は保革連合の統一候補となり、対立候補の現職知事吉江勝保を破り、民選二代目知事に就任した。食い物が功を奏した。

選挙ヒマチ

選挙が近づくと甲州では「選挙ヒマチ」が展開された。ヒマチとは、同じ神仏を信仰する人びとが集まり、神仏を拝み、食事をともにする行事である。庚申講（注）や念仏講などの行事が、これにあたる。

北巨摩郡朝神村（現北杜市）では、庚申（干支《えと》のかのえさる。年間六回ほど）の夜に眠ると腹の中のサンシ（三尸）の虫が天に昇り、天帝に悪行を告げるので、それをさせないために、当番の家に集まり、明け方まで飲食をともにしながら起きていた（『山梨県史民俗編』）。これが庚申講（注）のオヒマチであるが、神仏に供えた神饌を神とともに人々がともに食する直会のこともヒマチといった。

選挙においても、同様な形態をとりながら人寄せが行なわれ、自宅や選挙事務所に地域の組ごとに人々を呼び、候補者の話（政見）を聞きながら夕食をともにするのである。これはまた「同じ釜の飯」を食べることにも通じ、「共犯関係」を締結し、候補者と有権者の紐帯を強め、一体感を盛り上げる効果を醸し出した。この「選挙ヒマチ」が、市町村議員選挙などでは、選挙のはじまる数か月前から行なわれていた。

（注）庚申講は、津軽の方が盛んで、各集落の入口やオボスナサマ（氏神社）の境内に庚申の文字を刻んだ石祠が建立されている。その数は、千三百余になるという。庚申の日には、当番の家では青面金剛の掛け軸を飾り、大シトギと御神酒を供える。晩には、講中の人々が集まり、青面金剛の掛け軸にむかって拝み、「オーコーシンデン、コーシンデン、マイタリ、マイタリ、シウカ」と唱和する。終わると各人の持ち寄った一品の料理と御神酒をみんなで飲食し、この夜は朝まで寝ないで歓談したという。これはムラ人の情報交換の場にもなった（『日本の民俗・青森』一六二頁）。

濁り酒

このような席上に欠かせないものが、酒であった。酒は、興奮をもたらし、連帯感を醸し出す。かつて酒は、祭りの日に限定されており、神に供えるものであって、多くの人が一堂に会して大杯で飲むものであった（注）。

選挙もハレの日、祭り同様に酒は欠かすことができないものであった。それも大量に必要であった。そこで、甲州では、酒造会社の社長などが、選挙に出ることが少なくなかった。民選知事だけでも笹一酒造関係の天野久と天野建、菊星酒造の田辺国男がいる。笹一は、大月市笹子の銘酒で、天野久が一代で築き上げた。菊星は、二百年の歴史を誇った田辺酒造の美酒である。衆議院議員の金丸信も造り酒屋の倅であった。「太平醸造株式会社」を立ち上げ、合成酒と焼酎で業績を伸ばした。主力製品の「和楽」を、選挙には惜しみなく配ったという（『人間金丸信の生涯』一一一頁）。

（注）ただし、永池健二は『逸脱の唱声—歌謡の精神史』のなかで、柳田国男の描き出した直会のような大人数の酒盛りのほかに、一人酒や二人酒の慣習もあったことを指摘している。

ところが津軽では、造り酒屋出身の政治家がほとんどいないのである。戦後の代議士に至っては皆無といっていい。選挙事務所の神棚には田酒や豊盃などの銘柄が供えられている。だが、この社長や関係者が選挙に出たという話は、寡聞にして聞いたことがない。米どころで美酒が多く、そのうえ岩木山の神様は、著しく酒を嗜まれるので、不思議としか思えない（注）。

（注）お山参詣のおり、人びとが頂上を極めたおりにする所作が、祠から赤銅づくりの御神体を抱えだし、頭から瓢の酒をドクドクと全身に浴びせ、全身を撫でながら再会を喜び合うことであったという。それほどに酒を好まれた神様であった。

酒を欠くと選挙もおぼつかない。そこで清酒や焼酎に困るとドブロクが登場する。甲州では、戦後のアルコール不足の時期に町長・町議候補者が、こぞって選挙用に振る舞う密造酒作りをし、税務署から摘発される事件が相次いだ（『山梨日日新聞』一九五一年四月二〇日）。ドブロクのほかワインも少なくなかった。ブドウの産地、特有の現象であった。

米どころの津軽では、ドブロクのことをダク・ダグ・ニグザケという。ダク（濁酒）とは、選挙で汚れた酒という意味ではなく、清酒に対しての濁り酒のことである。ダクは、日常の飲み物で、津軽の酒呑は自宅で作るのが一般的であった。ウルチ米を蒸して、糀を混ぜ、「あめ色の花っこ（花びら・ムグラ・カラハナソウ）」を煮て混ぜると、ぶくぶくと発酵してくる。サラシの袋に椀で汲んで搾《しぼ》り濾《こ》し、ビンに入れ、口に藁で栓をしておくとアルコールと化した。

柳田によると、この「甕にふつくりと湧いて（略）ちようど遠方から太鼓の音が響いて来るやうに、この幽かな酒瓶の音に耳を傾けることが、即ち家々の祭を待つ心であつた」（『明治大正史世相編』『柳田國男全集⑤』四七八頁）と叙情的に描くが、選挙祭りではこの香と音がくせものであった。この匂いを閉じ込め、税務署の監視を逃れるために豚小屋で造っていたという事例報告もある（『朝日新聞・青森版』一九五九年一〇月一一日）。

一九五〇年代当時、津軽は「密造酒王国」で、青森署管内だけでも三百世帯もあり、田植え・

稲刈や祭り、選挙などに濁酒が仕込まれ、販売されていた。値段は一升あたり百三十円〜百五十円までで、市販の二級酒の半値であった（『毎日新聞・青森版』一九五八年八月一五日）。そのため戦後しばらくは農家の多くが専用の「フネ（酒桶）」をもち、自家製のダクを造っていた。議員も積極的に醸造していた。北津軽郡板柳町では、町議が密造で逮捕された事例もある（『朝日新聞・青森版』一九五九年一一月七日）。

振舞酒

ただし、選挙はハレの日で祝祭。ハレの日の選挙には、なぜか濁酒より清酒《すみざけ》が喜ばれた。津軽や甲州では、公職選挙法で飲食に制限がかかる前は、選挙事務所での酒は飲み放題であった。七輪やストーブにかけられたヤカンに熱燗が常に用意されていた。それを甲州では「振舞酒」と称した。

振舞酒とは、元旦の廻礼（挨拶まわり）などに来た来訪者に、その家の主婦が接待やもてなしのために、玄関先で出す茶碗酒のことである。時には婚礼や葬儀のおり手伝ってくれた人々を慰労するためにも使われた。そこで選挙事務所開きの時などには、居合わせた人や通行人にヤカン酒（ヤカンに入れた酒）を茶碗にお茶でも注ぐように振る舞った。この酒につられて選挙事務所に足を運ぶ「のんだくれ」も少なくなかった。

津軽では、飯を食う前と食った後に飲む一杯の茶碗酒を「飯のグチ」という（『金木今昔物語』）。選挙事務所では、少々の悪態は許され、愚痴ることも許された。時には支持者でない人物が大酒を飲み、酒の力を借りてグズリ、オチンブリ（甲州ですねること）、挙句の果てに事務所内で乱暴をはたらくことも少なくなかった。止めに入った事務所スタッフとの小競り合いや喧嘩が絶えなかった。津軽では、他人が飲んでいる場所を嗅ぎつけて、ご相伴にあずかる酒をスケ酒といい、卑しい行為とされていた。だが、選挙のときは別であった。

その酒で政治生命を絶たれた候補者もいた。一九六七年一月の甲州の衆院選のことであった。候補者・田中徹雄（自民党）は、立会演説会前に陣中見舞いに現われた友人と旅館で、前祝いのつもりでウィスキーを飲み、登壇した。ところが会場の熱気やヤジにあおられて一気に酔いが回ってしまった。呂律が回らず支離滅裂な演説となり、三千人の聴衆はヤジる、くってかかる候補者、持ち時間の二十分間は騒然たるものであった。このていたらくぶりは、たちまち県内に広がってしまった。

田中は現職の副知事で、戦時中には陸軍大尉として、中国大陸において七万の中国軍を帰順させるなどの知略と武勇で知られていた。だが、この失敗で顰蹙《ひんしゅく》を買い、当選圏内にあったにもかかわらず、智謀の将の政治生命は絶たれてしまった（『山梨県知事交代』）。

赤身マグロ

ところで、選挙事務所や「選挙ヒマチ」などには、どのような食事がでたのであろうか。甲州では、選挙が近づくと赤みのマグロがよく売れたという。電気冷蔵庫の普及する前、山国の甲州人は刺し身を食さなかった。海魚の刺し身を食べるとアタル（食中毒）というのである。駿州沼津港から陸揚げされた魚は陸路甲州に入って来た。時間がたった魚の刺し身は食中毒になる可能性が大きかった。

そこで、いまでも戦前生まれの甲州人は、刺し身を食べない人が多い。食べても脂身のトロなどを避け、赤身が多い。醬油付けした鉄火が無難だった名残りであろうか。いまでもそれが継承され、マグロの赤身の売れ行きは、全国有数の県だといわれている。冠婚葬祭の食卓には、マグロの赤身が上り、大皿の中心を占めている。そこで「選挙ヒマチ」の食事には、「目黒のサンマ」同様に「マグロの赤身」が付き物になっている。

津軽では、そのマグロを嫌った。津島（石原）美知子によれば、甲州から津軽の津島家へはじめて行った一九四二年の秋、使用人が台所の片隅で食事をしながら「あのマグロの赤いのを見ると気味が悪い」と敬遠したという（『回想の太宰治』八三頁）。津軽は、「白身魚」の国なのである。マグロは、選挙の食卓に好まれなかったのかもしれない。

折詰

では、津軽選挙での「食い物」は、どうなっていたのであろうか。「ダク」（濁酒＝ドブロク）より清酒、清酒より折詰といわれ、「折詰」が人気があった（『毎日新聞・青森版』一九五八年五月一一日／『朝日新聞・青森版』一九六〇年一〇月二六日）。単品でなく、魚の塩焼き・煮しめ・ゴボウのデンブ（キンピラゴボウ）・煮豆・稲荷ずしなど多品目が、経木の箱に盛られたのが「折詰」であった。

ところで「詰」というと、「詰の市」が、津軽ではよく知られていた。年末の二十八日頃に立つ市で、歳神《としがみ》の用具や正月の飾物のほかに正月のご馳走や雑貨，衣類，海産物などを店先や街頭で売っていた。とくに金木は「詰の町」といい、津軽選挙の先駆者・花田一の「花田魚屋」などでは、店頭だけでなく、オボスナ（産土）の八幡神社参道に出店をするほど繁盛した。近在の村々から駄賃馬や馬橇でやって来て賑わった。店先にはカド鮫、長鮫、四斗樽詰のタコ、カレイ、アジキタ（サケ）、ナマコなど数々の魚類のほか紅白のかまぼこや羊羹、乾物が並んだ。客は、町をひと回りして品物を楽しんだのち、正月の食料を買い込んだという（『金木今昔物語』）。「詰の市」は一月十三日の小正月にも立った。五所川原では暮れの「詰の市」より賑わったという。盆である旧暦七月十一日より三日間にも「詰の市」が立ち、賑わいを見せた。ということで、所望されたのが「詰の市」ではなく「詰折」であったが、選挙事務所は「詰の市」のように賑わった。

白飯にスジコ

だが、津軽選挙ではあまり食品の「品目」は新聞に載っていない。津軽選挙は食へのこだわりがないのであろうか。魚は新鮮で旨いし、酒は田酒や豊盃など美味しい銘柄が多い。米も豊富な新田稲作地帯である。江戸期（宝暦年間）に書かれた佐藤勝雄の『津軽見聞記』（青森県立図書館叢書、一九頁）には、「当国は米沢山なり、国にて百姓方麦飯は喰わず、まして雑炊などは如何様の物とはしらず」と、米中心の食生活が描かれている。「炊きたての飯にスジコ」といわれるように、深浦や鰺ヶ沢から運ばれてくる魚類、冬はスジコ、春はニシン、夏はカレイと、種類も豊富で、美味しいものが多かった。

戦前には甲州同様に、雑穀などで量を増やすカデ飯はあったが、甲州のカデ飯が米粒が少量であったのに対して、津軽のカデ飯は米に粟が入る程度で、晩には白い飯が多かった。三食とも白米を食べた地域も少なくない（『新青森市史・別編3民俗』）。

そのうえ、雇用人であった「津軽の借子」は、「毎度の食事に白米飯を要求す」とまで言われた。そのため戦前は、脚気が津軽の風土(県民)病であった。裏作で麦をつくることができなかったのも要因の一つであったろう。

ちなみに甲州の庶民が、銀シャリ(白米)を食するようになるのは、高度成長期に入ってからである。それまでは、大麦を加工したオシムギ(押し麦)、さらにその前はエマシムギであった。エマシは丸麦を時間をかけて煮込み柔らかくしたもので、米と煮込んだものであった。米といっても、エマシムギにわずかに米粒を散らした程度のものであった。オシムギはローラで押しつぶしたもので、それを米と混ぜ合わせて炊いた。混合の割合は、麦が二割から三割であったところが多い。

甲州人・津島美知子は、太宰と接するなかで会得した津軽の食生活のゆたかさを讃えている。まず梅干である。「梅干しは一つずつ種を抜いて、また果肉を合わせ、固い軸をとった紫蘇の葉できちっと巻いてある。梅干の種の始末は茹で卵の殻同様困るもので、それ一つのために食卓の品が下がってしまう」と、梅干しの種の処理方法に関心を寄せた。

つぎに「料理方法で感心したことは、(略)帆立の貝殻、大きめの帆立貝の貝殻に短い柄をつけて鍋同様に調理し、そのまま供する」。これは貝焼き味噌(かやきみそ、かやぎみそ)のことで、『津軽』には「卵味噌のカヤキ」として出てくるが、その合理的調理方法におどろいている。

さらに保存食の豊かさと計画性をあげている。「農作物を米をはじめとして、収穫期に一年の計を樹てて次の収穫期までの分を用意して貯蔵する。つまり食生活が計画的である。(略)貯蔵、保存、安い人手を加えて食物の価値を高め計画的に食べてゆく。これが食生活の原則のようである。

（略）どうしても自分が育った土地との比較になるが、甲州では豊かな土地でもないのに、食物をもっと荒っぽく扱い、雑な調理をやっていた。」（『回想の太宰治』九三頁）

ホウトウ

雑といえば、ホウトウもその一つである。そこらにある野菜をウドンに入れ込んだ粗食にすぎない。そのウドンも茹でて水にさらしたものではない。小麦粉の付いたままの生めんを身近にある野菜とともに、煮込んだものである。ホウトウの別名の「のしこみ」「煮込みうどん」がもっともぴったりする。野菜は、ときにはカボチャであったり、小豆であったりと、あり合わせのものを仕込むだけである。野性味がある食べ物といえば、聞こえはいいが、どうも計画性がない、場当たり的な食べ物にすぎないのである。甲州の特産といわれる煮貝にしてもそうである。駿州・沼津産のアワビを醬油漬けにして樽に詰め、馬の背に乗せ甲州まで運んだ。それがたまたま美味しくなり、甲州の名産になった。偶然の賜物である。

選挙の食事でも例外ではなかった。選挙事務所に生贄《いけにえ》として供えられていたイノシシを、食するものがなくなると、イノシシ鍋にしてしまったこともあった。一九六七年の知事選で、初当選をねらった田辺国男陣営の事務所には「大鹿」の剝製とともに、「生の猪」が置かれていた。「大鹿の剝製」は、「中原に鹿を追う」の故事から、帝王の位を競争して得んとの喩であろう。一方の「生の猪」だが、こちらは、支持者が富士山麓で射止めたもので、「勝利へまっしぐら」とのゲンを担いだものであった（『朝日新聞・山梨版』一九六七年一月五日）。

しかし三本の丸太で吊り下げなければならない重量であったため、毎日の出し入れが大変だった。終盤戦を迎えて出入りの激しく狭くなった事務所では、運動員のためにとシシ鍋にして出してしまった。ヤマクジラ（猪の肉）を食べた運動員が、猪のように寒風のなかに飛び出していったという（『毎日新聞・山梨版』一九六七年一月一四日）。その甲斐あってか、田辺は知事の椅子を射止めた。

ジャッパ汁

津軽では、このようなサプライズは聞かない。津軽では、年中行事に従い、きまったものをきまった日に食した。「食生活の面で感じたことは、なんでもきまりがあって、たとえば豆腐の切り方でも、味噌汁の実には三角に切る、清汁のときは拍子木に切る。なめこ汁にはなめこと豆腐のほか、必ず大根おろしを添える」（『回想の太宰治』九五頁）。甲州人・津島美知子がいうように、「手間をかけ」「なんでもきまり」があり、じつに計画的な料理方法をしていた。そのうえ合理的なのである。

津軽には、ジャッパ汁もある。作家・長部日出雄は「書物としての郷土料理」のなかで、鱈の「アラの部分を、大根、人参、ネギとともに味噌汁仕立てにしたものが、どんな贅沢な食べ物にも増して、津軽人の相好を崩させる人気料理なのだ」という。食すると、「どんなに寒い夜でも体のしんから温まり、額に汗が滲んで、気力と体力がともに充実し、勇気が凜凜と湧いてくる」（「書物としての郷土料理」『日本の食文化①』九七頁）と記している。太宰も好んだ料理である（『回想の太宰治』八四頁）。

そのジャッパ汁は、安価な大衆魚であった鱈一匹を購入し、切りさばいて、身をはじめワタも白子も食べた後、残った頭（アラ）や中骨、肝臓などを利用して、ダイコン、ニンジン、ネギを入れ、みそ仕立てにしたものである。ジャッパとは、雑端の意味で、最後の最後まで利用できるものは利用した津軽人の気質がしみ込んだ食べ物であった。津軽の冬には、女たちが丸一匹の鱈を、そのエラに荒縄をかけて雪道を引きずっていく光景がよく見られたという。

郷土料理と選挙

では、津軽選挙ではジャッパ汁の供応はなかったのであろうか。厳冬の選挙期間中には、ふうふういいながら食したい逸品である。だが、出たかどうかは寡聞にして知らない。田植えの時には「赤飯に、水に漬けてもどした干し鱈と蕗の煮つけがつきものだった」（「書物としての郷土料理」『日本の食文化①』九七頁）というが、こちらも見たこともなければ、食したこともない。だが、「結局、うまいものはすべて津軽のもの、材料も、料理法も津軽風が最高ということになる」（『回想の太宰治』八五頁）。このように甲州人・津島美知子をして語らしめたように、食い物や料理方法では、甲州は津軽に太刀打ちできない、ということになる。ただし、津軽にはウドンやソバなどの粉食文化の伝統は浅かった。

選挙祭りの食事に郷土料理は似合わないのであろうか。選挙は祭り、祭りはハレの日、ハレの日の食事は、手のかかる料理方法でつくるのが常識である。そこにこそ、郷土の文化の粋が生きている。文字に残されていないが、庶民文化の粋である。民俗学は非文字の伝承世界が対象であるが、郷土料理も文字として書き残されたものは少ない。だが、庶民の生活文化、歴史にほかならない。選挙は、その地の文化を反映したものである。カレーや冷麦、おにぎりなどでは素っ気ない。伝統保持のためにも、選挙事務所の食卓に手の込んだゆたかな美味な郷土料理がのぼってもいいのではないか。

食品と買収

食べ物は、また選挙では買収・贈賄の品物にも化けた。買収には、カネが手っ取り早いが、ナマグサすぎる。そこで物品となる。やはり筆頭は酒（清酒）であったが、そのほか砂糖・洗剤・食肉製品・服飾品・タバコ・商品券など、その時々の生活必需品が使われた。一九七九年四月の統一地方選挙のおりには、日本酒・食肉製品・商品券・タバコ・服飾品などのほか牛一頭も計上され、六十一品目におよんでいた（『朝日新聞』一九七九年五月二五日）。

牛一頭が、屠殺肉になったのか、家畜として飼われたのかは不明であるが、牛肉が買収品目に使われた例は少なくない。鶏肉や豚肉と違い、牛肉は高級のイメージが付きまとう。買収品目には打って付けであった。牛肉の包みを台所に投げ入れ、投票を依頼した事例が、石川県からも報告されている（『毎日新聞』一九六七年一月二六日）。

甲州は、馬刺しの産地であるが、ハレの選挙ではなんといっても牛肉である。二〇〇五年十二月に市川三郷町・久保町長が、「陣中見舞い」の返礼にお歳暮に贈ったのが「牛肉」であった。同年十月に行なわれた、合併後はじめての町長選の謝礼の意味をこめたものであった。甲州の歳暮は、近時まで荒巻鮭一本と決まっていた。縄ひもをエラから口に通した新巻鮭を神棚のある座敷に、より多く吊るすことが、その家の社会的地位を視覚的に表す光景になっていた。この町長は、その慣例を破り、牛肉に変えてしまったのである。そのためマスコミで取り上げられ、辞職に追い込まれた。だが、「義理堅い」町長は、出直し選挙で再選され、さらに三選と当選を重ねた。

牛肉と謙信

近時では、参議院初当選の森屋宏議員（妻）が、選挙の返礼に牛肉を自民党の県会議員二一人に送った事例がある（「山梨日日新聞」二〇一三年一二月二九日）。牛肉といっても、こんどは高級ブランド品であった。歴史好きの森屋は、歳暮品に米沢牛（七千三百五十円）を選んだ。米沢藩は上杉謙信を祖とする。謙信の祀られている上杉神社もある。謙信は、いうまでもなく甲州の神様・武田信玄公のライバルである。北信濃の川中島では五回戦い、信玄さえ雌雄を決することができなかった好敵手であった。

その謙信は、信玄が今川・北条から塩を絶たれると、越後から甲州に塩を贈った義の人でもあった。米沢は、謙信の末裔が受け継いだ地、甲州人にとってもゆかりの地となる。その米沢から、わざわざ米沢牛を贈るなんぞは、歴史に長けた政治家である。信玄—謙信—米沢の歴史を踏まえての贈答品であった。贈られた山梨の県議たちは、ことあるごとに信玄公を讃えている。ありがたさは骨身にしみたはずである。

ところが、反逆者や妬む者がいた。当時の自民党山梨県連は分裂していた。参院選の候補者選びでもめた。結局は森屋が候補者になったが、「しこり」は残ったまま。森屋は、その解消を試み、反対した県議にも「米沢牛」を贈ったのである。だが、しこりはとけなかった。一部の県議から送り返されたのだろう。熨斗《のし》のかかった贈答品（「米沢牛」）が、地元紙『山梨日日新聞』に大晦日が押し迫った二十九日に写真入りで大々的に載った（『山梨日日新聞』二〇一三年一二月二九日）。

上杉神社（上）と武田神社

謙信の塩のようにはいかなかったのである。

古くから塩には、不浄を払う霊力があると考えられてきた。祭りの場や祭具、神棚のほか、土俵、カマド、井戸などを浄めるために用いられてきた。塩ならば問題がなかったのに、四足の動物がいけなかった。しこりは塩のようには溶けなかった。食い物は、間違えると命取りになる。とくに選挙では細心の注意が必要である。

ウナギの禁忌

もう一つ、事例をあげておこう。富士のお山が、まぢかに見える南都留郡西桂町のことであった。二〇一一（平成二三）年六月の町長選で当選したお礼に、町長（夫人）が、ウナギの蒲焼を支援者三一人に送ったのである。この地域（郡内）、食生活がゆたかになったとはいえ、高度成長期に入ってもしばらくは、土用の丑の日にはウナギの代わりに「油揚げ」を食していた（『十日市場小誌』）。このような食習慣のなかでは、ウナギの蒲焼は、御馳走中の御馳走であった。

別段、甲州にウナギの食物禁忌があったわけではない。ウナギには、生態から来る畏怖があり、また作物信仰の虚空蔵菩薩と関わり、他州には食物禁忌がある。岐阜県美並村粥川谷などでは、捕獲することも、食することも禁じ、犯すと村八分にされる掟があるという（『虚空蔵菩薩信仰の研究』二〇二頁）。

青森空港近くの南津軽郡浪岡町（現青森市）に王余魚沢《かれいざわ》という集落がある。柳田国男「魚王行乞譚」（『一つ目小僧その他』『柳田國男全集⑦』）に関係するのではないかと注目したが、語源は、浪岡城を築いた領主・北畠顕義が魚のカレイを食した集落とか、荷物を背負って運ぶ峠に続く谷間の「かるう」から生じたという説、そのほか、干し飯（旅人が昼餉）をとる場所、などの説がある（『角川日本地名大辞典・青森』）。柳田の「魚王行乞譚」では、「片目の鰻」が生贄の祭儀の名残として、池に住んでいたことや、さらにウナギを食すると怨霊に祟られ、家が没落するとされる事例などが報告されている。

甲州では、このようなウナギの禁忌は聞かぬが、「餅なし正月」や夕顔やキュウリ、ゴマ、キビなどの食物禁忌は、西桂町に隣接する富士吉田市などには少なくない（『富士吉田市史民俗編』参照）。正月を前に餅を搗いたり、食することを禁じたりするイッケシ（同族組織）があるが、その習俗が「餅なし正月」（注）である。夕顔を栽培したり、キュウリを食することを禁じる家や同族の「家例」が夕顔やキュウリの禁忌である。

そんな食生活の伝統を考慮して、ウナギを選んだのであろう。この人物、地方の町長経験者には稀な東京大学出身であった。食物禁忌の動物や作物を避け、ウナギにしたのは、さすが学士サマである。だが、議会などから全共闘の活動家などとの中傷ビラを撒かれ、翌年十一月に町議会反対派からリコールを受け、町長解職になってしまった。「水心あれば魚心あり」とはいかず、ヌルヌルと「網の目を潜る」こともできず、「丑の日のウナギ」になってしまったのである。「牛肉」と「ウナギ」との差でもあるまいが、なにか腑に落ちない結末であった。

（注）**津軽の餅文化**

津軽では、「餅なし正月」の伝承は、管見の限りでは採集報告はない。逆に餅や団子、粥など米を加工し、食する行事が多いのが特徴である。餅は福の源であり、津軽では好んで搗いた。オボスナサマ（氏神社）の祭礼はもちろんだが、旧暦九月二十九日はカナゲゼック（刈り上げ節供）といい、前日に餅を搗き、当日神棚に供えた。これをアキモチ（秋餅）と言った。秋餅は、田の神に供えたあと親戚知人に配った（秋餅廻し）。旧暦九月十五日は十五夜、モチ米とウルチ米を半々混ぜて炊き、餡をまぶしてボタモチを作る。

十月十日の「十夜」には法華宗檀家は餅を搗いて寺参り。旧歴十月十五日は浄土宗檀家の「十夜《じゅうや》」の餅、十月二十八日は浄土真宗檀家の「テラコの餅」、旧十二月に入ると毎日のように神さまのトシトリ（祭り）があり、そのつど餅（赤飯やシトギの場合もある）を搗き、供えた。一日が岩木山、二日は毘沙門天、三日は善宝寺、五日は恵比寿と続いた。えびす講には朝から餅を搗いて供え、夜は鱈料理を上げた。その後も弁天（六日）、薬師（八日）、大黒（九日）、稲荷（十日）、船玉（十一日）、山の神（十二日）、疱瘡神（十四日）、八幡（十五日）、オシラサマ（十六日）、観音（十七日）、十和田（十九日）、地蔵（二十四日）と、餅は続いた。

暮れに正月用の餅つき、神棚に供える鏡餅、また正月の七日間は黄粉をまぶした餅を神棚に供え、また家族も食した。七日はナヌカ正月でこの日は神棚から餅を下ろして食した。そこで「餅の七日」とも言った。八日から十三日までが餅間《もちあい》で餅は控えたが、十四日の小正月にもまた餅を搗き、小さく切ってヌルデや柳などの枝に刺し、稲穂や粟穂を作った。この餅をハナコ（花こ餅）、ハナコモチ、マユダマなどと称し、米俵や神棚に飾った。これを二月一日に下ろした。小正月の十四日、十五日は、「カパカパ」で子どもたちが各戸をまわり餅を貰い歩き、宿に集まって食した。

大寒に入ると餅を搗き、その餅を軒先に吊して「干餅」を作り、五月頃まで食した。一月三十一日がサントシ、大正月、小正月に続く日で、正月の締めくくりとなる。この日も餅を搗いた。

二月十五日のネハンの日にはシトギを作り、寺参りをした。三月三日の節供の「サンガサニチの餅」、彼岸には団子を作り、墓参り。四月八日のシガツヨウカのボタモチ、お釈迦様の誕生日にも餅を搗いた。

四月の薬師詣りのヨゴミ（蓬）餅、五月五日のショウブウチ（菖蒲打ち）にもヨゴミ餅、そして笹餅、田植えの赤飯、田植えあとのサナブリには餡を入れたシトギ餅を作った。六月一日の「歯ガタメ」には干餅と鱈を食した。金木では競馬が行なわれ「鍋すり餅」が振る舞われた。

旧六月二十三日の地蔵祭りにも赤飯を炊き、餅を搗いて地蔵様に供えた。七月七日のナヌカビには赤飯を炊いた。八月十五日の盆や旧八月一日のお山参詣には、赤飯を炊き、餅を搗き持参した。

また人寄せの時には、黒砂糖で味付けした「鍋すり餅」のほか、田仕事などの手伝いに来た人のためにも餅を搗いた。さらに葬式のおりには、墓地で「引っ張り餅」「つかみ餅」「ヤシキ餅」「六枚餅」など名称は別々であるが、米の粉を丸めて焼き、ウツギなどの木に刺して墓地に供えたあとに食した（『日本の民俗・青森』参照）。

多彩な津軽の餅文化に比して甲州の餅文化は貧弱で、山間部では米粉や小麦粉、トウモロコシ、サトイモの粉を湯で溶き、扁平にしたものを「モチ」と称していた。

第八章　無尽と葬式

選挙と葬式、何か似かよっている。ともに死臭が漂っている、というわけではない。参列している人々の表情が、どこか似かよっているのである。民俗学では、無尽は「相互扶助」で「社会構成」の分野、葬式は「人生儀礼」の「葬送」のジャンルに分類されることが多い。が、近親者や近隣住民にとっては両方とも労働力の提供であり、協同、共同作業ということになる。助け合う点では一致している。そこで「相互扶助」と、それを貫く「義理」の観念に力点を置いて選挙を見てみよう。

クミッコとテマガエシ

選挙も基本的には、候補者と有権者の相互扶助である。選挙を戦うためには、候補者にとっては有権者の助けが必要不可欠である。しかし一方的に助けられるだけでなく、当選すれば、借りは返すことが必要になる。選挙も「相互扶助」が原則で、仲介する原理が「義理」である。互いに返すことが暗黙の前提であった。

津軽では、ユイとかユイッコ、クミッコ、モヤイなどと呼ばれてきた。甲州では、西八代郡上九一色村ではユイモミと言った。ユイモミは、二人が互いに肩をもみ合うことで、また風呂場で互いに背中を流し合うことにも使われた。返すことに重点を置くと、塩山市（現甲州市）などでは農作業の労働力交換をテマッカーリ（手間返し）、隣接する三富村（現山梨市）ではテマガエシなどと呼んでいた。

ユイをストックする原理が無尽で、目的に合わせ、茅無尽、屋根無尽、布団無尽などと呼んだ。たとえば屋根（茅）無尽といえば、屋根の葺替に備えて茅や縄を準備・蓄積することである。屋根の全面葺替は、四、五十年に一度は必要であった。その準備のために毎年茅を刈り、それを他家に用立てし、また何日か手伝いの労働力を貸しておくのである。それを毎年繰り返し行なった。自家に回ってきたときには、集落の人が同じように茅と労働力を提供してくれる。この助け合い、融通が「茅（屋根）無尽」であった。ここには「返すこと」を前提にした約束があり、その原理が「義理」と称されるものである。

たとえば金融無尽は、病人が出て、まとまった金が必要になった場合、本家や有力者を保証人（講元・親元）にして講員を募り、その信用で講員から金銭を融通してもらう。第一回目はオヤガケといって、オヤ（無尽呼びかけ人＝病人）が掛け金の全額を受け取る。オヤは、自宅をヤド（宿）にして、謝礼の意味を兼ねて講員に御馳走を振る舞う。二回目以降はセリになり、高札（一番高額の札）の人が落札する。セリ金が利子として講員の懐に入る。落札した人は、次回からは空札になり、セリ金をもらうことはできない。だが、掛け金は満期まで支払わなければならない。次回の宿は、落札した人の家となり、場所と茶菓子などを提供する。こうして一巡して終了となる。

津軽の頼母子講

この「金融無尽」が、津軽にも甲州にも、高度成長期以前には盛行していた。とくに津軽では、戦後間もない頃には集落全戸が加入するタノムシ（頼母子）講（津軽では無尽ともいい、双方が使われている）が盛んであった。そのタノムシ講が問題化したのが、朝鮮戦争特需景気が一転し不況になったときであった。講員のなかには、はじめから掛金横領を企てる者もいた。早い時期にセリ落とし、以後掛金を払わず逃亡してしまうのである。そこで掛金三百円に対して二百五十円もセルような入札があったという。

事例を示しておこう。戦後の一九五二年のこと、弘前市の市街地である富田・大野地区では、二十以上の頼母子講があった。その一つでは加入者一二〇名中三分の二が積立金を取ることができず危機的状況に陥り、被害額も一人四、五万円におよび、なかには五十万円にも達した者もでたという。その加入者の多くは主婦（このような無尽を「主婦無尽」と称した）で、主人からのホマチ（外待―へそくり）で掛金をまかなっており、取れなくなっても表立って騒ぐことができず、その弱みをねらって加入者から集めた金を横領し逃亡したのである。そのためつぶれる講が続出し、その被害額は数千万円に上ったという（「頼母子講を食い物に」／「身を食われる頼母子」『東奥日報』一九五二年八月一日／八月六日）。

弘前だけではなかった。県都青森市でも頼母子講が横行していた。これに目を付けた信用金庫支店長が、コンニャク屋の女将など一六人に呼び掛け、頼母子（無尽）組織「共助会」を設立した。一ヶ月五千円の掛け金で十ヶ月満期とし、第一回と最後の掛金は六千円とした。合計五万二千円積み立てれば、六万円にして返すというものであった。支店長が、このカネを信金に入れずに着服したのである（「無尽掛金を横領」『毎日新聞・青森版』一九五三年九月一九日）。これは厳密には頼母子や無尽ではなく、積立貯金の類であるが、このように頼母子や無尽に名を借りた組織が横行し、犯罪行為が相ついだ。そのため盛んであった津軽の頼母子・無尽は、下火となり、今日では往時の隆盛はない。

甲州の無尽

甲州でもこの類の焦げ付きや取り立て騒ぎがなかったわけではない。とくに甲州の場合には、明治末期から大正期にかけて掛金の滞ることが多かった。一九一三（大正二）年の新聞には、無尽の流行とともに掛金のとりっぱぐれが起きていることを伝えている。

無尽講の名称を被れる金融機関は近時至る処に流行し、（略）一旦所定の取金をなしたる者が、その後に於て充分に義務を履行し、其懸金を怠らざるは小なからざる困難を伴なう事勿論なり、而して若し取金を済ませたる者が其後の懸金を滞る事あらば、将来に於て取金をなすべき者は勢い損失を被らざるべからず、其結果或は是等の講の為に却つて農村の経済を紊すに至らん。（「無尽講の取締」『山梨日日新聞』一九一三年五月九日）。

信用（義理）の上に成り立っている無尽が、掛金を払わず、詐欺まがいのことを行ない、その信用が失われかけている。これがひいては農村の共同生活に亀裂を生じさせ、農村の疲弊につながりかねないと、その危険性を指摘したのである。にもかかわらず、それから百年もたっても甲州の無尽は衰えることなく延命し、現在でも盛んに行なわれ続けている（注）。
　その間、無尽にかかわる犯罪も少なくない。一例をあげておこう。一九七三年一月のことであった。塩山市（現甲州市）の一人暮らしの老女が、仲間の一人に無尽金・五十五万円の取り立てに出向いて殺害された。無尽金もさることながら、逮捕されるまで遺体を犯人は自宅の床下に四ヶ月も放置していた異常さもあって大々的に報じられた事件であった（『山梨県警察史・下巻』）。

（注）**高尾穂見神社の資本金章《もとであかし》**　甲州には、その無尽の祖型も残っている。南巨摩郡櫛形町高尾の穂見神社の例大祭の「資本金借《もとでがし》」の習俗である。例大祭は、現在十一月二十二日の夜から翌日に行なわれるが、以前は十一月三十日の夜から翌十二月一日にかけて行なわれていた。祭神は、倉稲魂命・保食大神・稚産霊神で、生産受福の神として、すなわち農業と商業の神として信仰されてきた。祭りは、「高尾の夜祭り」として知られ、参詣者は静岡、長野、東京、神奈川、新潟県までにおよんだ。
　この祭りの呼びものが「資本金貸《もとでかし》」である。信者は拝殿で神札をいただき、江戸期までは生業資金を借り、一年後には利子ともども返却にきたという（『西郡史話』）。現在では、百万円を最少額として貸出す。借手は「資本金申込書」に「百万円」と書いて申し込む。実際は「奉納料」二千円を払い込むわけである。すると神社から「一金壱百萬圓也穂見神社御禱資本金章」と書かれた神札と「資本金」千円が渡される。その「資本金（百万円の章）」で商売するか、財布の中にお守りとして入れて置けば、一年後には二倍（百万円）儲かると信じられている。

　この「資本金貸」は、社寺の財政窮乏対策として行なわれた営利目的の資金貸しであったが、これが近世に入ると寺社を離れ、人びとが掛金を持ち寄り、相互に融通し合う無尽（頼母子講）として発達し、近代に入るとますます拡大した（『選挙の民俗誌』）。

近時は、さすがに金銭を融通したり、落札金額を競ったりするような「掛無尽」（注）は、少なくなった。と、いうものの「同級会無尽」「同窓会無尽」「職場無尽」「○○（ゴルフなど）クラブ無尽会」など、名称はさまざまであるが、月に一度ほど、日時を定め、仲間・会員が料亭や寿司屋などに集まり、雑談をまじえ飲み食いを行なう形態の無尽は盛行をきわめている。甲州に居を構えていて無尽に入っていない成人を探すほうが、難しいほど活発なのである。会費は、現在（二〇一七年）三千から一万円ほど、半額程が食事代、あとの半額が積立に回る。積立は、一定程度貯まると旅行などに出かける。

この無尽は、学習会・後援会のようにテーマや目的などを設定し、勉強したり情報交換するのではない。ただ集まり、世間話を行なうのである。健康のこと、子どもや孫のこと、近所の噂話、ときには政治の話もある。かつての井戸端会議の再現とでもいえよう。誇りたい漬物や煮物、土産（甲州ではオブックという）などをもちより、とりとめのないよもやま話をする場なのである。かつての井戸端会議を、恒常的に設定したのが今日の「無尽会」といえよう（『選挙の民俗誌』）

（注）「掛無尽」（懸無尽）が、今日、皆無というわけではない。なかには給料の大方をつぎ込む者もいる。十数本無尽を持っていれば、掛け金が高いところでは数万円以上もあるので、それもまんざら嘘であるまい。二、三本を競り落とせば給料に見あう金額を手にすることができるわけである。週刊の『山梨新報』（一九八四年三月一〇日〜一九八九年一月二一日）が行なった「社長さんのプライバシー（連載二一〇回）」によれば、山梨県

内の企業経営者のほとんどが無尽に加入し、一ヶ月の無尽回数の最高が十八回、その掛け金総額の最高者は百五十万円であった。

無尽市長

この無尽を選挙に効果的に利用したのが、甲府の市長を務めた河口親賀（一九一五〜二〇〇〇）であった。市長在任中（一九七一〜一九八三）に通算百三十八本の無尽に加入し、講員（住民）の要望をすいあげる努力をしたという。無尽は通常、月に一回である。一晩に数カ所の無尽に顔を出してもこなしきれない。まわり切れない分は、専用の私設秘書を雇ってこなす以外なかった（『甲州人』）。それゆえこの人を称して「無尽市長」といい、その支持者を、無尽の起源が宗教教団にあったことから「河口宗」と称した。

河口の選挙後援会は「親友会」といったが、この組織を下部で支えたのが個々の無尽会であった。この無尽会をピラミッド型に組織化し、頂点には親友会本部無尽があった。親友会本部無尽は、毎月八日、甲府市中央一丁目の「笹や旅館」で開かれ、幹部や顔役二〇〇人が勢ぞろいした。「座の中心が市長だけに、無尽のあとの市政報告会は迫力がある。時には市の幹部職員が随行するので、市議会の答弁以上に具体的とか。このため『夜の市議会』とまでいわれている」（『朝日新聞・山梨版』一九七六年九月二六日）。

さらに「親友会」の組織が膨張しすぎたので、若い支持者のためには「親豊会」という下部組織をも作り、支持者拡大に努めた。そして隔年ごとに無尽会を基にした定例旅行会を伊豆稲取温泉で開き、親睦を深め支持の強化をはかった。この会には数百名（一九八四年のおりは七五〇名ほど）

の参加があった。

河口だけではない。「無尽県議」の異名をとった望月金三も同時期の人であった（『朝日新聞・山梨版』一九七六年九月二六日）。さらに無尽会が直接の選挙推進母体になる例もある。金丸信の後継者としてその長男を擁立しようとしたのが、無尽仲間組織「康山会」であった。各政党・政治団体も無尽に無関心ではなかった。すでに一九六一年二月に自民党県連（自由民主党山梨県支部連合会）が出した「組織広報運動強化についての参考資料（第一集）」に婦人組織化への支援金として「無尽会助成」が計上されており、この頃から政党レベルでも無尽会と選挙組織の機能の有効性に着目していたことがわかる。

労組も無尽を無視するわけにはいかなかった。とりわけ地区労で無尽を早くから取り入れたとされる甲府市国母地区労では、一九六八年頃から行なわれている。公民館から寿司屋の二階に会場を移し、掛け金千円と飲食費五百円を徴収、それでも出席率が格段にアップしたという（『朝日新聞・山梨版』一九七八年三月一日）。二〇〇三年四月の統一地方選挙では、甲府市区の県議では、七十～八十本の無尽に加入しているのが一般的であるといわれた。

地獄無尽

甲州にあっては葬式さえも無尽の坩堝《るつぼ》に入れてしまった。確かに故人への哀悼の感情を削ぎ落とせば、原理的には葬式は金銭や労働力の相互交換組織と見ることもできる。

葬式は、ムラやマキの共同作業であった。津軽ではダミ（葬式）は、マキ（同族）ないしオヤグマキ（親戚）が取り仕切り、ムラが協力した。甲州では、近隣組織である（葬式）組が取り仕切るが、ムラ全体も関与した。ともに葬儀にはムラ人の全員が参列し、焼香を行ない、香典（ムラ香典―一律の金額）を出した。

甲州では、その香典のことを「地獄無尽」と称することもある。柳田国男のことばを俟《ま》つまでもなく「郷党では冠婚葬祭も亦一種の無尽であつた。即ち一度の救援を以て終わるべきもので無かつた」（『明治大正史世相篇』『柳田國男全集⑤』五七六頁）。

葬式は順繰りにやってくる。自分の番のためにも合力は必要である。金銭・物資のほか労力も必要であった。多くの人の助けが必要であった。ムラやマキ、親戚の相互扶助が不可欠であった。資金・物資の調達は香典に依拠していた。そこで、甲州では葬儀を「地獄無尽」と称したのである。

香典こそ、無尽の掛金であり、みずからが亡くなったときが落札となり、同額かそれ以上の金額が戻ってくる。それで葬式を出すことができた。これは無尽の構造と同じなのである。言葉は悪いが、葬式こそ「地獄無尽」なのである。

葬式には、百万や二百万円が入用になる。この費用をすぐに用意することができる家はそう多くはあるまい。あてにできるのが、香典である。生前にせっせと他人の葬式に出向き、積立金ならぬ掛け金（香典）を供えてきたのである。自分の葬式は、その掛け金を回収する時であった。

そのためか、一部の地域では、香典袋を用いないところがある。香典は、氏名・住所・関係性・金額欄があるカードに必要事項を記入し、現金を不祝儀袋に入れずに、そのまま帳場（受付）に出せばいい仕組みになっている。なかには一万円札や五千円札をポッケトから無造作に出し、ツリをもらう参列者もいる。祝儀や不祝儀につりをもらう習俗はめずらしく、他県人には異様な光景に映る。だが、香典を合理的に考え、哀悼という感情を削ぎ落とせば、あとはカネの融通のみになる。カネを媒介にした相互扶助ということになれば、納得できない習俗でもない。

オヤシマイ・シュウト弔い

甲州には、このほか葬式に「オヤシマイ」（分家した男子側の呼称）とか「シュウトトムライ（舅弔い）」（嫁に行った娘側の呼称）という慣習がある。親の葬儀に対して、喪主（施主）となる跡取りのみならず、生家を婚姻・分家・養子などで離れた子ども全員が葬儀執行全体に関与する慣習である。そのため、子どもたちの婚姻先や分家先の親類や近所も葬儀に関与することになる。具体的には、その人（故人とはほとんど関係がない）たちが香典を届けたり、会葬に立ち会ったりする。そこで喪主以外の子どもたちも「別帳場」といって、喪主の兄弟姉妹が個々に帳場を開き、別個に香典を受けるのである。

参列者は、喪主である長男（跡取り・総領）には、親の代から世話になっているから五千円、次男とは近隣だから三千円、次女とは学校が一緒だったので二千円などと分散して香典を差し出すのである。葬式の費用も、喪主が主に負担するが、兄弟姉妹もその香典の一部を割いて分担する。

津軽には、このような慣習はない。そこで行商に出向いた津軽の地（稲垣村）の娘と結婚し、そこに住みついた家では、甲州の実家の親が亡くなったとき、妻（嫁）がシンセキ（オヤグマキ）のところに「シュウトトムライ」の香典を貰いに歩いた。差し出す方は、話したことも、見たこともない故人の葬式に香典を届ける義理があるのか、と考えてしまったという。差し出すと、帰宅後に香典返しの品物、それも砂糖や多種の缶詰などが届き、土産でももらったような不思議な感覚に陥ったという。というのも津軽では、香典返しの慣習がないところが多く、物品をもらうことがめずらしかったのである（『再賀の民俗』／『青森県史民俗編・資料津軽』）。

甲州では、香典を差し出すことを「ジンギ（仁義）を切る」、あるいは「ギリハリ（義理張り）」といった。黒駒の勝蔵、竹居のドモ安、つむぎの文吉など多く侠客を輩出したクニである。そんな風土のなかでは、義理や仁義を忘れたら「人ではない」といわれかねない。特に葬儀の「ギリハリ」は致命的になる。エンガチョである。以後、縁を切られたり、ムラ交流やシンセキ付き合いに支障が生じる。とくにイセキ（家督）をついだオイツキ（生付）のソウリョウ（総領）は、自覚しなければならなかった。先代の恩義を受け継ぎ、つぎの代に送り届ける、これがオイツキの最低限の責務であった。ギリ張りは、みずからの代で終わらせるわけにはいかないのである。

その義理の慣習に楔《くさび》を打ち込み、ムラ人の心情を巧みに票としてすくいあげたのが、政治家の香典張りといえなくもない。香典は、義理を通過し、堅い票となって還ってくる。選挙直前の買収の類ではない。義理堅い人物ほど、恩義を忘れない。心弱ったときの恩義はいつまでも心に残る。とくに親しい人を亡くした葬式の恩義は強い。哀悼を受け、香典をいただいた個人（家）は、その恩義を返すことが強迫観念となって頭にこびりつく。選挙は、その義理をはたす絶好の機会であった。香典が義理の慣習を通して票に変わる転機であった。政治家は、これを見のがさなかった。

オトボレー市長

甲州には、「オトボレー市長」と呼称された政治家がいた。山梨市市長を八期三十二年（一九五四〜八六）間務めた古屋俊一郎である。古屋は、市内でオトボレー（葬式）があると、必ず参列し、香典を差し出し、お焼香をするのを常としていた（注）。「市民の悲しみは、代表である市長の悲しみでもある」との論理で、在任中、絶えず市長室に喪服を用意しておいた。そして「義理張り」に努めた。哀悼を受けた家では、その恩義を忘れない。この慣習を熟知していた古屋は、葬式には細心の注意を払い、香典をハッタり、ブチに行った。古屋は、「市民党」を標榜し、大きな失政もなく、三十二年間その地位を守りぬいた。

（注）そのためか、山梨県内の新聞の「お悔み欄」は、じつに充実している。県内新聞だけではない。全国紙の地方版においても、故人の氏名、住所、年齢、履歴、葬式の通夜・葬儀の日時、場所、さらに喪主だけでなく、郡内地方の場合にはオヤシマイ・シュウトトムライの習俗のためか、兄弟姉妹の名前と、勤め先やその地位まで書かれている。葬儀だけは、プライバシーがオープンになるのである。

さらに古屋は、親分子分慣行をベースに結婚式にも関与し、市役所職員をはじめ市民の仲人（甲州でいう親分）も多く務め、その組織を「俊友会」といった。甲州人の感覚では、親分子分の関係である。社会的後見人として庇護されることで、職員としては服従の関係を意識することになる。そして、子分は、選挙のおりに実働部隊として働いた。その古屋も、「無尽市長」といわれた河口親賀甲府市長同様に革新政党（社会党）が選挙母体であった。革新と伝統（民俗）が、選挙で連結するという「民俗の両義性」現象といえよう。

弔問外交

津軽でも葬式が、集票活動の一環として効果を持つことは知られていた。北津軽選挙区から五期（一九八三〜二〇〇三）連続当選した長峰一造（筆名早川みのる）は、回顧録のなかでこのことに触れている。

人様の不幸を取上げて、失礼極まることだが、「通夜」も選挙活動の場として認めざるを得ない。（略）遺族側からみると、「支持したあの議員は必ず焼香にきてくれる」と思っていた人が来なかった場合と「前回の選挙では応援しなかったのによく来てくれた」とは微妙な差がつく。（略）青森では誰、弘前では誰とか議員仲間では認められているが、特に有名をはせるのは津軽の選挙区で「桑田（匿名）」がある。「桑田」の通夜は芸がこまかい。死亡広告をみて先ず秘書に、亡くなった人も、喪主も役目、職業を調査させることに始まる。車が通夜の時間より早く着くと、会場の近くまで行ってから車の中で時間を待つ。どこでもそうであるが「導師入場」直前は波を打った静けさで、誰も仏前に焼香する者はいなくなる。その「シーン」として僧侶が来る直前に「桑田先生」は通路の両側に軽く会釈しながら静々と進み焼香して一番前に座る。彼はまた、「上座が好き」でいつでも上座をねらい、上座が満席なところへ来た時は誰かが席を立って譲るのを待つ程の徹底さである。（『私の備忘録』二二一〜三頁）

津軽選挙では、香典の「義理張り」より、むしろ焼香・弔問のほうが重要で、政治家が名前を売る機会（カンバン）に葬儀を利用していた側面が強い。この点では、甲州選挙の香典返しを期待し

故堀内光雄のお別れの会にデバル岸田派の国会議員（奥が喪主）

た集票のための「義理張り」とは少し違っている。しかし、葬式と選挙は表裏一体にあるようで、類似した「政治活動」は、少なくない。

政治家の葬儀に政治家が参列する事例もその一つである。それも喪主同様に弔問客の挨拶を上座で受ける習俗がある。甲州の近時では、通産大臣などを務めた堀内光雄の葬儀（「お別れの会」二〇一六年六月十五日）に、その派閥（宏池会）の領袖である岸田文雄外相のほか前会長の古賀誠、そして座長の林芳正が、喪主（堀内光一郎富士急行社長）より前で挨拶を受け、故人とともに注目された事例がある（注）。

（注）ただし今日でもイッケシ（一家衆）の葬式には、同族団のオオヤ（総本家）がデバッテ（出張って）行き、喪主を飛び越え、弔問客のお悔やみの挨拶を上席で受ける仕来りが、甲

州の富士吉田市の一部などで残存している。そこでは、オオヤがデバッテいなければ、この家はオオヤもないのかといってさげすまれることもある。

仏壇選挙

このような葬儀をめぐる香典の「義理張り」や「弔問外交」による「顔出し」（売名＝カンバン）などの集票活動は、津軽や甲州に限ったことではない。この列島のいたるところに見られるようである。一九六七年一月の第三十一回衆院選のことであった。伊予（愛媛県）八幡浜市在の農協組合長のことばである。

いなかでは三百六十五日選挙じゃけん、黒い霧だ、粛正選挙じゃいうたからといって、すぐ改まるもんじゃねえ。村の結婚式や葬式じゃいえば、代議士や立候補予定者から祝電や花輪がさっと届く。代議士からくれば悪い気がせんのは人情や。いなかもんは律儀じゃけん、これで一票は確実だ。葬式の花輪を代議士が贈るものだから、最近は県会議員や町会議員までまねして、金のない町会議員など、お寺の古いので間に合わせるやつもいる」（『毎日新聞』一九六七年一月二〇日）

伊予の農村においても人びとの「律儀」を見込んだ葬儀の「義理張り」や「顔出し」は欠かすことができない光景になっていた。九州だって例外ではない。美濃部亮吉都知事をはじめ全国で学者知事が誕生したことを受け、一九八三年四月の福岡県知事選では、九州大学教授・奥田八二

（一九二〇～二〇〇二）が立候補した。当時の腐敗政治を批判しての初当選であった。だが、みずからも選挙違反を犯してしまった。運動員らが、県内の西本願寺派の各寺院をまわり「御仏前（中身は五千円）」と「本山の推薦文」を手渡し歩いたのである。「門徒もの知らず」では済まされまい。この「お布施」も「香典効果」と解釈してよかろう。集票効果のほどはわからないが、配った奥田夫人や奥田の実兄は逮捕をまぬがれることはなかった。

これに類似した事例が、甲州ではすでに発生していた。一九七五年四月の勝沼町議選で、候補者の家族が有権者宅五軒をまわり「香典」を届けた。しかし、その人物が死んだのは数年前のことであり、あまりにも時機を逸していたのである（『朝日新聞・山梨版』一九七五年五月二四日）。

新盆見舞いもこの事例にあたろう。新しいホトケを迎える盂蘭盆に差し出す不祝儀のことであるが、現職首長などが事前運動の一環として、新盆の家を訪問し「新盆でお寂しゅうございます」などと不祝儀袋を供えることがある。甲州では、一九八四年十月の下部町長選を前に、現職町長が八月に新盆見舞いとして、約七十軒にそれぞれ三千円ずつの「御仏前」を配った事例が報告されている（『山梨日日新聞』一九八四年一〇月一九日）。この不祝儀には町長の名が記載され、町長就任来の慣例となっていた。選挙は強く、この町長の三選はゆるぎなかった。このような選挙活動を甲州では「仏壇選挙」と称している。

義理は返すもの

葬儀の義理は、人びとを結びつける。これは政治家と有権者のみの関係だけではない。政治家間の関係においても大差はない。田中角栄の「金言」に「祝い事には遅れてもいい。ただし葬式には真っ先に駆けつけろ。本当に人が悲しんでいるときに寄り添ってやることが大事だ」というのがある。そのうえ葬儀から一週間過ぎたときにも「最初の花が枯れる頃だ。遺族も一番悲しみが募る」、その時にも生花を届けたという。人の心の機微を察知できる宰相であった。

葬式は故人を悼むものか、取り残された家族を憐憫するものか。むずかしい問題である。だが、生ける者は「義理」を背負い、返すことを心掛ける。

国政で官房長官を務めた野中広務の回顧談（『野中広務　差別と権力』）を紐解いてみよう。一九八二年の京都府副知事時代の発言に触れている。国政へ出る前の野中と田中角栄のエピソードである。

角栄先生とは、三十年くらいまえ、京都府園部町長時代からの、おつきあいです。先生は、ご自身、なんのメリットもないのに、あれこれ親切に世話して下さいます。田舎の土地の臭い、過疎地の感じをきちんとつかみ、理解してくれる人なんです。なにか頼むとするでしょう、だれでも『わかった』という。でも、あの人の場合、わかったというだけじゃない。すぐに処理してくれた上に、その結果を、自分でですよ、こっちに連絡してくれるんです。九年まえ、私の母が死んだとき、葬式に秘書をよこしてくれました。しかし、それだけじゃないんです。初盆のとき提燈を送って頂いた。こんなこと、できますか。ロッキード裁判？　どんな結果になるかなんてことは関係なく、私はあの人に心酔しています。（「田中派かくし玉候補の打算と実力」）

母の死を前に心弱っているときの角栄秘書の弔問、さらに初盆の時の心遣いに感激した野中は心変わりした。京都府議のおりには、社会党・共産党で支えていた蜷川虎三知事（一九五〇～一九七八、七期二十八年間）寄りであったが、田中角栄が佐藤政権で自民党幹事長に就任した一九六五年六月頃から自民党寄りになり、反蜷川に変貌したといわれている。

国政に進出したあとも田中派に属し、オヤブン角栄を支え続け、その時の「香典返し」の「義理」を着実に返していったのである。葬儀の「義理張り」は、政治家同士においても「義理と褌」、効力・威力を発揮し、以後の政治路線にも大きな影響をおよぼしたことは言を俟たない。

第九章　村八分と地域ぐるみ

選挙は、組織化された集団と集団の戦いである。そのため結束は欠かせない。自派内部の統制は厳しくなる。締め付けがきびしくなると、時にはその集団からハジかれることも少なくない。

民俗学では、この分野は「村制」ということになる。ムラ存続の基本は、水と燃料である。水は生活用水と農業用水である。燃料は薪であり、入手は山林からである。これらを得るためには共同管理が必要になる。用水路の修理と山林の手入れである。共同作業が不可欠であった。そこで各戸ギムニンソク（義務人足）が課せられた。違反するとデブソクとして課徴金が徴収された。昂じると村からの排除・除外、「村八分」となった。

村八分と神仏

「村八分」とは、俗説に従えば、十種類のムラ付き合いのうち、葬式と火災を除く八つの交際を絶つことである。要因は、ムラ内での盗み・暴力・出火などのほか、村の規約違反、共同作業への不参加・怠慢、さらには突出した生活態度などで、ムラ生活内での付き合いを著しく制限され、排除や差別を受けることをいう。これを解消されるためには、早い時期に仲介者（宗家・本家や親分などの有力者）を立てて謝罪することが必要になる。こじれると長引き、陰湿な制裁（イジメ）を受け、ムラから出ていかざるを得ないこともある。その恐怖心は、今日においても個々人の心の深層に沈殿し、我々の行動を規制している。事大主義を増長させ、「長いものに巻かれろ」という処世が支配することになる。戦後においても「村八分」は、津軽でも甲州でも少なからず発生している。新聞を見返せば、いくつもの事例を垣間見ることができよう。

まずは津軽の事例だが、一九五三（昭和二八）年のこと、北津軽郡中里村F集落（一三二戸）で起きた「村八分」である。区有林内の荒廃した土地を戦後に「不法開墾」した家族があり、ムラは返還を迫ったが、応じなかった。ムラは「非合法手段」として寄合を開き、「村八分」を決議した。内容は、①開墾者には区有林の薪をいっさい切らせぬこと、②親族縁者であっても開墾者とはいっさい言葉をかわさぬこと、③以上二項目に違反した集落民は、三年間区有林に入れない、④開墾者の家で冠婚葬祭があっても一切出入りしないこと、⑤開墾者の家で火事が生じても、消防団を出動させず傍観する、といったものであった（『毎日新聞・青森版』一九五三年一月二二日）。

この場合、火事の消火作業さえしないと、「村八分」の制裁は徹底していた。一般に村八分は、外来者のヨソ者やムコ養子などに向けられる傾向が強い。ムラ内部者の異物排除や差別意識が作用しているのである。

ここ中里町では「村八分」とはいわず、「ムラはじき」と称しているが、部落の「掟」を破ったものに対する「刑罰権」の行使として定着していたようである。その掟とは、

一、農家休息日を門触れしても休まない。

一、農作物を盗みとるもの。

一、代償もせず夫（賦）役を果たさないもの。
一、歳費や非常経費を拠金しないもの。
一、其他部落の秩序を妨げる行為、不行為。

であった。

この掟を破った者に対して部落は「刑罰権」を行使し、「ムラはじき」を行なったのである。それは、

一、部落民としての交際をたつ。
一、冠婚葬祭などの手伝いもせず又招待もしない。
一、盆踊りは部落の踊場で踊らせない

というものであった（『中里町誌』二〇八頁）。

盆踊り

ムラハジキの項目に「盆踊り」があるとは、私は寡聞にして知らなかった。だが、津軽人にとって、盆踊りがどんなに重要なものであったかは、明治末期（一九〇八（明治四一）年八月一一日）の駐在所襲撃事件からでも知ることができる。東津軽郡大野村（現青森市）で起きた事件である。『青森県警察史』によると、大野十文字において盆踊り見物人がごった返しとなり、盆踊りの一団が通行できない状態におちいった。そこで同村の駐在所の巡査が盆踊りの解散を命じたところ、祝酒に酔った若者らが、これを不満として巡査を袋叩きにしたうえ、駐在所へ押しかけ、投石や棍棒で窓ガラスをたたき割った、というものである。

「村八分」による冠婚葬祭の付き合い拒否は、全国的に見ても、事例は少なくない。だが、中里町のように盆踊りへの参加を処罰項目に加えているところは、そう多くはあるまい。「盆踊り」は、祖霊をむかえ、歓待し、送り出す行事として、ここでは大切な行事であったのである。

その「盆踊り」を拒否されることは、ご先祖さまの霊魂までも、ハジカレルことになるのである。ご先祖様に申し訳ない。ムラの共同性を混乱させた個人だけではない。ご先祖様まで罰せられるのである。さらに盆踊りは、男女の出会いの場であり、男女の営みの場でもあった。その場からハジカレルとなれば結婚もままならない。子孫もつくれない。家存続の危機に追い込まれることになる。

民俗学者・早川孝太郎の採訪によると、戦前の津軽地方は盆踊りが盛んで、終わると踊子の娘たちを若者が物色して、畑や浜辺へ連れ込むのが常例であったという。これをメラシフッパルといい、「メラシ定めらば茄子畑ケアよかろ　茄子を枕に波はござに」などという唄を採集している（『北津軽の民俗』）。

野宿

また、中里町に隣接する金木町に滞在していた津島（石原）美知子は、敗戦の翌年の夏、小説『津軽』のなかに出てくる子守「たけ」が小泊からやって来て、「ゆうべは賽ノ川原で野宿した」と、太宰に語ったことを記している。

「太宰は露骨にいやな顔をして『野宿したってーばかなーいい年して』と吐き出すように言い、たけさんは『だってー』という感じで太宰を見返した。たけさんの大きな眼に、甘えのようなものを感じた。（略）真夏とはいえ、北国の明け方は冷えるだろうに、帰ろうと思えば帰って泊る実家が近くにあるたけさんが、なぜ野宿などしたのだろう。」（『回想の太宰治』一四三頁）と疑義を呈しながら、美知子は「ヨバイ」の習俗を推測した。「かがい、歌垣、盆踊などに共通する、若い男女に許された年一回の夜遊び、性の解放の一夜なのではないかと考えた」（『回想の太宰治』一四四頁）のである。

盆踊りへの参加を拒絶されることは、ヨバイを禁じられることでもあった。とりわけ若者にとっては酷なことであったといえよう。

ドラブチ

甲州も盆踊りは盛んで、やはり性のオージーとむすびついていた。さらに、その延長上に甲州ではドラブチがあった。ドラブチとは、嫁盗みのことで、好きな相手を仲間の手助けで掠奪し、ムラの有力者である「親分」の所に駆け込み、その仲裁で夫婦になる結婚手段であった。戦後まで見られた習俗である。一九五七（昭和三二）年にも、この習俗を利用して女性を掠奪（「拉致監禁」）したが、娘側の両親が告訴したために「婦女略奪および傷害容疑」で警察が捜査に乗り出したケースもある（『山梨日日新聞』一九五七年三月一八日）。ヨバイの習俗が禁止された後に明るみになった事件といえよう。

このような背景には、ムラの娘はムラのものという共同の了解があったことは疑い得ない。かつては村内婚が一般的で、通婚圏も限定されていた。若者組が、それを実質的に管理していたといえよう。そのために婚姻は、若者仲間の承認が必要で、彼らの共同意志に反して他村へムラの娘が嫁ぐような場合には、さまざまな嫌がらせや妨害が加えられた。東津軽郡平内町では、嫁がでる家から二、三升の酒をせびり、仕事を一日中休み、飲みながら太鼓をたたいて遊ぶことにしていたという。これをアゴワカレと称した。嫌がらせに花嫁行列にむかって泥を投げつけたりもしたという（『日本の民俗・青森』）。

このようにムラ社会は、共同性の規制が強く、また閉鎖的な側面が強かった。それを象徴するような民俗事象も起こる。

津軽の境界行事

津軽も甲州もムラは、身分意識やテリトリー意識には強いものがあった。それゆえ村境で発生する民俗事象も少なくなかった。

まず津軽の事例をいくつか示しておこう。「坂迎え」である。坂迎えとは、代参などで村を留守にした人々が帰郷するおりにムラ境で出迎えをする行事であった。とくに津軽では、お山参詣を終えて帰村すると、ムラの入口でムラ人の歓待を受けることが多かった。

「虫送り」も、またムラ境の行事で、田植えが終わった後のサナブリの農休みに行なう。龍頭を付けた藁の大きな「ムシ」をつくり、ムラ中を鉦と太鼓で囃し立てながら練り歩き、ムシにムラ内の邪悪なものをこすりつけてムラから送り出す。最後は村境の木にムシを吊るして置く。

津軽の代表的な夏祭り「ネプタ／ネブタ」もムラ境を意識した行事である。虫送り同様、竹を組み紙を張って大きな人形灯籠をつくり、燈明に灯を入れ、太鼓・鉦・笛などで囃し立てながら町内を練り歩く。八月一日から一週間ほど地域内を練り歩き、最後は村境や川にネプタを流しに行く。

そのおり「ネブタ流れろ、まめの葉は止まれ、いやいやいやよ」と唱える。柳田国男によれば、これは流行病への畏怖を示す七月盂蘭盆会の聖霊送りであり、御霊祭りであったという。ということは、ネブタはムラ内の邪気を追い払う疫病除けであり、また睡魔をはじめ自己の怠惰を戒め、それを人形に仮託して、川に流す行事だということである（「ネブタ流し―毛坊主考の四」）。

岩木川流域に多い「ボーノカミ（芒の神）送り」もムラ境に関係する。ネブタ同様にムラ内部の邪気・疫病を追い払う行事である。サナブリ休み（農休）に一日かけて七ヶ所の神社をめぐり（「七《しち》ヶ村掛け《かむらか》」）、もらってきた神札を男女を和合させた藁人形二体（「ボー（芒／疱）のカミ」）に括りつけ、手製の米俵や猿の人形、蛇一匹、幟《のぼり》などとともに、ムラ中を巡ったあと、ムラの出入り口の二ヶ所（そこは猿田彦が祀られている場所だという）に祀っておく。これは疱瘡（天然痘）の神様を送る行事であるといわれるように、ムラ内に発生する悪疫除けの行事であった。田舎館村十二川原では、この行事を中断したところ若くして死ぬ人が多く出たので、再度行なうようになったという（注）。

（注）なお田舎館村は、防衛庁長官や農林水産大臣などを歴任した代議士・田沢吉郎の出身地で、彼の在所・諏訪堂に隣接する大字・大曲も同様に「ボーの神」の行事をするが、諏訪堂では行なっていない。そのかわりカパカパや虫送り、ネブタを行なっていた。カパカパとは、小正月（旧一月十五日）の晩に子どもたちが、カパカパという手製の人形（シナッコ）を作り、それを持って各家に見せて歩き、餅を貰って歩く行事である。虫送りは、田植え後（サナブリ）に行なった。ネブタは、人形ネブタや扇ネブタをつくり、旧暦七月一日か

ら一週間毎夜ムラ中をまわり、最後に川に流した。しかし、これらの行事は、現在は縮小ないしは廃止されてしまった。その代替が、衆院選での田沢吉郎の応援であったといえよう。ムラ中に熱気が立ち込め、オヤグマキをはじめムラこぞって事務所に連日手伝いに出かけるなど、ムラは大いに活気づいたという（『田舎館村誌（中巻）』）。

津軽の地蔵尊

津軽平野の新田地帯には、ムラ境に自然的境界物が少ない。そこで人工的に境界を定めることが必要となる。その境界に建立されている多くが、百万遍の石碑である。

たとえば、竹内俊吉代議士・知事を出した出精村（現つがる市）などでは、百万遍の石碑が田圃と田圃の境に建立されており、それが村境になっている。また近くには、必ずと言っていいほど地蔵堂が建てられている。そして、ムラには地蔵講があり、旧暦六月二十三日には地蔵盆が営まれる。また、春秋の彼岸などには、そこで百万遍の数珠回しが行なわれ、地蔵堂に祀られた幼少にして亡くなった子どもを供養するとともに、ムラ内の邪悪なものを追い払う行事が行なわれている。その地蔵を「身代わり地蔵」（尾上町金屋など）と呼んでいるところが多い。

津軽は、地蔵信仰のさかんなところである。地蔵はあの世の地獄での救済者である。ムラの入口か辻、あるいは墓地に地蔵堂が建立されているのが一般的である。その元締めというべきものが、北津軽郡金木町川倉の地蔵堂である。旧暦六月二十三日から二十四日に、亡き子どもの供養のために遠近から人びとが集まり、境内の地蔵堂や賽の河原に手を合わせ、かつてはイタコの口寄せに耳を傾け、あの世のさまを聞きただした。ここは、あの世とこの世の境、生者が死者に会

津軽平野のムラ境に鎮座する百万遍講の石碑と地蔵堂

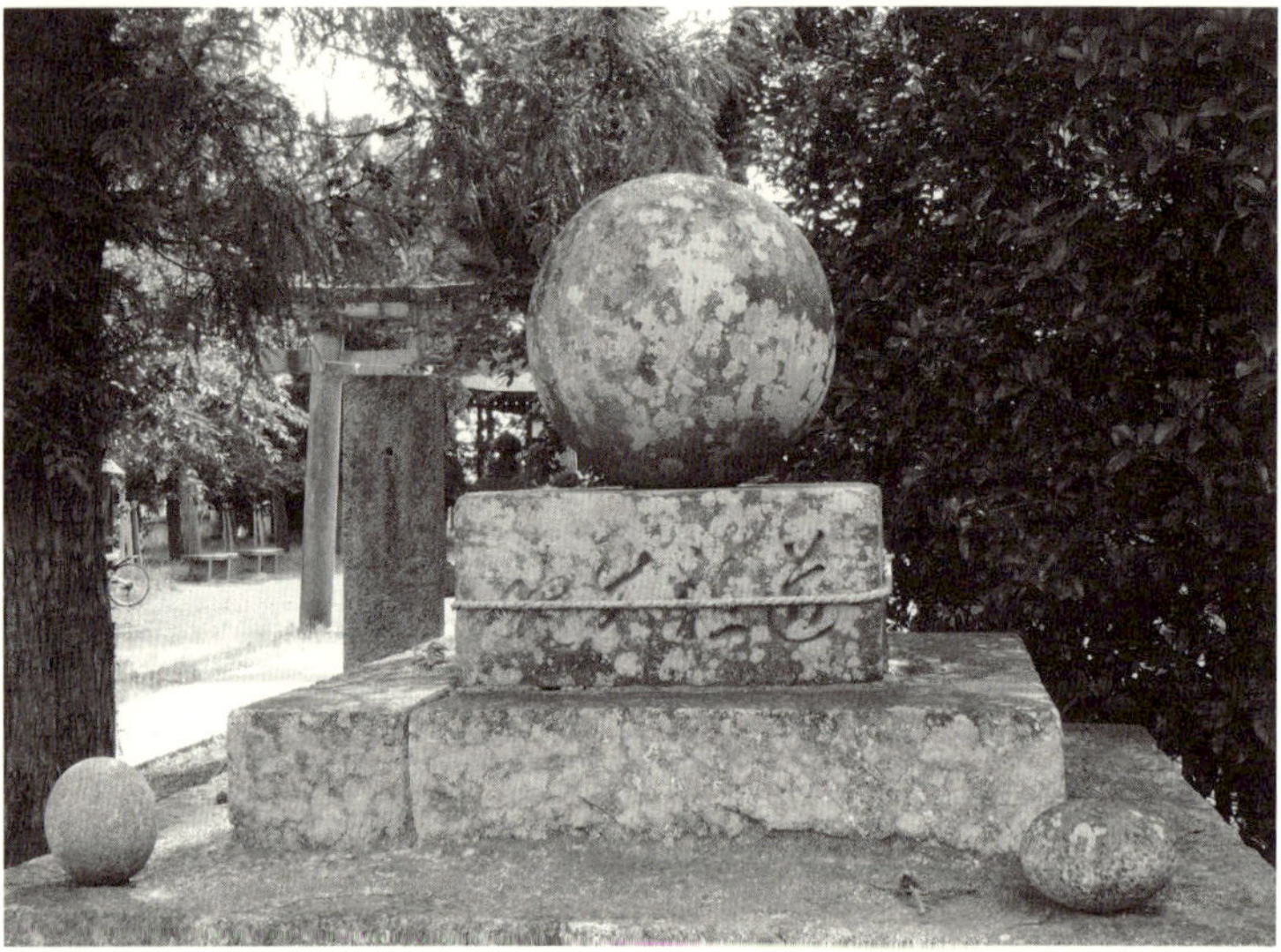

甲州のムラに鎮座する道祖神

うことができた場所なのである。

甲州の道祖神

甲州も境界に対する意識は強いものがある。その代表が、道祖神である。道祖神は、甲州のムラでは欠かすことのできない神仏である。その光景は、津軽のムラ入口に建立されている衆生を救う地蔵尊（地蔵堂）と類似している。

甲州の道祖神は、大きな丸石や石祠で、集落の入口や集落の辻などに鎮座している。ムラの中に侵入する邪悪な神を退散させる道の神様である。一月十四日の小正月のおりには、ここにオコヤを立て、集めた門松や神札などを燃やすドンド焼が行なわれる。この火でマユ団子を焼き、食べると風邪などの病気に罹らないなどといわれてきた。また、その灰を持ち帰り、庭に撒いておくと蛇やムカデが出てこないとされてきた。

境界といえば「道切の習俗」も少なくない。著名なのが、牧丘町隼（現山梨市）の雁坂道（国道一四〇号線）沿いの大木に掲げられている四メート近くある大草鞋である。疫病などの邪悪なものがムラに入るのを見張っている大男の履物である。摩利支天の祭りとして、春の社日に付け替えられる。秩父へ抜ける雁道は、県都甲府の鬼門にあたる方向で、ここには道切りの習俗が多く残存している。

藁製の一つ目の作り物もその一つである。この道路沿いの三富村上釜口では、七月二十日に大数珠を廻しながら念仏を唱え、無病息災を祈る百万遍のおりに、大きな眼をくり抜いた草鞋をつくる。それを道の入口に吊し、邪悪なものが侵入するのを威嚇している。

道切りの大草履

害虫駆除と悪霊退散の「虫送り」も、戦前には甲州の各地で行なわれていたが、現在では西八代郡六郷町や下部町などの一部に残っているにすぎない。六郷町網倉では、七月中旬に大人が松明をもって「オークリナ、稲の虫を、オークリナ」と唱えながら田の畔を歩く行事が行なわれている。かつては藁人形をつくり、鉦や太鼓をたたきながらにぎやかにムラ境まで行列を繰り出したという（『山梨県史民俗編』）

ムラ対ムラの抗争

津軽も甲州も境界意識やムラ意識は強い。強いていえば、津軽の祭りや行事は、内部の邪悪な物を排出する色彩が強い。それに反して甲州の境界行事は、外部からの侵入を防御する要素が強いといえよう。選挙は、以上見てきたような固有の民俗を背景にくりひろげられる。ムラ内から候補者が出るとなれば、こぞって応援することになるはずだが、津軽と甲州ではいささか様相を異にしている。

甲州では、ムラが一丸となって支援することが一般的である。それゆえムラの統制は厳しくなり、従わない家は白眼視される。甲州では村八分になる危険性が高かった。しかしながら、不思議なことに津軽選挙では、選挙による村八分の事例を見出すことがむずかしいのである。たしかに市町村会議員選挙などでは、オヤグマキによる「マキ八分」は存在するが、特定の一部の家をムラ全体で一丸となって村八分（「ムラハジキ」）にする事例は少ない。その要因の一つは、ムラが二派以上の集団に分かれて抗争する選挙が多く、ムラ全体で一致団結して推すような選挙形態が少なく、特定の家をムラ全体でハチブにすることができないためであろう。

地縁組織の脆弱さ—津軽

それと関連するが、地縁組織の脆弱さをあげることもできよう。全国のムラは、地縁をもとにいくつかの小さなまとまりに分かれているのが一般的である。このムラを区分する内部組織を「村組」といい、大きな規模のムラでは内部を二ないし三ほどに分けていることが多い。「村組」は、さらにいくつかの「組」組織に分かれている。「組」は近隣組とも呼んでいるところもある。

その規模は通常十数戸の集まりである。

ところが、津軽のムラは、この「村組」の組織が明瞭でないところが多い。そのうえ地縁をもとにした「近隣組織（組）」も、戦前までは組織化されておらず、あいまいであった。そのことは東京教育大学の津軽の民俗調査（一九六六～一九六七年）の一員として、水利関係調査にあたった福田アジオも述べている。

津軽の村落はどこでも村組・近隣組の存在が不明確である。（略）多くの地方では、それまであった五人組・什長組・組合など各種の近隣組が隣組に再編成されたのであるが、津軽ではそのような経過をたどった所は少ない。（略）津軽においても五人組が設定されていたことは明らかであるが、その区分や組織がまったくといってよいほど姿を残していないことは注目される。かつて五人組があったらしいということについては各地で聞くことができるが、単なる話だけであり、具体性はない（『津軽の民俗』八三～四頁）。

津軽平野に点在するムラ（集落）は、内部組織が地縁によって「整備」されていない。そのためムラ内部には、一〇～一五戸ほどを一組織とする班編成がなされているところがあるが、それは地縁をベースにした組織でないことが多い。さらにムラ内部の組織である「村組」も明確でないところが多い。

ムラは、確かに一つの組織体として、ゴヨソメ（御用初め）の寄合（現在は総会＝常会）などが、年一度正月十一日ころに開かれる。またムラの共同作業として、ユギキリ（除雪）やセギホリ（堰普請）、ネバライ（刈り払い）があったが、集落をいくつかに分割（「村組」）して行なうものではなく、ムラ全体で行なった。

農作業などの労働交換（ユイッコ・クミッコ）も地縁組織（組）で行なうのではなく、自己の家を主軸にした同族（マキ）や姻族（シンセキ）の結びつきであるオヤグマキ単位で行なうことが一般的であった。

それゆえ相互扶助の基本ともいえる「葬式組」なども地縁に基づくものではなく、血縁（オヤグマキ）を中心に近隣が手伝うもので、地縁組織の「葬式組が存在しない」（『津軽の民俗』八四頁）のである。つまりは地縁といっても自己の家を中心にした近隣の家の関係で、地縁による組織体である「（隣保）組」ではない。この要因は、津軽平野の多くの村が、藩の権力による直営工事として計画的に開発がすすめられた新田地帯であり、自然村のように長い歴史のなかで次第に形成された村落でないことが大きい（注）。

（注）一方、甲州にはムラ開発と関連性がある民俗語彙にジルイがある。例えば南都留郡道志村のジルイ（地類）は、数戸をもって一グループとすることが多い。そのルーツは血縁関係として遡ることもできず、さりとて隣接する地縁関係でもない。すなわち本家―分家連合のマキ組織でもなく、また家屋敷を接している地縁でもない。にもかかわらず、このグループが冠婚葬祭の相互扶助の基本組織である。葬式の時には、自家にもっとも親しい家（「一番のジルイ」）が、オヤカタ（什切役／亭主役）を務め、滞りなく執行してくれる。この組織は、ムラ開発や開墾と関連があるようで、山林などの所有地はジルイの者同士の名義が接していることが多い。

ムラ組織とトムライ組—甲州

甲州のムラ組織は、その点、津軽のムラ組織と大きく異なる。後述する選挙によるムラ八分が発生した東八代郡芦川村（現笛吹市）では、つぎのような構成になっていた。

芦川村は、一九四一（昭和一六）年に、藩制（自然）村である上芦川村（一三二戸、七四二人）と中芦川村（九五戸、六〇九人）と鶯宿村（一一四戸、六六五人）の三つの村（部落と呼んでいる）が合併して成立した行政村である。さらにその村（ムラ＝部落）の下に「村組」があり、中芦川（一九六〇年一〇三戸）を例にとれば、「村組」としては大村組と新倉組に分かれ、さらに各々は「近隣組織（組）」に分かれている。大村組は近隣組織（組）として西村組・中村組・東村組に、新倉組は上組、下組に分かれている。これが最小の単位で、地縁をもとに組織化されている（注）。この組は、江戸期の五人組さながらの伝統を引き継いだ伍長組と呼ばれることもあった。なお、伍長組という名称は、明治初年に五人組が再編成されたものであるが、甲州ではいまでも使われているところが少なくない。

（注）ムラは、氏神社を祀り、上芦川には諏訪神社、中芦川には白髭神社、鶯宿には諏訪神社が鎮座している。また各々のムラ（部落）にはムラのテリトリ

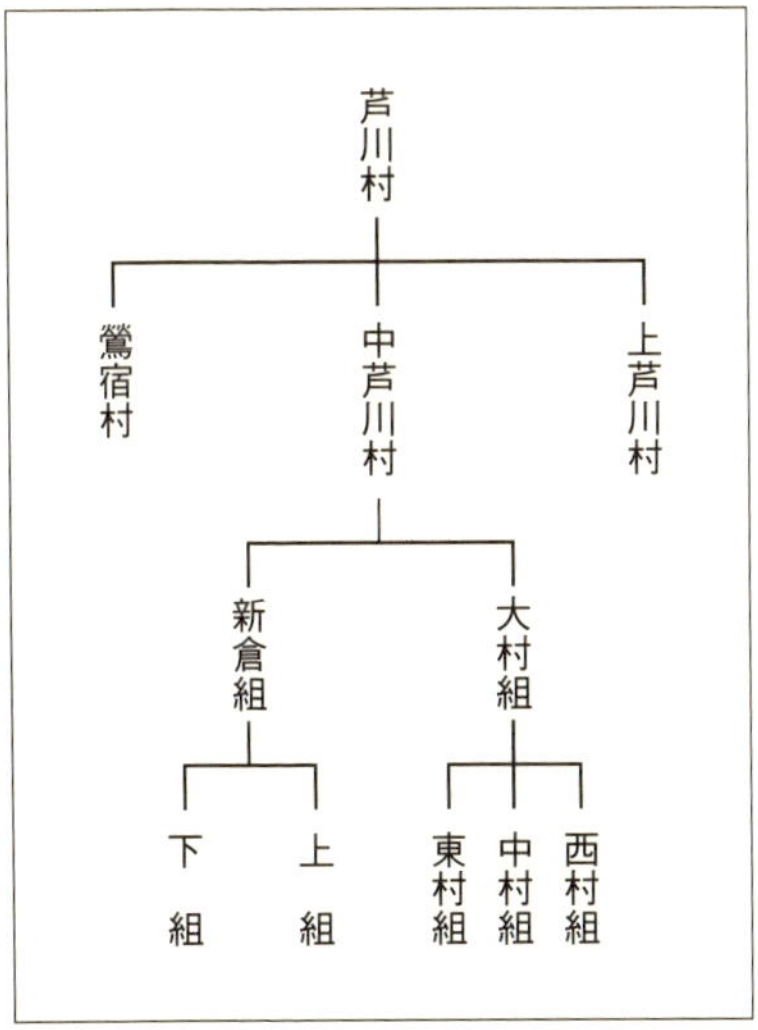

ーの象徴としての道祖神が祀られている。また他部落との境には注連縄を張るなどの「道切り」行事も行なわれている。さらに中芦川の場合には、二月と六月の十六日にオネンブツサマと呼ぶ念仏講を行なっていた。他部落へ通じるムラの入口三ヶ所に注連縄を張り、鉦と鈴を鳴らし、邪悪なもの、疫病などの侵入を防ぐための念仏を年寄りが唱える。

なお、この「組」は、葬儀を担う「葬式（トムライ）組」でもある。死者が出ると、喪家はまず属している組の組長に知らせる。組長はじめ組の者が喪家に集まり、喪主と葬式の規模や運営などについて打ち合わせを行なう。以後、葬式の準備・運営はすべて組に一任し、組主体で行なわれる。葬儀委員長には、組長がなり、組のものに役割が分担される。帳場・穴掘り・野辺送りの飾り物係・ヒキャク・料理番などである。それらの人びとによって檀那寺への連絡、葬具や食料の買い出し、弔問客の接待、香典の受付（帳場）、穴掘り（本役）、棺担ぎなどがになわれる。葬式は、通夜、湯灌、入棺、出棺、野辺送り、埋葬、野辺帰り、葬式の膳（野辺帰りの膳・忌中祓い）などの順で行なわれる。葬式が終わると組長から収支報告がなされ、組による仕事が終了する。

坊主ハチブ事件

このようなムラ組織の強固な中で発生したのが、「坊主ムラ八分事件」（「坊さん村八分、五年ぶり解決」『朝日新聞・山梨版』一九五五年六月二六日）である。一九五〇（昭和二五）年の村長選のことであった。現職と新人の二派に分かれての骨肉相食む争いが展開された。当選したのは、中芦川村（集落）の新人であった。だが、中芦川部落のムラの寺である宝珠寺の住職が、他集落（鶯宿）の「前村長派」について応援したので、当選した「村長派」から迫害を受けることになった。住職は、お布施米を断たれ、そのうえ袈裟着や仏具までも取り上げられ、寺所有林の分割や檀家（一二〇戸）の帰属問題にまで発展した。

住職は抗議の断食を行ない、これを聞いた甲府法務局が一九五一（昭和二六）年四月に人権擁護の観点から調査に入り、仲介を試みた。だが、対立は収まらず、問題は翌五二年八月に甲府地裁へ民事訴訟として持ち込まれた。

以後二十数回公判が開かれ、証人が次々に呼び出されたが、解決のメドがつかないまま三年間が過ぎ、一九五五年六月に新村長の仲介でやっと解決されることになった。「坊主憎けりゃ袈裟まで憎い」どころか、商売道具の袈裟を取り上げられた住職は、どのような恰好で葬儀、法要をしたのかは不明である。なおこの手打ち式は「平和祭」と銘打って行なわれた。

芦川村（現笛吹市芦川）は、山間に位置する村で、人口は一九四五人（一九六〇年時）ほど、田はほとんどなく、畑作と炭焼きで生業を立てていた。オトコシが炭を焼き、オンナシが炭俵を背負い、甲府市内まで二〇キロの道のりを売りに出かけた。そこで「芦川さん」といえば、炭の行商人を指す代名詞になっていたのである。

黒坂峠を隔てた境川村（現笛吹市境川町小黒坂）に住んでいた俳人・飯田蛇笏は、この炭売りを「芦川幽谷の村嬢ら日々の払暁、炭を負うて峠を越え来る」と詠んだ、勤労熱心な村であった。柳田国男が一九三五（昭和一〇）年の「山村調査」地に選んだ山梨県唯一の村でもあった。

（注）**富士宮高校生村八分事件**

同じころ、県境を越えた隣の静岡県上野村（現富士宮市）でも、選挙による「ムラ八分事件」が発生した。これは全国に大きく発信された。

ことの起こりは、一九五二年五月の静岡県参議院補欠選であった。一高校生が、「替え玉投票」を告発したのである。ムラのボス（有力者）が棄権者の入場券を集めて、これを使って同一人物が何回も投票を繰り返したのである。この違法を見て見ぬふりをしたのが、村長や選管委員長らであった。当時叫ばれていた「公明選挙」の理想から、この違法行為を朝日新聞（静岡版）に投書したのが、同集落の高校生であった。村長や選管委員長が取り調べを受け、役場職員や配給所長ら一〇名が送検された。

ところが、この事件の発覚が、新聞投書にあったことをムラ人の一部が知り、「同じ村民を罪に陥れるのはけしからん」という「部落意識」から、高校生一個人ではなく「石川家」を告発し、組単位で「村八分」の嫌がらせを浸潤させていった。高校生本人でなく、まず父親や母親への悪評が立ち、近所からの嫌がらせが続いた。「組長あたりが中心になって申し合わせをやり農具を貸さない。くらしに困っているのを知りながら田植えの手伝いも頼まないという話を聞いている。私自身は石川君の娘をうらんじゃいない。石川君一家をいじめるようなことをするのは私達にたいする忠義だてかは知らないが……」（『朝日新聞』一九五二年六月二三日）と、違反者であった組の有力者が語るように、ムラ人は、選挙違反者（ムラの有力者）への「忠義だて」「義理」のため、石川家への制裁を行なったのである。

さらに「内輪の話を口外しない」という部落意識は、若い者も例外ではなかった。同村からおなじ高校に通っていた生徒も、この「部落意識」に同調する。「少なくとも同じ村に住んでいる村人を罪に落とす者は人間でない。しかも発言権のない世間知らずの高校生があばいたのは、思慮がなさすぎる。村にそんな平和を破壊するような者がいるのは実際不愉快だ。たとえ事実であったとしても村人としての礼儀で口外するなどもってのほかである」（『朝日新聞』一九五二年六月二九日）と、内部告発者の罪をあげつらった。

その事情を熟知していた父親は、「田舎では有力者のいう通り黙々としていなければくらせない。子供のしたことを聞いた時、思わず〝困ったことをしてくれた、生活の問題だぞ〟と、しかったものの、子供は正しいことをしたと思ってます。この正しいことが結果は無言のつるし上げにあう始末になったのです。敵意にかこまれたこゝでの生活はもう続けられない。早く引越したいと思っております。」（『朝日新聞・東京版夕刊』一九五二年六月二三日）と語った。

「替玉投票」を摘発したことから発生した「ムラ八分」事件であるが、さらに皮肉なことに、この参院選の候補者が、石黒忠篤（一八八四〜一九六〇）であったことである。石黒は、柳田国男とも親しく、「農政の神様」と呼称された農商務省・農林省の幹部であった。勤労と倹約を重んじた二宮尊徳を敬愛し、その農政は「石黒農政」と呼ばれた。その石黒が静岡県から参院選に出馬したのである。対抗馬は前静岡県知事小林武治（自由党）であった。石黒は緑風会公認であったが、静岡県とは縁もゆかりもない「落下傘候補」にすぎなかった。選挙戦初日に元大蔵大臣の渋沢敬三や新聞業界の古野伊之助らが応援に駆けつけるなか、石黒は「民族の独立」と「国家再建のための自給自足経済の確立」を訴えた。が、苦戦はあきらかで、「石黒危うし」の声で、以後東京から石川一郎や水野成夫らの財界人、稲葉秀三などの評論家まで駆けつけ、何とか当選することができた。このおりに発生した事件であった。

自治会ぐるみ選挙

このようなムラの組織や慣習を背景に発生したのが、甲府市の「下中河原自治会ぐるみ選挙」事件であった。下中河原は、県都である甲府市の南部に位置しているが、当時は農村風景を残した新興住宅地であった。ここの自治会で、一九七五年に発生した選挙違反である。

自治会長三期後、地域代表として市議に初出馬し当選した候補者M（社会党所属・革新系）が、再選をめざして自治会の役員に、選挙運動は一切お任せしますので「これでお頼みもうします」と二百万円を差し出した。四月、甲府市議選がはじまると自宅の選挙事務所には、自治会役員から酒二千本、豚三頭が届けられ、地区の婦人らが手伝い、選挙期間の十日間、「選挙ヒマチ」と呼ばれる日夜の飲み食いが続いた。出席者には「足代」「弁当代」の名目で一人三千円、組長には一万円が配られた。Mが自治会役員に手渡した二百万からの支出である。

「票を買う、という意識よりも、有権者が引き続き支持してくれることに対する、ささやかな感謝の印だった」という。「義理の売買」である。カネを受け取った住民は二〇〇人にものぼり、例を見ない「自治会ぐるみ」の買収事件となった。「大多数は、罪意識がなく、金を受け取っていた。『せっかく応援してくれるのだから、お礼するのは当たり前』という候補者Mや、『もらわなければ義理を欠くことになる』という住民の言葉がこれを表している」（「買われる一票」『朝日新聞・山梨版』一九七六年一一月二日）。

この感覚は葬儀執行のそれと同じである。甲府市内をはじめ山梨県下の多くの地区では、すでに芦川村の例で見てきたように葬儀は自治会や集落、ないしは隣保組で取り仕切るのが習わしである。葬式の日程などや僧侶の数を決定すれば、あとは施主をはじめ家族・親族の者は葬式のこまごまとしたことに口出しすることはない。喪主が区長と相談し葬式にかかる費用を目算したうえで、それよりも大目の費用を区（自治会・組）長に一括して手渡すのである。区（組）が一括して葬儀を預かるのは、喪家の人々の心労をやわらげ、いらぬ心配をかけまいという配慮からであろう。

その葬式の費用が、当時においても二百万円を下ることはなかったのである。預かったカネで区長は、葬式のこまごまとした経費を支払うことになる。項目は、寺への謝礼、葬具、食糧費、交通費などにもおよぶ。葬式には一世帯からウチソト二人（夫婦）が出て、通夜・葬儀・後片付けと三日間ほど手伝う。初七日に施主が招待する「ゴクロウメエ（御苦労免）」「ぶっつけ七日（初七日）」には、組だけでも五〇人ほどを超える規模で酒宴が行なわれる（『甲府市史・民俗』）。

選挙は、葬儀同様に自治会の差配で、滞りなく終わり、Mは立候補者五二人中二十七位（定員四〇人）で当選した。しかし、この在り方が問題視され、Mは選挙違反に問われ、議員辞職を余儀なくされたのである。

地域ぐるみ選挙の失敗

一方、ムラ（行政）組織としても、また葬式などの相互扶助組織としても、地域組織が「整備」されていない津軽では、甲州のような地縁による相互扶助や協力体制が脆弱であった。例えば、青森県の三大都市の一つであり、津軽藩主の城下町である弘前市で起きた市議会議員選挙にも、それは表れている。

一九五九年四月に行なわれた選挙について見てみよう。それまで弘前市の下町では、市議が二人ないし三人当選していたが、昭和の大合併が行なわれた後の一九五六（昭和三一）年四月の市議選では、現役二人を加えて四人が立候補したが、全員が落選してしまった。

ところが、一九五八年九月、岩木川の水害で下町全体が甚大な被害を受けた。にもかかわらず復旧は合併市域の方が早かった。そこで下町住民は、市議がいないため発言力が弱かったのではないかと、市議擁立に動いた。十四の町会がまとまり政治団体「下町連合町会」を一九五九年四月に結成し、二人の候補者を公認した。しかし結果は、三十六議席中にも滑り込めず、二人とも落選してしまったのである。町会連合の役員の面目は丸つぶれとなり、責任を取って辞任し、組織は解散に追い込まれた（『朝日新聞・青森版』一九五九年三月二九日／五月二一日）（注）。弘前の旧市域では、「地域ぐるみ選挙」は実効性がなかったのである。

（注）下町連合町会は、この後、一九五九年八月一日に「弘前市町会連合会」に参加することになるが、そのおりの「申し合わせ」として、以下のことを受け入れている（『弘前市町会連合会の三十年』）。
1.連合会はあくまでも政治的中立を守る。
2.連合会は、選挙や政治運動はやらない。
3.連合会の役員は、公職選挙法による選挙に立候補することは好ましくない。
以上のように住民の生活組織であることを強調し、政治色をなくすことで町会は行政の下請け組織のなかに編入されていくことになった。

この要因の一つとして、甲州と津軽の葬式の執行方法の違いを指摘することができよう。弘前をはじめ、津軽の多くのムラ（集落）では、葬儀はマキ（ないしオヤグマキ）が中心であり、葬送の道具作り、墓穴掘り、料理作り、香典返しの法事菓子の用意など全般を担う。「亭主役」にはマキの本家の当主がなり、葬式の段取りや仕事の割り振りを決め、また弔問客の挨拶を受けた。葬儀の手順は、通夜（注）・納棺・出棺・野辺送り・（穴掘り）・埋葬・帰途と続く。葬儀方法は、甲州と大差ない。ただし、終了後に近隣の人に食事を振る舞う「ご苦労振る舞い」などの慣習はない。顕著な相違は、甲州に比して、近隣の葬儀への関与が希薄な点にある。このような地域のあり方が、津軽と甲州の「地域ぐるみ選挙」の差異として生じたといえよう。

（注）津軽の現在の葬式が、甲州と大きく異なるのは、亡骸を荼毘に付した後に通夜を行なう点である。

会社ぐるみ選挙

この列島においても「ぐるみ選挙」は旺盛である。「ぐるみ選挙」があまり効力を持たない津軽選挙に比して、甲州はじめこの列島の多くの地域では、「ぐるみ選挙」は「地域（ムラ）」内にとどまることがなかった。企業や組合にも波及していったのである。

「企業ぐるみ」選挙としては、甲州においては、株式会社富士急行の事例をあげなければならない。富士急行は富士山麓を中心にした地域で、運輸、観光、不動産、遊園地などの事業を営んでいる、甲州を代表する会社の一つである。社長は、創業者の先々代の堀内良平、先代の堀内一雄、そして三代目の堀内光雄（一九三〇〜二〇一六）、さらには光一郎と続く親族の経営する「同族会社」であるが、その三代とも代議士であった（光一郎の妻で、現在代議士である堀内詔子を加えると四代になる）。

選挙において社員は一致団結し、その結束力の強さで企業軍団と呼ばれている。社員は社業そっちのけで、県内を東奔西走する強力な選挙を展開してきた。また同社の労組も選挙カンパを呼びかけるなど労使一体の選挙協力体制を築いてきた。その結果、一九七六年十二月の「ロッキード選挙」には、父・一雄の後継者として立候補した堀内光雄は、初陣にもかかわらず、四位当選を果たした。だが、企業ぐるみ違反が摘発され、社員を指揮した運輸部長ほか五八名が検挙・逮捕され、六〇〇人が飲食物の提供を受けたとして告発された（『山梨日日新聞』一九七六年一二月一五日）。

労組ぐるみ選挙

労働組合だって負けていないのが甲州選挙である。甲州選挙には「三日選挙」という言葉がある。社会党衆議院議員を七期（一九四九～一九七六）務めた小林信一を支援した山梨県教職員組合（山教組）の選挙運動の在り方を称した選挙語彙である。

その選挙運動は、投票日三日前から集中的に、教員が児童・生徒の保護者などに電話で投票を働きかける。この熱心さの裏には、管理職昇進などのニンジンがぶら下げられていた。労組役員経験者でなければ管理職になれないシステムが構築されていたのである。校長―教頭―一般教員という学校ぐるみの選挙形態が完成していた。

そもそも山梨県知事選は、保革連合によって当選した知事が少なくない。吉江勝保を破った天野久、その天野久を破った田辺国男、さらに田辺知事を破った望月幸明と、現職知事が自民党寄りになると引きずり下ろし、新知事を誕生させたのである。その手段が「保革連合」であったが、そのおりに革新の中軸として活動したのが山梨県教職員組合であった。その論功行賞が、労組による管理職昇進システムであった。日教組では右派に属し、労使協調をよしとしていた。

このシステムによって組合の人事権は強まり、選挙活動を熱心に行なう組合員が多かった。一九八三年暮れの第三十七回衆院選では、社会党公認の田中克彦が、投票日三日前に山教組の梃子入れで劣勢を挽回し当選した。さらに一九九〇年二月の第三十九回衆院選でも十四年ぶりに山教組内候補者・輿石東《こしいし》（一九三六〜）を擁立し、初陣であるにもかかわらず三位当選を成し遂げた。輿石はその後に参院に転じ、民主党幹事長となり「参院のドン」と呼ばれ、副議長にも就任した。なお、このおりの選挙では、管理職による輿石候補への組織的カンパが行なわれた。これは「労組ぐるみ」というより、厳密には「学校ぐるみ」の選挙資金捻出方法であった。

企業ぐるみ選挙

しかし、この列島のすみずみまでを鳥瞰すると、「ぐるみ選挙」はことのほか多い。「ぐるみ選挙」が、国政で問題化したのは、一九七四年七月七日のいわゆる「七夕選挙」、田中角栄政権下の参院選挙であった。そこで田中角栄のカネと権力をもじって「田中金権選挙」ともいった。宮田輝、山口淑子、山東昭子などのタレント、地方区には吉田実・富山県元知事らが立候補した。何としても勝たなければならない角栄内閣が案出したのが「企業ぐるみ選挙」であった。自民党幹事長・橋本登美三郎は、「自由社会を守るために」（四月一五日付）と二百社の企業に選挙協力依頼の手紙を送った。

それまでも官僚出身候補者は、関連企業が選挙運動を引き受けるのが通例であった。だが、この七夕選挙は、露骨であった。タレントの山東昭子（三二歳、自民・新）には、日立グループ、コカ・コーラ、ヤクルトなどが支援した。日立では、本社在勤の部課長四〇〇人に山東のポスターを配布し、自宅に持ち帰らせた。山東と日立の関係は、山東の親戚である朝日新聞社副社長などを務めた下村宏（海南）と日立の創業者・小平浪平が親しかったことによる。そのこともあり、山東は一二五万票以上を取り、五位当選を果たした（注）。

（注）しかし、企業ぐるみが効果を発揮しない事例がないわけではない。総理府出身の坂健（自民―新）には、この選挙（一九七四年七月七日の「七夕選挙」）で三菱グループが割り当てられた。組織の三菱は、大久保三菱電機会長が中心になり、反共意識を煽り、グループ傘下の二十七社の会長・社長・副社長などトップクラス一〇七名をまとめ、グループ内だけで五万の後援会支部を作り、一支部が二〇人ずつ、計一〇〇万人以上の会員を集めた。支部長には課長以上の管理職が当たり、社員一丸となって票起こしを行なった。系列の下請け会社には、優位な立場を利用して運動の強制なども要請した。トップの大久保会長も、三菱グループとは縁もゆかりもない候補者のために、特別の秘書を雇い、北海道から九州まで全国を飛び回った。そのため英米からは「何でも売る日本企業」と揶揄される始末であった（『毎日新聞』一九七四年七月五日）。

しかし運動期間中に社員から内部告発文書が出され、有権者はおろか三菱グループの社員もトップの思惑通りに投票しなかった。三菱グループの工場が林立する長崎県においてさえ最低一万八五〇〇票を見込んだ票が六〇〇〇票も少なかった。坂は五一万五六四一票にとどまり、全国区五十九位（五四人中）で落選でした。「組織の三菱グループ」もコケて企業イメージを大きく下げる結果に終わった（『毎日新聞・夕刊』一九七四年七月九日）。

服《ぶく》忌選挙

この選挙では、「ぐるみ選挙」を横目でにらみながら、組織とは無関係、そのうえ一切選挙運動さえしない「意地悪ばあさん」の候補者もいた。タレント候補といわれた青島幸男（一九三二〜二〇〇六）で、前回の一九六八年七月の参院選で初当選。今回は「六年間の私の政治活動に対する信任投票」を唱え、選挙中に海外に脱出、金も体力も使わずに当選した。選挙期間中の三週間を、夫人とともにヨーロッパ旅行で過ごしたのである。これは選挙をコケにした無手勝流とでもいえようか。碁でいえばハメ手である。選挙活動といえば、新聞広告、テレビ・ラジオの政見放送、それに選挙広報だけであった。にもかかわらず一八三万二七八七票で全国三位当選を果たした。

ただ、この青島の選挙活動は、民俗的に見れば、「ブク（服忌）」に服したということになる。政治活動は穢れる。そのケガレを払う「忌期間」が選挙だとすれば、青島参議員は忌潔斎（精進潔斎）に入ったといえよう。四年間の政治で身は汚れた。その政治のケガレを浄めなければならない。政治の「世俗」を離れ、潔斎する必要があった。潔斎の方法には、食事の別火も、籠ることも、滝行も、また賽銭もある。あるいは、神域からの「逃散」も、その一つである。

甲州富士吉田市の富士山のお山じまいに行なわれる「火祭り（鎮火祭）」では、この祭り期間中、氏子領域でブク（死者などの不幸）のあった家では、その家人は祭りの領域（神域）から出ていなければならない。その民俗事例を適用すれば、青島の身が政治に汚れていたかどうかは別にして、世俗（政治）の垢を流すための潔斎が、神域を脱出することならば、この「選挙活動」も神意に適ったものであろう。

その一方でケガレを払拭するのに、莫大な財産を放出する民俗もある。厄年のケガレ落としである。津軽五所川原では、「男の四十二、女の三十三のお祝は、昔は大勢の親戚や知己を招きドンチヤン馬鹿騒ぎをして二日も三日も酒盛をつづけたものであつたが、今は神主に厄払ひの祈禱を行つて貰ひ、宴会の費用は公共事業や慈善事業に寄付するやうになつた」（『五所川原町誌』三二六頁）。選挙祈願神社として著名な青森市内の広田神社も諏訪神社も厄除け神社として名高い。

甲州でも厄除け祈願は行なわれている。著名なのが甲府市湯村の塩沢寺の厄除地蔵祭りである。二月十三日の夜から十四日にかけて、地蔵堂に安置されている地蔵菩薩像が耳を開き、各人の願いを聞きいれ、厄難を逃れさせてくれるという。願いがかなうと、翌年に歳の数だけ団子をお礼に供えた。

選挙をこの「厄除け」習俗と見なすと、選挙期間中に忌み籠る（海外脱出し選挙運動を一切しない）のも、カネ（賽銭）をばら撒くのも、神社で潔斎するのも、「選挙の厄」を払う手段としては何ら変わらないことになる。

ともあれ津軽には、選管そのものを掌握し不正を働く「選管ぐるみ」はあっても、甲州などに顕著な住民に共同規制を強いる「地域ぐるみ選挙」の慣習はいたって少ない。「村八分」の慣習が根強かった津軽にもかかわらず、選挙で「村八分」が少ないのは、ムラの内部構成の在り方や、相互扶助組織が地縁ではなく血縁のマキ単位あることなどが、その要因であるといえよう。

それに比して、甲州をはじめこの列島の多くの地域に構成員全部に共同規制をかける「地域・労組・会社」ぐるみがことのほか多いのは、ムラ―村組―組―隣保組（班）という地縁による地域の組織化が貫徹し、それが「五人組」の伝統などを受け継ぎ、相互監視の役割を担っていることが要因の一つであろう。

第十章　オヤコ選挙と骨肉の戦い

本章では選挙と「族制」の問題を扱う。族制とは、家、家族、親族などの関係性をいい、具体的には血縁関係や同族・親族、擬制的親子関係、隠居・分家、さらには家格、家督・家名の相続・継承などをいう。民俗学のジャンルでは「社会構成」とか「社会伝承」の分野になる。

世襲議員

政治家には、ことのほか世襲の議員や首長が多い。とりわけ津軽選挙は、それが顕著である。津島文治は、父親・源右衛門が衆議院議員・貴族院議員をつとめたので、直接選挙区を継承したのでないから厳密には世襲とはいえないが、政治を生業の一部にしたので「世襲議員」には変わりがない。さらに娘（陽）婿の田沢吉郎（一九一八〜二〇〇一）や弟（太宰治）の娘（園子）婿の津島雄二（一九三〇〜）、その子・淳（一九六六〜）らも代議士になっている。

また、津島の青森県政でのライバルであった竹内俊吉（自民党）（一九〇〇〜一九八六）は、戦後衆議院議員を三期（一九五五〜一九六三）務めたあと、一九六三年三月に青森県知事に転じて、四期十六年間をつとめた。長男・黎一（一九二六〜二〇一五）は、父親の地盤と後援会を譲り受け、父親の辞任した九ヶ月後の一九六三年十一月の第三十回衆議院選に出馬、初当選し、以来十期つとめた。現職知事と現職代議士の二人三脚が十六年間も続いたことになる。

同様に、木村守男（一九三八〜）は、衆議院議員を四期務めたあと、一九九五年青森県知事に転身し、その地盤は息子の木村太郎（一九六五〜二〇一七）が引き継いだ。ここでも現職知事と現職代議士の関係が、八年間も続いた。なお守男の父親・文男も県議・衆議院議員であったので、三代にわたっての代議士一家ということになる。

参議院議員を三期務めた山崎力（一九四七年〜／自民党）も、祖父は衆議院議員・青森県知事を務めた山崎岩男（一九〇一〜一九六四）であり、父は参議院議員・環境庁長官を務めた山崎竜男（一九二二〜二〇〇九）であった。こちらも三代にわたり国会議員ということになる。田名部匡代（一九六九〜／民進党）参議院議員も、父は農林水産大臣を務めた田名部匡省（一九三四〜）である。

県議となるとさらに多くなる。現知事・三村申吾（一九五六〜）も、祖父三村泰右が県議会議長、父三村輝文が県会議員であった。その父親と県議会で同席する関係が八年間ほど続いた。

戦後の民選知事は、津島文治（三期）、山崎岩男（二期）、竹内俊吉（四期）、北村正哉（四期）、木村守男（二期）、三村申吾（四期〜）の六名であるが、北村正哉以外は、国会議員や県会議員の政治家を父親ないし息子にもっている。また知事の任期も一期で終わることなく、長く継続し、「政治家は家業」の要素が強い。

〈青森県知事在任期間〉

	名前	在任期間	在任	備考
初代	津島文治	1947年4月～1956年6月	3期	2回途中辞任、衆院選出馬
2代	山崎岩男	1956年7月～1963年1月	2期	2期目途中で病気辞任
3代	竹内俊吉	1963年3月～1979年2月	4期	息子黎一は衆議員
4代	北村正哉	1979年2月～1995年2月	4期	5期をめざすが、木村に敗北
5代	木村守男	1995年2月～2003年5月	2期	女性スキャンダルで辞任／父親は文男、息子太郎はともに衆議院議員
6代	三村申吾	2003年6月～	4期～	衆議院議員を辞し出馬。父親は県会議員

〈山梨県知事在任期間〉

代数	名前	在任期間	在任	
初代	吉江勝保	1947年4月～1951年4月	1期	2期目に天野に負ける
2代	天野久	1951年4月～1967年2月	4期	5期目に田辺に敗れる
3代	田辺国男	1967年2月～1979年2月	3期	4期目に副知事望月に敗れる
4代	望月幸明	1979年2月～1991年2月	3期	3期のみ
5代	天野建	1991年2月～2003年2月	3期	天野久の三男
6代	山本栄彦	2003年2月～2007年2月	1期	2期目に横内に敗れる
7代	横内正明	2007年2月～2015年2月	2期	3期目は不出馬
8代	後藤斎	2015年2月～	1期～	

それに比べると、甲州では世襲が少なく、また知事在任期間もことのほか短い。国政・知事レベルでは衆議院議員と知事を務めた田辺国男（一九一三～二〇〇五）が、その父・七六《しちろく》（一八七九～一九五二）が戦前の政友会幹事長を務めた代議士であったので、世襲といえばいえなくもない。しかし、期間が戦前と戦後であり、また選挙地盤を直接に受け継いだわけではないので、厳密にはその範疇には入らないであろう。天野建は、天野久の息子であるが、その地盤を直接継承したのではない。知事になったのは、二十四年間も過ぎた一九九一年のことで、狭義には世襲議員とは言い難い。横内正明も父親が韮崎市長を、弟が県議をつとめたが、こちらも世襲とはいえまい。

知事の任期も四期の天野久が最高で、五期をめざしたが落選している。田辺国男も四期をめざしたが落選した。ということで、民選知事では四期が最高で、ほとんどが三期までである。

国政では、世襲の例外が甲州企業を代表する富士急行（株）を母体にした堀内家ということになろう。堀内良平―一雄―光雄―詔子と続いている。副総理をつとめた金丸信でさえ、みずからの地盤を息子に譲るよう後援会（久親会）幹部が進言したが、首を縦に振らなかったほど「世襲」、「家業としての政治家」には懐疑的であった。また親子で同時期に知事と国会議員を務めた事例となると皆無である。

親子選挙

選挙民も世襲には厳しい。たとえば、一九八三年四月の統一地方選挙において、甲州の県都・甲府市長選と山梨県議選に出馬した河口親賀（六八歳）、真樹（四二歳）親子には、悲劇が待っていた。

父親は、「無尽市長」といわれ、無投票で四選が確実といわれていた。しかし、同時期の統一地方選挙に息子（真樹）を県議に立候補させ、甲府選挙区（定数一〇人）で二位当選させた。しかし、二週間後に行なわれたみずからの市長選においては、この「親子選挙」に支援母体であった県議団などから「市政私物化」との反感が集中した。それを受け、革新（社会党）勢力が分裂し、社会党県連委員長の原忠三（六六歳）が急遽立候補して、「身内同士」の戦いが繰りひろげられた。

河口は「私怨選挙」と反論したが、五万七二三九票対四万九〇四九票と、八一九〇票の大差で四選を原に阻止されてしまった。雪辱を期したつぎの一九八七年の市長選も両者の戦いであったが、息子は県議立候補を取りやめたが、にもかかわらず二万票以上の大差をつけられて二回目の敗北を喫し、政治家としての道を絶たれてしまった。甲州選挙は、基本的には議員の世襲には冷徹であり、「政治家は家業」というわけにはいかないようである。

ただ、議員の世襲化に対する反応は、津軽と甲州では相違があるものの、選挙運動には血筋の力は不可欠である。一般に候補者は、まず身内をかためる。身内とは、①家族であり、②父系の同族であり、母系の姻戚である。③そのほか血のつながりはないが、地縁組織のジルイや擬制的親子・擬制的兄弟関係も、また④使用人も同様に重要になる。それらは総合して⑤「オヤコ」という。津軽ではオヤグマキと呼ぶこともある。

一、家族

家は、家族の住む場所だけではない。生活の場であるとともに、ムラの構成要素でもあった。ムラの共同作業は家単位で行なわれた。イエの継承は、この列島の多くでは一子残留による直系家族で、長男が跡取りとなり、家の財産や家督（祖先祭祀）などを継ぐ長子単独相続が一般的であった。

津軽の親族語彙

津軽は親族呼称が豊富、かつ多彩である。父親はオド・テデ・アヤ・アッパなどのほか、とくに宗家（本家）の当主などは、アニ・オ（ト）ドなどと呼ばれ、そのうえ統帥権の強い「家父長制」が維持されてきた。「カマドモチ（竈持ち）」ともいわれ、その地位の象徴が囲炉裏の座であった。土間から見て正面がヨコザ（横座）で、家長専属の座であった。ここにすわることは、檀那寺の住職以外は許されなかった。無頓着に座ると「猫と馬鹿者はヨコザにねまる」とか「ヨコザさねまれば米買わせる」といわれ、嘲笑され、非難された（『日本の民俗・青森』一五〇頁）。その地位を一括相続・継承するのが長男で、アンサ、アニサマ、アニサ、アンペイなどと呼ばれてきた。

二、三男は、オジと呼ばれ、家庭内では長男に従い、勝手な行動は許されなかった。多くのことは家長（長男）により決定され、その指示を受けなければならなかった。家庭の事情で「借子」に出されても、その収入は家長に直接支払われた。結婚も家長が反対すれば成立しなかった（『金屋郷土史』五八頁）。太宰治のいう「オズカス（叔父糟）」である（『津軽』）。

長男の嫁はアンニのほか、ホトケマブリなどという語彙もあった。祖先祭祀を任されているという意味である。二、三男（オジ）は、オンジカスとかオンズ、ヤヅメなどと呼ばれ、労働に従事したが、その嫁も家長の嫁とは区別され、オジョメとかオバコ、オンバなどと呼ばれて、その地位は低かった。

主婦は、アッパとかアバ・オガサ・カッチャ・ヘラなどといわれた。オガサは家長を意味するエヌシ（家主）の変形である。ヘラは米をすくうシャモジのことである。食物の管理・分配のほか、家の財務一切を取り仕切る権限を有していることを意味する語彙である。またイエは、古くはイへで、イは発語で意味はなく、へはヘッツイ、つまり竈のことであるという説もある。これらの民俗語彙を見る限り、家の管理、とりわけ食料の配分をつかさどっていたのが主婦ということになろう。

年老いて家長や主婦権を息子や嫁に譲ることをエヌシワタシとかヘラワタシ、カマドワタシ（カマドワダス）などといった。ゴチ（家長）から長男には枡に銭を入れて渡し、嫁には枡と鍋の蓋が渡されたというが、相続権は死ぬまで離さないのが一般的であった。それゆえ家屋敷や田畑などの不動産名義をいくらか長男に書き換えることがあっても、財布（現金）は年寄りが最後まで握っている例がきわめて多かった。民俗学者・竹田旦は、それゆえ「家長権相続」の儀式や、相続後の隠居慣行は稀で、この分野の研究・資料も乏しいという結論を導いている（「青森県津軽半島」『日本の家と村』二五二～三頁）。

津軽では、嫁の家の跡取りがなく、婿養子に入ることをムゴ・モゴ・ムコウなどといい、またカエリムコ（帰り婿）とも呼んだ。元来は結婚後、三年とか五年とか年限を区切って婿が嫁の家に同居して働き、その後に自分の家に帰る習俗である。そこで津軽では、婿養子をカエリムコと称することもある（『日本の民俗・青森』二一六頁）。

甲州の親族語彙

甲州においても家の相続・継承は、ソウリョウと呼ばれた長男が相続する長子相続が一般的であった。そこで長男をアトトリ（跡取り）、アトツギ（後継ぎ）、ソウリョウ（総領）などといった。嫁を取り、家を継ぐとオトッチャン・オトウヤン・オトウサンなどといわれた。対外的にはオッチャン・オジサン・ダンナサンなどであった。母親はオッカチャン・オカアチャン・オカアサンなどと子どもからは呼ばれ、世間からはオバチャン・オバサン、身内からはネーヤン・ネーサン、年下の場合は名前を呼び捨てにされた。

家計を任されることを「世間渡し」とか「財布渡し」などといったが、長男が小学校に上がるころに、長男夫婦に渡されるのが一般的であった。財産を渡した後も同居するが、別家をつくり隠居することもあった。なお、親が末子を連れて分家し、その家を末子が譲り受ける「隠居相続」の形態もあった。

また、男子がいない場合には、姉妹に婿養子を迎えることが多かった。子がない家では、両養子（両イリット）を迎え、「ツブレ屋敷」になることを防いだ。ムラの構成である家の減少を防ぐ意味合いもあった。そこで家を相続・継承することを「イセキ（移籍・一跡）」などといった。

婿養子

しかし婿養子は、津軽も甲州も肩身の狭い思いをしたようである。津軽にも「小糠三合持ったら婿になるな」、甲州にも「米ぬか三合あったら婿養子に行くな」という格言が残っている。婿養子には、イエやムラでの差別が待っていた。津島家を相続・継承し、衆議院議員・貴族院議員になった津島源右衛門でさえ、太宰治にいわせれば「父は金木に来て自分の木造の生活と同じ間取りに作りなおしただけの事なのだ。私は養子の心理がわかるような気がして微笑ましかった」（『津軽』）と、見下されがちな養子の身分を、実家（松木）の偉容を示すことで、払拭しようとした父親の心情に思いを馳せている。

事実、ムラ社会にあっては、差別は歴然としていた。一九五三（昭和二八）年に発生した中津軽郡千年《ちとせ》村のある集落（戸数一七〇戸）の「村八分」事件では、婿養子であることが要因の一つであった。リンゴ二箱を盗んだＫ一家に課せられた「村八分」で、「トバクと盗みはムラで処分する」という昔からの「掟」に基づいた処罰であった。

ムラの評議員二二名が打ち合わせ、部落民大会を開き、圧倒的多数で「Ｋ家を村の山に入れない」ことを決議した。このことでＫ家は燃料となる薪の調達ができなくなり、生活基盤（インフラ）が失われてしまった。そこでＫは相手側と部落総代に何度も詫びを入れたが、覆されることはなかった。

この制裁の厳しさに、Ｋの妻は、夫が他村からムコに入ってきた「よそ者」であることが、要因であると主張していた（「リンゴ盗み村八分」『毎日新聞・青森版』一九五三年九月一二日）。ムラ社会にあっては、婿養子を差別することは、階層ぬきに全体に行き渡っていた慣習であった。まさに「婿《むこ》、猫《ねこ》、啄木鳥《けらつづき》、お釈迦さんの帳面外《ず》れ」（いずれも数の中に入らぬもの）」であった（『津軽ことわざ辞典』）。

そのためか婿が、社会的に一人前以上に認められるためには、選挙は格好の機会であった。津島文治や太宰治の父・源右衛門も婿養子の身分を払拭するように県会議員、衆議院議員、貴族院議員と選挙の洗礼を受けた。また津島文治の意を受け、太宰治の娘（園子）と結婚した上野（津島）

雄二は、婿養子に入り、青森県の代議士として厚生大臣や小渕派の領袖を務めた。さらに津島文治知事の有力支援者であり、「鯵ヶ沢二人町長」を演じた中村清次郎も船持ちの網元（津軽ではオヤカタという）に「ムコウ（婿養子）」に入った。

甲州もご多分にもれず、婿養子に厳しい社会であった。祭りや行事の下働きは、「オイツキ三年ムコ五年」と言われてきたムラが少なくない。オイツキとは、そこで生まれ、育ち、結婚し、イエを相続継承した人物である。それゆえ政治家になる婿養子も少なくなかった。

金丸信の祖父（宗之助）、父親（康三）ともに養子婿で、父親は県会議員を務めた。戦後の知事では山本栄彦もイリットであった。義父は、甲府市長を務めた山本達雄であり、本人は、甲府市長を三期務めたあと、義父を超えて知事の座（二〇〇三～二〇〇七）に就いた。婿養子という微妙な心情が、ひのき舞台である選挙、さらには政治家への道を進ませた原動力になっていた、と理解して間違いあるまい。

二、同族・姻戚

津軽の同族組織―マキ

同族とは、本家―分家―孫分家というように血筋のつながりをもとにした家連合である。津軽では、マキ・マギ・シマキなどと呼ぶ。ときには本家の苗字や屋号を用いて○○マキ（例斎藤マキ、成田マキなど）と呼ぶこともある。系譜の本源となる宗家をダイホンケ・オオホンケ・ソウホンケなどといい、直接の本家はホンケ・オヤ・オオヤ・オオヤケなどという。分家は、エッコ・ベッケ・ブンケ・ブンケのブンケなどという。そのほかマキ（オヤグマキ）には、非血縁分家なども加わることがある。ごく少数であるがカリコ（借子・仮子）などの年期雇用者である。

津軽のマキの多くは、数戸、多くても十数戸の家の連合体にすぎない。そのマキを同じ青森県内の南部地方の同族組織（シマキ）と比較すると、その組織の脆弱さは顕著である。南部では同族をシマキといい、オオヤ（本家）とカマド（分家）、ケライカマドで形成する。カマドはオオヤとは血縁があり、ケライカマドは非血縁である。奉公人（名子）が主家から分家を認められ、宗家から名字をもらった家である。この集団が、南部のシマキ（ミマキ）で、多くは十数戸〜二十数戸で一集団を形成し、農作業から冠婚葬祭までの相互扶助を担ってきた。

津軽のマキも基本的には相互扶助の単位であったことには変わりはない。葬式もマキが中心になって執り行ない、本家が全体を差配し、マキの男性が道具作りや穴掘りなど、女性が料理などを担当する。葬式同様に農作業をはじめとする相互扶助は、総本家の当主（オド）が統率者として差配することが多い。しかし、同族神（仏）を持ち、年に一、二度の同族祭祀を主宰し、マキ全体で集合するようなことはない。盆・正月に本家に出向いて「仏さまに水をあげにいく」程度なのである。

オモダチ政治

集落内の政治は、マキごとではなく、マキを分断する形で行なわれてきた。階層による支配で、集落のオオヤケ筋（重立）が集落の共有地の所有と管理を独占し、行政をも動かすことが多かった。たとえば、戦前の西津軽郡車力では、マキの宗家（オオヤケ）筋が、自作農・小地主で重立層を形成していた。その下に中間層のチュウカ（白作中農）、下層のコヤケ（小作層）と村落の階層が三つに分かれていた（『青森県西津軽郡車力村大字車力実態調査報告書』一〇〇頁）。すなわち集落の行政は、上層のオオヤケを中心とした重立層が動かしていた。第二章で見た金木町の例でいえば、高橋家（池屋）と津島家（山源）の「御両家政治」につながる形態である。

そのこともあって、ハカショ（共同墓地）は、集落に二ヶ所存在するところが多い。階層で分かれていたのである。たとえば北津軽郡市浦村（現五所川原市）脇本集落も上下二ヶ所にある。下のハカショが古く、そこには重立衆が多く埋葬されている。また北津軽郡中里町（現中泊町）深郷田集落では、善導寺（浄土宗）境内にムラの共同墓地があり、他宗派の人びとも埋葬されているが、マキごとに墓地が区画されているわけではない。

マキの機能も、高度成長期以後、農作業が機械化されるとともに労働の相互扶助機能は薄れ、さらに経済的な金融支援も行政や金融機関に移行することによって、マキの機能・結合は次第に弛緩していった。残った儀礼的（冠婚葬祭）な相互扶助も地域組織（組や自治会など）へと暫時移行する傾向が強く、その機能は縮小されていった。この時点で、マキは解体へと向かっていたのである。にもかかわらず、そのマキが再結束する要因になったのが、戦後の公的な「行政選挙」であった。

マキの延命

一九五八年に刊行された南津軽郡尾上町『金屋郷土史』には、次のような記述がある。「マキは政治的関係に最も強く現われ選挙を通じて結束を固めるのである。（略）そのため強力な結束が要求され本家の家に全員召集されて本家の指図に従って行動するのである」（『金屋郷土史』六六頁）。

また中津軽郡相馬村（現弘前市）を一九七六年度に調査した札幌大学も「県議会議員、村議会議員、農業委員、農協の理事・監事などの選挙に際しては、マキ内の協力がみられる。したがって、『本・分家の数がなければお金がかかる』という謂れからも、マキの構成員が多いほど有利である」（『青森県中津軽郡相馬村大字紙漉沢実態調査報告書』八六頁）と指摘している。

このことは、同大学が前年度（一九七五年）に調査した西津軽郡車力村大字車力においても「日常においては正月、盆等の挨拶程度」のマキ同士の付き合い・結合であったが、戦後の「選挙」で強化・再生されることになった、と見なしている（『青森県西津軽郡車力村大字車力実態調査報告書』一七六頁）。選挙こそが、マキの延命に手を貸したのである。

甲州の同族組織―イッケ

甲州では、本家―分家の家連合組織をマキ、イチマキ、イッケ（イッケシ、イットウ）、ジルイ（ジワケ、ジシンルイ）、アイジ（エイジ）などと呼んでいる。一般には、渡辺マキ、田辺イットウ、加賀美シンルイなどと称することが多い。宗家をオオヤ、ダイホンケ、オウソウヤなどという。直接の分家は、ブンケ、ベッケ、シンヤ、ワカレなどといった。

分家を出すときには、家・屋敷のほか田畑を分け、自活の途を用意した。本家―分家の集合体である同族団は、その多くが同族神仏（北巨摩郡ではイエージン（祝神）という）を祀り、年に一ないし二度の祖先供養を兼ねたオヒマチを持ち、同族の結合を高めている。

事例を示しておこう。富士吉田市大明見集落のイッケシの場合である（『大明見の民俗』）。ここでは同族団をイッケシないしイッケ、シンルイなどと称している。イッケシは、数戸からはじまり数十戸（一集団のみ百数十戸）単位の家連合体である。「規約書（議定書）」を持ち、独自の神仏を祀り、年に一～二回、神仏の祭りとオヒマチ（共同飲食）を行なう。檀那寺もほぼ同じ、墓地も同一場所が多い。

「議定書」を紐解くと、同族の出自のほか、団結、相互扶助、親睦、名誉の発揚などが謳われている。祀る神仏は、同族団の始祖（祖先）や守護神（渡辺綱や鎌倉源五郎景政など）であったりする。祭日は個々の同族団ごとに別個であり、祠堂はオオヤ（宗家）の屋敷や旧屋敷跡などに建立されている。神（仏）事は、神主（僧侶）によって行なわれ、終わるとオヒマチということになる。かつてはオオヤ宅で、費用はオオヤの持ち出しで行なわれていたようであるが、今日ではオオヤ宅で行なわれることは少なく、ヤド（輪番制の当番の家）や料理屋を会場に催されるのが一般化している。費用も会費制であることが多いが、それでもかつての名残であろう、オオヤや古い分家筋およびオダイジン（資産家）は、神仏への供物などの名目で別個に金銭や酒類を納めるのが一般的である。

同族団は、このような祖先供養の集まりのみで終わっていたわけではない。現在の葬儀は地縁をもとにした隣保組で執行するのが一般的であるが、かつては同族組織内で実施していた。その残存形態であろうが、今日でもイッケシの葬儀には、同族団のオオヤ（総本家）がデッバッテ（出張って）行き、喪主を飛び越え、弔問客のお悔やみの挨拶を上席で受ける仕来りが残っている。オオヤがデバッテいなければ、この家はオオヤもないのかといってさげすまれることもある。

墓地はムラの共同墓地（背戸山）があり、そこは同族ごとに区分けされ、オオヤを高所にして分家順に亡骸は同族の領域内墓地に埋葬されている。また分家が家を新築するおりにも、上棟式には同族のオオヤが、その家の当主よりも早く屋根に上り、餅まきをする慣例も残っている。

この同族団は、姓を同じくする父系の血縁網で結ばれているようであるが、それのみではない。父系血縁以外の姻戚や非血縁の家も含むことが多い。姉妹も家の姓で分家（婿取り）すれば同族団に加入することになる。また他郷からムラ入りした者（タビノヒト・キタリモン・ヨソモノ）や奉公人などにも門戸が開かれていた。この場合には、多くはワラジをぬいだ（世話になった）家（ワラジオヤ）をオヤブン家として、親分子分関係を結び、加入するのが一般的であった。

イッケの延命

津軽のマキと甲州のマキの違いは、規模そのものの相違もさることながら、根本的に違うのは、同族神を持ち、その祭祀を同族で協同して行なっているかどうかという点である。津軽では、祖先の系譜をもとにした祖先供養を行なったり、同族の守護神となるような神仏を祀ることが、ほとんど見られないのである。津軽のマキは、労働力交換を主にした相互扶助組織の色彩が強い。それに反して、甲州の同族組織は、同族神仏を祀り、精神的一体感を重視している点にあろう。

にもかかわらず、津軽同様に選挙は、同族が一丸になり、同一候補を推すことにかわりないのである。上述の富士吉田市の農村部である大明見集落には、二十組織を超えるイッケ・イッケシ・シンルイ（同族団）がある。その一つ柏木シンルイは、独自で市議会議員を当選させる基盤があり、大家の当主を長く市議会に送り出してきた。だが、弱小のイッケシなどでは、当選させるだけの基礎票がないため、同族組織の枠を超えて、他イッケシと合従連衡して「新基会」や「宮信会」などという組織をつくり、選挙に臨んでいる。イッケシ内の議員の当選は、利益誘導の政治的効果だけではない。自己内イッケシの名誉でもあり、イッケシの団結をさらに促す効果も期待できる。こうして選挙を媒介に、衰退するはずのイッケシの結合が延命されているのである。

町場（下吉田）においても例外ではない。一九五五（昭和三〇）年四月の市議会議員の選挙のおりに田辺イットウ（イッケシ）は、田辺オオヤ（本家）の当主を擁立し、第二位（八四三票）で当選をはたした。これは当時のイッケシの六二世帯を母体に、さらに姻戚や取引仲間を加えた票であったという。これを機にイッケシが選挙に積極的に介入することになったといわれている（『地方都市の生態』）。それ以後、富士吉田市においては、イッケシを無視するような選挙はあり得ない状況が続いている。

姻戚

しかし、同じシンルイでも、同族と姻戚は異なる。姻戚とは、婚姻を媒介に結ばれた親族関係である。姻戚は、津軽ではオヤグ、甲州ではエンルイなどと呼ぶが、津軽も甲州もともにシンルイと呼ぶことが多い。津軽では「縄の切れ端とシンセキの切れ端はすてるな」という格言が残っている。シンセキ（オヤコ・オヤク）のつながりを、甲州以上に大切にし、相互扶助を重要視した俚諺といえよう。しかし、その一方で津軽にも、甲州にも「マキは末代、シンルイ（姻戚）は三代」ということばが残っている。同族に比べて姻戚の付き合いは淡白ということである。とくに甲州では「エンルイは三代でアカノタニン」といわれ、同族に比して姻戚の付き合いは長くないのが一般的である。

だが、選挙／政治は別で、姻戚は即効力を持っている。津軽の新田開発地域にあっては、同族

（マキ）も姻戚も同等の付き合いをすることが多い。相互扶助組織として、同族も姻戚もともに重要であった。そこでオヤグマキという民俗語彙が発生することになる。同族と姻戚を束ねた関係性で、オヤとコのマキ、オヤコの契《ちぎ》りに基づくマキ、すなわち同族と姻戚を含むグループということになる。

このオヤグマキの膨張を図ったのが、青森県の民選初代知事・津島文治であった。息子康一を後継者にできなかった代わりに、娘婿・田沢吉郎を県議・代議士に育て、また姪である園子（太宰治の娘）に婿を迎え、津島雄二として代議士・大臣の道を開いた。これが、政治家のオヤグマキ形成である。

甲州選挙にあっても姻戚は重要で、金丸信が盤石な選挙基盤を形成できたのも、知事天野久と姻戚になったことが大きい。金丸の最初の妻は、天野知事の次男の嫁と姉妹であった。また、金丸は、みずからの長男に、竹下登の長女を迎え、姻戚になることにより、竹下を総理大臣に担ぎ、みずからも自民党のドンへの道を歩んでいった。小沢一郎も竹下登の実弟亘と姻戚になるので、金丸信・竹下登・小沢一郎の三人は同じ閨閥で括れるわけである。このトライアングルが一時期の日本の政治を動かしたのである。さらに、これを列島全体にひろげれば「政治閨閥」となり、政略結婚によって、一族の子弟、子女を結婚させ、強固な関係性を構築し、隠然たる権力を掌握する。この門閥形成こそ、政界に隠然たる力を確保する手段になるのである。

三、擬制的親子・兄弟関係

オヤコには、擬制的親子・義兄弟関係を結んだ人物（家）も入る。擬制的親子（兄弟）関係とは、実の親子や実の兄弟でない者同士が親子関係や兄弟関係を結ぶことである。といっても親分や兄弟分と同じ家に同居することはない。この親分子分関係は、甲州に多いが、津軽には皆無といっていい。逆に兄弟分関係は、津軽に多く、甲州にはほとんど見られない。

親分子分

甲州の親分子分関係は、婚姻時に締結することが多く、親分には集落内の社会的・経済的有力者（本家筋やお大尽など）を求めた。元来は、弛緩した本家―分家関係（同族）を再度強固にするために締結されたものであったが、同族以外の家との関係にも用いられるようになり、戦前には、地主―小作関係にも適用された。戦後の民主主義体制は、このような関係性を崩壊させるものと考えられていたが、「選挙」を通して再生・強化された面も少なくない。

戦後の親分子分慣行は、地域組織を離れて、結婚式の仲人にシフトを移していった。新婚夫婦の社会的後見人としての役割が強くなり、地域の有力者や会社の上司、さらには政治家に依頼する場合が多くなった。政治家も集票機関としてこの慣行を利用した。後援会組織の中核に組み入れ、祝言の親分を引き受け、子分は選挙では強力な実働部隊の一員として活躍した。

たとえば金丸信の後援会では、この組織を「信寿会」といい、金丸夫婦が結婚式で媒酌人（仲人）をしたカップルの集まりで構成されている。一九八三年の段階で、県内には少なくとも百七十組が存在し、選挙では機動部隊として活躍した（『甲州人』六八頁）。
逆に、金丸のライバルであった田辺国男のオヤブンは「山梨日日新聞」社長の野口二郎で、知事・田辺を「クニオ」呼ばわりし、実子のようにかわいがり、支援した。中尾栄一（一九三〇〜）のオヤブン（仲人）も野口二郎で、田辺が代議士から知事に転じたあと、その地盤を引き継ぐように第三十一回衆院選（一九六七年一月）で初当選した。

兄弟分

津軽の兄弟分慣行「ケヤグ」については、すでに第四章でもふれた。ケヤグとは、兄弟分を誓った仲間内のことであり、男は「兄弟分のケヤグ」、女は「姉妹分のケヤグ」といった。マキに表れるタテの階層性でなく、ヨコの絆を重視した「兄弟契り」の間柄であった。とくに兄弟姉妹が夭折したおりなどに積極的に相手を見つけ、盃を交わした。

締結式には、親の兄弟（伯叔父）や当人の兄弟姉妹などが参列し、祝言なみに酒・肴が出て、飲み食いをし、契りを結んでいる。締結した兄弟分の兄・弟の関係は家格の上下ではなく、あくまで双方の年齢によるもので、その関係性はフラットなものであった。日常生活での往来、農作業での労働力の交換（ユイッコ・クミッコ）、冠婚葬祭の義理などはいうまでもなく、相手が亡くなったあともその家とはしばらく行き来があった。締結者も一人のみならず二、三人いることもあり、それは一九六〇年代まで行なわれ、機能していた（『日本の家と村』）。

津軽では兄弟分の慣行は広く村落に根づいていたが、親分（親方）子分（子方）慣行はほとんど見られない。逆に甲州では、親分子分関係は戦前には、ほとんどの集落で行なわれていた慣行である。そのため津軽の田沢吉郎代議士の後援会内部では、同年齢者が「吉郎」と呼ぶことも少なくなかったという。そして、逆に甲州の金丸信後援会では、年長者であっても金丸を「オヤジ」と呼んだ。ここにも兄弟分（ケヤグ）と親分子分の慣行の残存が見え隠れしていたといえよう。

四、使用人

イエには、主家に雇われて家事・家業・生業に従事する者もいた。津軽のカリコや甲州のオリコなどである。

借子

カリコとは、カレゴともいい、漢字では仮子・借子などの字をあてることが多い。年季奉公人であったが、南部の「名子」とも違う。名子制度は、家対家の慣習であった。主家（本家）への従属と庇護の関係である。労働力の提供に対し、家の生活全般の庇護を保障した。こちらは甲州の親分子分関係と類似した制度であった。

津軽のカリコは、十二〜十三歳の貧農の子弟が、口減らしと農事見習いのために住み込み、年季奉公人として働いた。賃金は当初は年米四俵、十七〜十八歳で八俵、二十歳を超えて十俵が一般的であった。主家の土間の二階のマギで寝起きし、朝飯前の馬草刈りから夜なべ仕事まで一日中働いた。一日の仕事量をワッパカといい、西津軽郡川除村（現つがる市）では、藁仕事では四斗入り米俵十二俵、草鞋十五足などを編んだ。それ以上の分は、カリコの「トッタシゴト」（「ホッタ（へそくり）」ともいう）として個人収入となった。

年間の休みは、正月の七日間、小正月七日間、旧五月のサナブリ（田植え終了の農休み）三日間、オイヤスミ三日間、虫送り一日、送り盆三日間、ヨミヤ（ムラ祭り）二日間、ほどであった（『日本の民俗・青森』一五三頁）。十年以上も住み込んでも、分家させてもらうことはごく稀で、また「借子を養子に迎えることはなかった」（『青森県西津軽郡車力村調査報告書』〔『常民第三四号』〕一一二頁）。

この借子と主家は、青森の民俗学者・森山泰太郎によれば、契約解除後の関係性は、長く継続することはなく、冠婚葬祭に借子が、呼ばれたり、呼んだり、また庇護や労働力を提供することもほとんどなかったという（『日本の民俗・青森』一五三頁）。そこで甲州の親分子分関係のように「子分衆」が、選挙のおりに選挙違反を覚悟の上で、実働部隊の一員として粉骨砕身するようなことはなかったようだ。

織子

甲州では、商家や機業などに年季奉公人がいた。たとえば絹織物（甲斐絹）が盛んであった郡内地方では、駿州方面から織子《おりこ》を雇うことが多かった。多くは家族経営であったため、家族の女衆とともに機屋で働いた。高度成長期以前には、朝六時前に起き、すぐ工場に入り、機を織り、朝食を済ませ、午前中いっぱい休まずに働き続けた。昼食後もすぐ工場に入り、三時の「お中入りのお茶」をとったあと七時頃の夕飯まで働き、食べるとまた十時ころまで働き続けた。そのあと風呂、洗濯と、寝るのは十二時をすぎることもあった。給金は悪くなかったが、辛い仕事であった。そのため、国中（甲府盆地）地域では、子どもが泣くと「郡内に（女工）やるぞ」というのが口癖で、すると子どもはすぐに泣きやんだという。

年期が明け、年頃になると「雇用主の機屋の娘」として、近在に嫁して行くこともあった。そのおりには、「実子」として結婚道具一式を雇用主が揃えて、送り出すことが多かった。そして、婚姻後もオヤコとして、またイッケシ（同族）の構成員としての付き合いをすることが少なくなかった。選挙でも票は、確実であった。

五、オヤコ・オヤグマキ

以上の家族・親族・姻族・擬制的親子・兄弟分、雇用人の関係の総称を、津軽ではオヤグマキ（ギ）ないしオヤコ、甲州ではオヤコということが多い。選挙は、その隠れたオヤグマキ・オヤコ発掘の機会にもなった。詳細に探れば、村落の狭い世界にあっては、人びとはなんらかのつながりがあるわけで、拡張すればすべてがオヤコ（オヤグマキ）ということになる。

八紘一宇

金丸信の叔父、小宮山清三（一八八〇〜一九三三）は、「消防の父」といわれ、その組織づくりに尽力し、「一村一家」を唱え、人びとのつながりを重視した。

また、津軽の選挙祈願の神社として知られている広田神社（青森市）境内には、明治百年を記念し「千鶴萬亀之碑」が建立（一九六八年四月）された。その碑には「廣ク会議ヲ興シ萬機公論ニ決スベシ」などの「五ヶ条の御誓文」の文字が刻まれている。わきには「八紘一宇」の石碑があり、世界は一つの家、家族である、たがいに仲よく生きていこう、と呼びかけている。

これらの文言や碑文を念頭におきながら、選挙活動中に家々の関係性を手繰り寄せればどこまでもつながり、この列島すべてが一つの家の中にあるというオヤコの「共同幻想」が成立する。

そのようなオヤコ関係の世界のなかで戦われる選挙では、津軽の「親子選挙」や「世襲選挙」、「オヤグ選挙」は、有効的に集票に機能した。だが、その一方で甲州ではときには負の要因になり、「親子選挙」や「世襲選挙」を拒絶する現実もなくはなかった。

マキの規模も結束も津軽と甲州では違う。規模と結束力では、甲州のほうに分がある。しかしながら、それは基礎票においてのことで、二者択一のような市町村長選では、逆に結束力の強いマキ組織への反発が、他のマキに強く作用することもあったようだ。その結果が、甲府市での革新陣営を真っ二つにし、「(河口)親子選挙」を阻む一因となったと見るべきであろう。だが、津軽選挙も甲州選挙もともに、「オヤコ」確認の儀式が集票につながり、選挙を通して人びとの紐帯を強める契機になったことにかわりない。

骨肉の争い

ところが、オヤコ関係が破壊され、家族や親戚同士が分かれて相争う選挙も少なくない。スジ(血筋)やトウ(血統)でありながらも、調整ができなくなると、骨肉相食む争いということになる。血が近いだけに近親憎悪の感情は激しくなり、選挙は熾烈を極め、悲惨このうえなくなる。

霊峰富士が見下ろす甲州の村々の選挙の事例を挙げておこう。悲劇的であったのは、一九九六年四月の南都留郡道志村長選であった。元村長のSと教育長を辞めて立ったKの一騎打ちとなった。カネのかからない選挙を呼びかけたK陣営の完敗に終わったが、悲惨なのは選挙中、Kの妻が亡くなったことである。妻は相手陣営に付いた実兄に協力を呼びかけ、実家の前で選挙カーのマイクから「大きいお兄ちゃん助けて」と絶叫したままその場に倒れ、帰らぬ人となったのである（『朝日新聞・山梨版』一九九六年一一月二八日〜一二月二一日）。

イトコ同士の激しい選挙戦も少なくない。イトコ同士の結婚をイトコガタリといい、かつては少なからずどの集落でも聞くことができた婚姻習俗であった。そのイトコ同士が骨肉相争う選挙戦を展開することがあった。

近いところでは、道志村に接する同郡山中湖村の村長選であった。一九九二（平成四）年十二月に行なわれた。元県議のT（六〇歳）と元村会議長のS（六五歳）が戦った。この二人、親が兄妹の関係にあり、ともに地元会社の社長で、そのうえ自宅も百五十メートルと目と鼻の先の位置にあった。「骨肉戦」は、相手尾行車の無線盗聴、ポイント地点での昼夜の「張り番」監視へとエスカレートし、住民は外出もままならぬ状態に置かれた（『山梨日日新聞』一九九二年一二月四日）。最終日は、候補者と支持者による湖畔の「御巡幸（お練り／桃太郎歩き）」となり、行く先々で、神ならぬ候補者の土下座をしてのお願いと家族の泣き落とし戦術が繰り広げられた（『山梨日日新聞』一九九二年一二月六日）。投票日には、寝たっきりの年寄りが投票所に車で連れて行かれ、車中から口頭での代理記載を依頼する姿もあり、投票率は九八・五一％の高さを示した。村長の椅子は、（三五五票差で）Tがもぎ取った（『山梨日日新聞』一九九二年一二月七日）。

親子間での「雌雄を決する」選挙もあった。戦後間もない一九四七年四月のことであった。山中湖村と接し霊峰富士のお山が美しい南都留郡忍野村で、舅と嫁の間で村長選が戦われた。民主党から現職の渡辺理新（七二歳）が、共産党から久保田佳壽（四八歳）が立候補した。久保田女史は、渡辺の亡き長男の嫁であり、一児をもうけていた。医師として、また農民組合の書記長として、村の民主化運動の先頭に立っての戦いであった。結果は「親子争い子が僻事《ひがごと》（道理に合わない）」でもあるまいが、一〇八二票対四五六票で、舅の勝利に終わった（『山梨日日新聞』一九四七年四月七日）。

夫婦で争う選挙もあった。一九四六年四月の婦人参政権実施後、初の総選挙であった。アメリカに留学し米国通であり、戦前二回衆院選に当選していた笠井重治（六一歳）が、夫人・とも子（五八歳）とともに立候補したのである。夫婦喧嘩別れしたのではない。ともに同席し、選挙活動を行なった。この選挙は「二名連記」の投票方法であったために、夫婦で立候補したのである。結婚式よろしく二名連記したならば夫婦ともに当選であったが、夫の河西重治は、四万四一三三票で四位（定数五）、夫人は三万七七二一票で次点とあと一歩届かず落選、オシドリ代議士の誕生とまではいかなかった。ちなみに三二名が立候補し、そのうち女性は三名であったが三人とも落選してしまった（『山梨日日新聞』一九四六年四月一三日）。

雇用者と従業員の戦いも見逃せない。なかでも著名なのが、一九六七（昭和四二）年一月に行なわれた山梨県知事選であった。骨肉の戦いと称され、誹謗中傷、そしてカネが飛んだ。現職の天野久は五期目を目指した。それに立ちはだかったのが衆議院議員田辺国男であった。田辺は酒造会社の社長、そこで丁稚・番頭として働いていたのが天野で、「主人《あるじ》と番頭」の戦いと称された。選挙は「主人」の勝利、田辺は「番頭」を知事の椅子から追い払い、みずからがその椅子に座った。

知事と副知事の争いも、甲州ではめずらしくなかった。副知事は知事が任命する知事の女房役である。その女房に反旗を翻され、戦う羽目になった事例としては、一九五五年二月の天野久知事と一九七九年一月の田辺国男知事がいる。天野は、知事二期目に郵政官僚から引き抜いてきた副知事・金丸徳重と戦うことになった。かろうじて「忘恩の裏切り者」を返り討ちにしたが、田辺は四期目を目指したとき、部下の県庁職員から抜擢した副知事・望月幸明に首を取られてしまった。望月は、反田辺派の金丸信派や革新勢力に担がれ、「忘恩の輩」といわれながらも、「下剋上」を勝ち抜いたのである。このとき田辺は辞表を持ってきた望月副知事に憤怒をぶっつけて「血で血を洗う選挙」だともらしたという。「義理」を重視する甲州選挙にあって、「忘恩選挙」がまかり通るのは、皮肉としか言えまい。

第十一章　口碑と文芸

選挙はつまらないものか。そうでもあるまい。ただたんに首長や議員を選ぶだけのものではない。世相を色濃く反映したり、人びとの心の奥深くに沈んでいた澱をかきまわすこともある。権威を逸脱し、戒律を犯し、「罪に誘われる」こともある。喜劇や悲劇が起き、民俗も継承され、文芸も発生する。民俗学では、この分野を「口承文芸」といい、民謡、昔話・世間話・伝説、謎や諺などが、その対象になる。ときには「言語芸術」ともいわれる。

選挙ソング

戦後、混沌とした選挙のなかで「選挙ソング」がつくられた。三木鶏郎作詞作曲の「選挙くせものこわいもの（せんきょ行進曲）」（一九五二年）である。

狭い日本に　八千万　親子八人　四畳半
呼吸も出来ない不自由さ　物も云えない　不自由さ
もしも僕らが　投票を　売らなきや　自由になつたのに

選挙くせもの　こわいもの

選挙曲者、恐いもの、私は読んでしばらく、戦前の粛正選挙を思い出し、権力批判の投票をすれば、とがめられるぞといわれているようで、ちょっとした慄《おのの》きを感じた。だが、この歌は、投票に行かないと、再びまた戦争が勃発しかねないぞ、そう訴えた反戦歌だったのである。私の曲解であった。

一九五二年といえば、当時の東京三多摩は、立川市を中心に米軍の基地が点在していた。基地拡張に反対する学生らが、その地、砂川に集結していた。そんな時に流れたメロディーであった。

『宴のあと』

そこを通り過ぎた知事候補者もいた。有田八郎（一八八四〜一九六五）である。理想に燃え、戦争を教訓にして革新陣営から都知事選に出馬した。一九五四年と五八年、二度挑戦したが、知事の椅子を射止めることはできなかった。

彼をモデルに三島由紀夫（一九二五〜一九七〇）が、小説『宴のあと』（一九六〇年一一月）を上梓した。プライバシー裁判となり、より有名になった。有田八郎と再婚相手・畦上輝井の関係を描いたもので、小説では元外相の野口雄賢と高級料亭の女将・福沢かづとなっている。

有田八郎は、佐渡島出身で、戦前には外交官を経て広田・近衛・平沼・米内の内閣で外相を務めた。一九三六年に日独防共協定を結んだが、一九四〇年の三国同盟には反対した。戦後は、社会党に所属し、一九五三年には新潟一区から衆議院選に出馬、当選した、理念型・理想家肌の政治家であった。福沢かづのモデルになった畦上は、時価数億円もする高級料亭「雪後庵（般若苑）」の女将であった。長野県の貧しい農家に生まれ、上京し、つぎつぎに料亭を転売しながら成り上がった。

『宴のあと』は、主人公野口が、革新政党から立候補する。かづはなりふり構わず、多額のカネをつぎ込み、懸命に応援する。カネが不足すれば、みずからの高級料亭を抵当に入れて調達し、カネをバラ撒いた。しかし、その土俗的なムラ選挙の在り方を、理想家肌の野口に叱責される。結局、都知事選は、ライバルの保守党による「中傷文書」や汚い妨害工作にあい、野口は敗北する。野口は政治から離れる決意をする。かづは、野口と別れて、保守党の黒幕などにカネの工面を頼み、再度料亭を再開させることになる。最後に筆者の三島由紀夫は、選挙の本質を野口夫婦の選挙を手伝い、支えた選挙参謀・山崎素一の手紙で締めくくる。

　思へばあの選挙がなかつたら、あなた（かづ）は幸福を得られたかもしれず、野口氏も幸福であつたかもしれません。しかし今にして思ふのに、選挙があらゆる贋ものの幸福を打ち砕き、野口氏もあなたも、裸の人間を見せあふことになつたといふ点で、本当の意味で、不幸であつたと言へないかもしれません。小生も永いこと政治の泥沼にまみれ、むしろこの泥沼を愛してきましたが、そこでは汚濁が人間を洗ひ、偽善がなまなかな正直よりも人間性を開顕し、悪徳がかへつてつかのまでも無力な信頼を回復し、（略）われわれが日頃人間性と呼んでゐるものがこの渦中で、忽ち見えなくなつてしまふ、その痛烈な作用を愛します。それは必ずしも浄化ではありますまいが、忘れてよいものを忘れさせ、見失つてよいものを見失はせる、一種の無機質的な陶酔をわれわれに及ぼすのです。（『三島由紀夫全集⑬』）

善悪の判断を超えて、人間の隠れていた本性を顕在化し、赤裸々な人間そのものを開示する。その人間に触れ合う、幸せを与えてくれるものこそ選挙である。それは選ばれし者の恍惚であり、一面無機質的な陶酔でもあるが、それこそが、選挙の賜であるというのである。

「マダム物語」

ところで、この小説『宴のあと』には、「底本」があった。和田ゆたか著『割烹料亭般若苑マダム物語』（太陽出版社、一九五八年三月）である。表題には「元外務大臣有田八郎夫人　割烹料亭　般若苑マダム物語」とある「実録本」である。

有田夫人こと輝井は、長野県の貧農の家に生まれ、最初の男と結婚したが、二児を捨て、二十四歳の時、若い「燕」に走る。だが、その「若い燕」も捨て、さらに男を食い物にしてのし上がり、「賀つら」の女将になり、保守政治家と懇意になり、さらに元外務大臣で革新の理想家肌の有田八郎と「老いらくの恋」に陥り、三度目の結婚をする。女将は、第二の夫とはまだ離婚しておらず、有田にもヤス夫人が健在であった。その女将の経歴を暴き、さらには猥褻な性遍歴やその実態までも描き、巷《ちまた》に流布させたのである。

作者は、女将の第一、第二の主人の実名をあげたうえで「現にそれぞれ平和で幸福な生活を送っておられる方々の御本名を使用させていただいたことにつき、心からお詫び申上げたい。これもひとえに〝稀代の女傑〟輝井女史を活写せんがための意図に出たもので他意なきことを諒とされたい」（「序」）と断りを入れている。そのうえでつぎのような描写が続く。

「富山君（輝井の二番目の夫）、輝井さんが浮気をしているそうではないか。しかも相手は、人もあろうに前外相の有田八郎だという話だ」

「加藤君（富山の友人）、僕もきいて知っている。しかし、今さらどうにもならんさ」

「実に非道すぎる仕打ちだよ。輝井さんが今日あり得るのも、大半は君の努力に負うところではないか。まだ籍も抜けておらず、法律的にはレッキとした君の奥さんだ。君は、口惜しいと思わんのか」

「仕方がないさ。アレの最初の御主人は若林過去治さんという人だ。過去治さんと輝井の間には可愛い二人の男の子がいた。僕と関係ができたので、輝井は御主人と子供二人を棄てて僕の下宿へ駆け込んで来たものさ。若林さんにも、二人のお子さんにも、僕は大変罪深いことをしたものだと、こんな状態になってから反省している始末なのさ。（略）輝井という女は、誠に気ままで、自分勝手で、自分の思ったことはどこまでも押し通す性分なのだ。利用価値のある間は骨までしゃぶるが、無くなったと見ると、石ころ同然に平気で棄てる冷酷無残な奴だよ。（略）」

有田と輝井はいよいよ深くなって行った。ヤス夫人をはじめ、有田の子供たちは、彼の熱心ぶりに手を焼いていた。

輝井は、子供二人を棄て、愛人に走り、利用価値のある間は骨までしゃぶり、価値がなくなれば石ころ同然に破棄する、身勝手な女。その女に惚れる理想家肌の初老の有田。この本を手にした読者は、有田への好感をなくしていくだろう。

そして、この「書かれた文芸」が、文字を離れ、人々の口頭から耳へと伝わり、噂という「口承文芸」の姿を借りて、広がっていく。結果的には「口承文芸」は、有田の選挙を妨害し、不利に導くことになった。有田は、都知事選に落選した。

怪文書・中傷ビラ

この類の本や週刊誌、文書、ビラなどを一般には中傷ビラ、怪文書などと呼ぶ。これらは「編集発行人」不明の匿名が多数を占める。中傷とはありもしないことをわざと言いたてて、他人の名誉を傷つけることである。怪文書は、意識的に相手候補を貶め、卑しめるために虚偽の情報を捏造し、その流布をはかる。中央から伝播したこの手法は、地方にも波及し、とくに甲州選挙では常套手段になり、今日では怪文書なしには選挙運動が成り立たないほどの活況を呈している。

選挙語彙としては、「中傷ビラ」「怪文書」のほか「謀略ビラ」、「悪質文書」、「狂文書」などさまざまであるが、、大量にばらまかれるので「紙爆弾」とも呼ばれている。また選挙間近に刊行されるので、「にわか新聞」とか、「盆暮新聞」などと称されることもある。内容は、中傷、誹謗記事が中心で、この内容がネタになり、人びとの口頭から口頭へと尾ひれがついて広がっていき、選挙結果を左右することになる。

特に一九七九年の四選を目ざした田辺国男と、副知事の望月幸明が激突したおりには、大量の中傷ビラが撒かれたために「グラマン空中戦」などと呼ばれた。とりわけ「にわか新聞」が、巷を賑わせた。田辺陣営からは「チャタレー夫人の恋文」（候補者夫人が公用車運転手に送ったというラブレター）なる「中傷ビラ」が流され、逆に望月陣営からは、「清潔県政が泣く、田辺県政の恥部」なる記事を載せた『山梨新聞』や「権力と金力で県民をだます田辺一派」を掲載した『新山梨』なる新聞が配布された。もちろん「にわか新聞」で、選挙後は姿を消してしまった。

青森県では「ヒボウ文書」（『毎日新聞・青森版』一九七一年四月一〇日）という。「Aは尻内駅を八戸駅に改名する運動に反対した大バカ者だ。県議選に出るより精神病院に入った方がいい」などとガリ版刷のビラ六百枚を有権者に送った事件などが、その一例である。

西津軽郡森田村では、過熱した一九八三年四月の村長選で、激しい中傷合戦が行なわれ、怪文書が出回った。なかには真実もあるようで「某村長候補が農協の不正融資にからんでいる」などの攻撃文書が出回り、四年前の公金取引銀行の変更をめぐるワイロが発覚して、逮捕された事例もある（『朝日新聞・青森版』一九八三年五月一四日）。このような「ケガの功名」もあるが、中傷ビラは相手候補の怒りを買い、選挙が泥沼化することにもなりかねない。

一九六七（昭和四二）年一月の甲州における知事選では、保革連合の新人・田辺国男陣営から現職の天野久に対して「おしめをあててシビンを持ち歩いている」などという人身攻撃があり、そのため一旦は引退を決意していた天野知事が「名誉」のために五選をめざして立候補したといわれている。

全国に目を転じると一九七六年十一月の総選挙では、共産党と公明党の相手候補のイメージダウンをねらった中傷・違反文書合戦が著名で、「共公戦争」などといわれた。二〇〇三年二月には、木村守男青森県知事の「女性セクハラ不倫」スキャンダルを扱った文書（『週刊新潮』二〇〇三年二月六日号）が流され、辞職やむなきにいたったことは記憶に新しい。

口攻撃もある。ウワサの拡散である。喫茶店などを根城に流布され、拡散し横行する。とくに醜聞は伝播しやすい。つぎつぎに増殖し、広まり、ときには人々の手を借りて散文としての力を増していき、「口承文芸」から「書かれた文芸」へと質を高めていくこともある。

選挙スローガン

選挙スローガンも、その一つであろう。甲州の事例を示すと、戦後すぐには、「婦人は純潔を守れ」（一九四六年）、「新しい日本は正しい選挙から」（一九四六年）などがあった。冷戦下では、左右勢力の対立を反映し、「日の丸の吉江か、赤旗の天野か」で知事選が戦われた。だが、ナショナリズムを鼓舞した天野の「県政を県民の手に！」（一九五一年）のスローガンが効を奏し、劣勢の天野が現職知事・吉江に約五万票の差をつけて圧勝した。

金権選挙が浸潤しはじめると「信用こそ巨万の富である」（一九五一年）、「金で選ぶな、心で選べ」（一九五二年）、「清き一票、公明選挙」（一九五二年）となる。政策では「青年よ銃を執るな、婦人よ夫や子供を戦場に送るな」（一九五三年）が「逆コース」のなかで人々の心をつかんだ。「もはや戦後ではない」が叫ばれると、因習打破の「義理人情捨て、正しい一票」、「頼みます、ダメです。選挙に義理はなし」（一九五五年）となる。議員の人柄も問題視された。「代議士になっても〝センセイ〟なんてよばないでくれ」、「この一票が政治を決める、嫁と議員は調べた上で」、「泣く候補者には勝てぬ」（一九五八年）となる。街頭演説でも身の潔白を訴える。「私は絶対におメカケをもちません。健全な家庭生活ができないような人物に、なんで正しい政治ができましょう。メカケを二人も三人ももっている人が市政壇場に堂々と登場するようでは決して正しい市政は行われません」(一九五九年)。そして最後は家族の登場となる。「私たち一家は、いま血みどろの戦いをつづけております。どうか私たち一家を救って下さい。お願いします。」(一九五九年)

雌雄を決する激烈な選挙となると、誹謗中傷合戦も熾烈を極める。一九五九年知事選では、天野久知事批判として「三選は食い逃げされる不安あり」、「三選は富める天野の総仕上げ、それ程の味があるのかと見直され」、「ボーフラの湧くに任せてあと四年」、「八年もやって又とは欲ふかし」、「あととりは未だ若いからもう一度」などがあった。擁護論は「生命がけで働いてきた人、嘘と遊びの大嫌いな人」、「天野久は公約を守ります。天野久は実行の人です」などがあった。

俚諺の蓄積

以後、この手の「口撃」はあとを絶たない。そして、甲州選挙を総括するかのように俚諺が山積みされる。「大臣様でも百姓と女を敵に回して選挙には勝てん」、「東に結婚式あれば出かけていき『おめでとう』といい、西に葬式あれば、その足でお悔やみをいう」(一九六五年)、「選挙にはカネがつきもの、カネがなければ選挙はうてない」、「選挙違反に問われれば、世間の同情票が集まる」(一九六六年)。「得票は資金量に正比例する」(一九七六年)、「甲州は、冠婚葬祭と選挙だけは派手好み」(一九八七年)、「甲州選挙はカネが飛べば人が飛ぶ」(一九九二年)となる。

行政も打ち消しに躍起になる。「黒い霧、私がはらうこの一票」、「その人は確かな人か、いい人か」(一九六七年)、「求めてはいけません、贈ってはいけません、受けとってはいけません」(一九七六年）。「詩歌標語」も出現する。一つだけ紹介しておこう。温泉で名高い西八代郡下部町の「下部町買収供応追放運動標語」である。

1、動く金にも動かぬ一票
2、供応は暗い政治のおぜん立て
3、乗りません一票いくらの口車
4、しあわせを育てる票です売りません
5、主権者の誇りを売るなこの一票
6、金より心で選べこの一票
7、供応の酒一升に悔い一生
8、買収にのびるその手は汚職の手
9、買収を絶たねば立たぬよい政治
10、一票を買う手がやがて国を売る
11、売るなあなたの心と一票（『下部町広報』一九六二年）

文芸の伸張

そして、音声を加えた「文芸（詩歌・ソング）」も加わる。「公明選挙かぞえ歌」（一九六〇年）である。

一つとや一人一人がよくめざめ明るい選挙でよいくらし（生活と政治）
二つとや二人の仲でも投票は自分の心できめましょう（自主性の確立）
三つとや見たり聞いたりよく調べ清き一票あの人に（候補者の選考）
四つとや欲にかられて目がくらみけがれた投票いたすまい（汚職政治）
五つとやいままで学んだ話し合い生かすはこんどのこの選挙（学習の実践）
六つとや昔は義理や人情やカバンの重みで選び出す（金権候補）
七つとや泣いた候補にもらいなき同情の一票国流す（同情票）
八つとややめてみたいは顔役の部落一致の無理じいよ（封建性）
九つとや候補選びは嫁選び人物政党よくしらべ（政党政治）
十とや尊い権利をすてるなよ私は国の主権者よ（主権在民）

各陣営も「選挙ソング」には熱心であった。早いところでは金丸信の宣伝歌「信ちゃんの歌」（一九五八年）が著名であるが、一九五九年一月の知事選では、事務所開きは「武田節」（天野知事）対「原爆を許すまじ」（社会党・小林信二）ではじまった。同年六月の山梨県参院選では「戦争か、平和か、闘うときが来た」がつくられた。安田敏雄（社会党）陣営から出たもので、改憲論者・広瀬久政（自民党）候補を揶揄ったもの（「木瓜《ぼけ》の木小唄」）である。

一、木瓜の木ばかりが木瓜じゃない
老人（トシヨリ）担いでソワソワと

倒れやせぬかと気をもんで
選挙するのも木瓜のうち

二、（中略）

三、（中略）

四、平和と福祉と言うけれど
だまされませんよ県民は
憲法変えれば戦争と
貧乏になるのはあたりまえ

老齢と改憲論を揶揄した「替え歌」である。本格的な「選挙ソング」も作られる。一九七五年二月の山梨県知事選のおりには、三選を目ざした田辺国男知事陣営から「田辺国男必勝の譜」（渡辺国男作・萩原徳憲編曲）が流された。出身地の塩山などの自然を織り込んだ歌詞は以下の通りである。

田野山林　緑地に満ち
辺鄙なる野村　年を逐うて豊なり
国家の安穏は　夙に願う所にして
男子の本懐は　常に窮なし
敵を知るは又　己を知るの智を兼ね

邦に事うるは則ち　是れ民に事うるの功なり
必らず塩の山　差出磯に到り
勝利の美酒を　盃中盈てん

田辺は、男の本懐を遂げ、三選を手中にし、なみなみと盃に注がれた勝利の美酒を飲み干すことができた。

選挙小説―タマ違いと武勇伝

スローガンや標語、醜聞などは、選挙民の文芸技術が「口承文芸」を経て物語と化し、作家の手で完成度の高い散文、小説として仕上がることもある。実際、津軽選挙と甲州選挙は、素材が面白いこともあり、質の高い小説を作り上げるのに寄与している。

早いところでは『石中先生行状記―人民裁判の巻』（一九四八年）がある。津軽出身の石坂洋次郎（一九〇〇～八六）の作品である。

主人公原田茂作は、部落代表委員選に出馬し、知人・清太郎を三百円で買収する。だが、清太郎は投票しなかった。そこでタマ（三百円）を返せと「人民裁判所」に訴える。ところが、茂作は清太郎に直接タマ（カネ）を渡して買収したのではない。仲介を春吉に頼んだのだ。春吉は清太郎の妻で女ざかりのシデ子を納屋に誘い、百円紙幣三枚を鼻先につきつけ「頼んだ」。春吉は女房に何度も逃げられ、いまはひとり身。同級生のシデ子は憐れんだ。同情したシデ子は、春吉に「春をひさぎ」、タマを入れさせた。代償に三百円もらった。カネは清太郎を買収する選挙のタマにはならなかった。タマ違いであった。「人民裁判所」は、シデ子に百五十円を返させ、春吉との関係は他言無用との粋な裁きを下した。買収と売春をかけた艶笑譚である。

甲州選挙が華やかなりしころ、「小黒坂の猪」（一九七四年）が発表された。甲州を第二の故郷にした作家、井伏鱒二（一八九八～一九九三）の作品である。

手負いの猪を夫を助けるために滅多切りにした武勇伝をもつ女性を、甲州選挙に担ぎ出そうとした。が、小学生の「流行の真似、させるでない」の一言で、話はそれっきりになった。「子供は呑み込みが早い」と、井伏は絶賛した。カネや流言飛語が飛び交う甲州選挙で、女性の武勇伝に傷がつくことを危惧したのである。三ページに満たない短編だが、甲州に足繁く通った作家ならではのエスプリの効いた甲州選挙批判であった。

落選小説──「山峡町議選誌」

つぎに、直木賞を取りそこなった作家の作品をあげておこう。

甲州選挙では、「山峡町議選誌」（一九五六年）がある。熊王徳平（一九〇六～九一）の作品である。熊王は甲州社会（中巨摩郡増穂町）にどっしと腰を据え、床屋家業のほか、東北などへ行商にも出かけた。

作品は、前回、部落推薦で当選した議員が、順繰りの部落推薦に反旗を翻し、再度立候補する。「部落推薦を破って、横車を押す奴」と非難されながらも、因習打破を掲げて選挙戦を戦う。選挙中には、各候補者からカネを集め、そのカネで候補者を引きずり下ろす選挙ボスの無投票工作も見られた。住民からも脅迫や迫害を受け、部落からハジキ出される。それらにめげず断固戦うが、陋習の壁は厚く高く立ちはだかる。

開票所で落選を確認した候補者夫婦は、肩をがっくり落としながら帰宅の途に就く。そんな夫婦の姿を熊王は「虹の架け橋の中へ、段々小さくなって行く、竹松と縫子の、しおれた後ろ姿に気付く者はなかった」と、因習打破に燃える候補者をあたたかく見守りながら、選挙の不条理を摘発する。この小説は、第三十六回（一九五六年度下期）の直木賞候補に推されたが、受賞は逃した。立ちはだかったのは、「六章」で言及した津軽にルーツを持つ今東光の作品「お吟さま」であった。

落選小説——「生柿吾三郎の選挙闘争」

津軽選挙華やかなりし頃の作品には、『生柿吾三郎の選挙闘争』（一九七二年）がある。津軽在住の平井信作（一九一三～一九八九）の作品である。平井は、『生柿吾三郎の税金闘争』で一九六七年度上期の直木賞候補になった。そのシリーズに『生柿吾三郎の選挙闘争』がある。

ストーリーは、農地売買の許可権を握っている農業委員の横暴や系列選挙（町長を頂点に町会議員、その下に位置する農業委員。農業委員はたいてい町会議員の子分である）反対などの農協の改革を掲げて「農業共済組合役員選挙」に立候補した主人公だが、「津軽選挙」に押し切られてしまう。借金を口実にカネを要求する仲間や、飲み食いのなかで日頃のうっ憤を候補者にぶっつける知人。主人公はじっと耐え忍ぶが、結果は落選に終わる。

おさまらない主人公は、選挙定款の不備を指摘し、津軽選挙の常套手段である「選挙無効」を訴え、県庁まで出向いていく。共産党の県議の紹介で、関係部署の職員に接し、内容を事細かに説明する。県職員は、自治省などへ問合わせ、瑕疵を認める。だが、「選挙無効」でなく、事をもっと穏便に処理するよう哀願される。が、主人公は聞き入れずに、職員を窮地に追い込む。
それから一ヶ月後、主人公は飲酒運転で事故を起こしてしまう。免許を取り消されるとリンゴ農家の生活もままならなくなる。そこで事故のもみ消しを知事に頼み込む。知事からは、逆に、共産党議員を仲介に立てたことを叱責され、手厳しい言葉で断られ、途方に暮れるところで小説は終わる。世の中、持ちつ持たれつ、世間に逆らうとまわりまわっておのれに禍いが降りかかる。そんな事大主義の教訓が、読後に残る作品である。

落選小説――「おらホの選挙」

津軽選挙を扱った小嵐九八郎（一九四四〜）の『おらホの選挙』（一九九三年）も、第百十回（一九九三年下期）直木賞候補に推されたが、受賞を逃した。小嵐は、一九四四年、津軽のとなり秋田県能代市生まれ。学生運動や社会活動家を経て、作家に転じ、一九九五年『刑務所ものがたり』で吉川英治文学新人賞を受賞している。

内容は、津軽選挙で成長し、津軽に愛着を育んだ新聞記者を主人公にした小説である。東京に本社のある超一流の新聞記者が赴任した青森支局で他社と競争しつつも、「なに、投票する人間の九割五分、選ばれる人間の十割は公職選挙法のどこかに違反しているびし」と、津軽選挙の現実に批判的であった。だが、生活に深く入り込むにつれて、「津軽の極限とも思える選挙熱の根っこに「活らしを守る」という切実なものを感じ」、「凍れる土地にしがみつく百姓の血と涙が特別に滲み込んでいる生活の防衛」たる選挙に親近感を感じつつ、記者として成長していく青春小説である。

津軽弁を巧みに駆使し、津軽選挙のメッカ「九所河原市長選」(五所川原市)を描く。題材は「投票箱すり替え」疑惑が生じた「鯵ヶ沢二人町長選」(一九七一年)などから拝借したようである。

当選御礼小説――「幸福御礼」

「最終便に間に合えば」、「京都まで」で第九十四回(一九八五年下期)で直木賞を受賞した山梨市出身の林真理子(一九五四〜)に『幸福御礼』(一九九六年)という作品がある。「政治は家業」というきる市長選をめぐる人間の関係を描いた小説である。場所は北関東のある市(河童市)ということになっているが、甲州の市長選をモデルにした趣がある。河童市は、甲州によくある異常に冠婚葬祭の盛んなところである。

そこの市長選に立候補した主人公・志郎は、妻から「もしあなたが選挙に出るんだったら、私はきっと離婚するわよ。絶対に別れるからね」と厳命されるが、出馬する。仕方なく従う妻であったが、選挙運動を行なっているうちに、選挙の魔力に引き込まれ、変貌していく。積極的に選挙運動を行ない、買収も厭わなくなる。そしてカネなどを受け取る人々を妻は、「選挙を知ると人間が信じられなくなる、人間のいちばん嫌な面を見るっていうけど、私はそうは思えないの」と否定しない。それればかりか候補者は「それに耐えられる度量を持たなきゃ、選挙に出る資格なんてないかもしれないわ」と言い切る。そして、選挙は人生三つ分が詰まった面白さと有意義さをもっていると称賛する。若いころに甲州選挙の熱風を皮膚感覚で味わった作者でなければいえない台詞である。

主人公の夫は、僅差で落選し、妻は姑と夫の代わりにすべての選挙違反の責任を取り、みずから留置場に入る決意をする。当初、立候補に反対していた妻が、選挙運動を通して選挙に目覚め、夫や姑とのいざこざを乗り越え、人間的に「成長」していく姿が、そこにはある。「無尽」と選挙買収の関連性にも描写は行き届いており、細々と年寄りを中心に続いていた無尽が、選挙をカンフル剤として若い女性の集まりに波及し、流行り出し、さらにそこが買収の温床になる様子も巧みに描いている。私たちの生活の在り方が、反映されたものが「選挙」であり、私たちがよりよく生きるためには、「選挙文化」は避けて通ることはできない関門である、とでもいいたげに小説は終わっている。

人生三つ分の楽しみ

津軽選挙も甲州選挙も、多くの人々が噂や醜聞を語ることで、口から耳へと口頭による文芸技術を導き「口承文芸（口碑＝言語伝承）」と化し、文字化され、定型化への道をたどり、物語と化し、「書かれた文芸」としての小説となった。その小説は、政治家の心の襞にもぐりこみ、政治の本質に肉薄しながら、民衆の「選挙祭り」への参加を促してきたといえよう。私たちも、選挙という「人生三つ分の楽しみ」を放棄する手はない。民俗学が開拓した口承文芸の世界は広く肥沃で、対象とする「選挙民俗」もまだまだ奥深い。

第十二章　二人の政治家——津島文治と金丸信

「民俗誌」の近時の定石では、最後の章に置かれるのが、個人のライフヒストリーである。ここでは津島文治と金丸信を取り上げた。二人は、津軽選挙および甲州選挙の雄である。この二人、ともに一九五八年五月の第二十八回衆院選で、初当選し「陣笠代議士」のスタートを切った。しかし、年齢もだいぶ離れ、経歴にも違いがあった。

津島が知事経験者で還暦を迎えた六十歳、一方の金丸は県会議員の経験もない厄年を過ぎたばかりの四十三歳の無名の新人であった。だが、国政においては、金丸が「後厄」を無事に切り抜け、「雑巾がけ」にはげみ、「桃太郎議員」として、国会対策委員長・建設大臣となり、還暦以後は党幹事長・副総理・副総裁など要職を歴任して「ドン（最高実力者）」にまでのぼりつめた。それに対し、「殿様知事」といわれた津島は三度目の「厄年」（六一歳）をなんとか過ぎたものの、大臣に就くこともなく、「陣笠議員」のままで終わってしまった。

一、津島文治

アンサ

津島文治（一八九八年〜一九七三）は、一八九八（明治三一）年一月二十日に青森県北津軽郡金木村（現五所川原市）の大地主で金貸しの家（屋号「山源《やまげん》」）に生まれた。父・源右衛門は、木造町の松木家から婿養子に入り、財を築き、一九一二（明治四五）年の衆院選で政友会から出馬、当選した。代議士を一期務めたが、カネがかかり過ぎたので二期目は辞退した。当時、候補者一人につき「多きは三万円以上、少なくとも七、八千円」が必要であったという。三万円といえば、青森県の長者番付四位であった津島家の年間納税額の「約十倍」にあたる金額であった（『津島家の人びと』八三頁）。一九二二（大正一一）年には、多額納税者の枠で貴族院議員に選ばれた。

津島文治

文治は、津島家では、三番目の子であったが、上の男児が幼少のころ亡くなっており、直系の総領（アニサ・アニサマ・アンサ）として育てられた。地元の金木第一尋常小学校から五所川原農学校（現青森県立五所川原農林高等学校）を卒業後上京し、早稲田大学政治経済学部に学んだ。大学時代は、政治評論家を志望するが、その一方で小説や長唄の稽古などにも熱心な文人でもあった。

在学中の一九二二年五月に黒石町の名門・岡崎家から妻

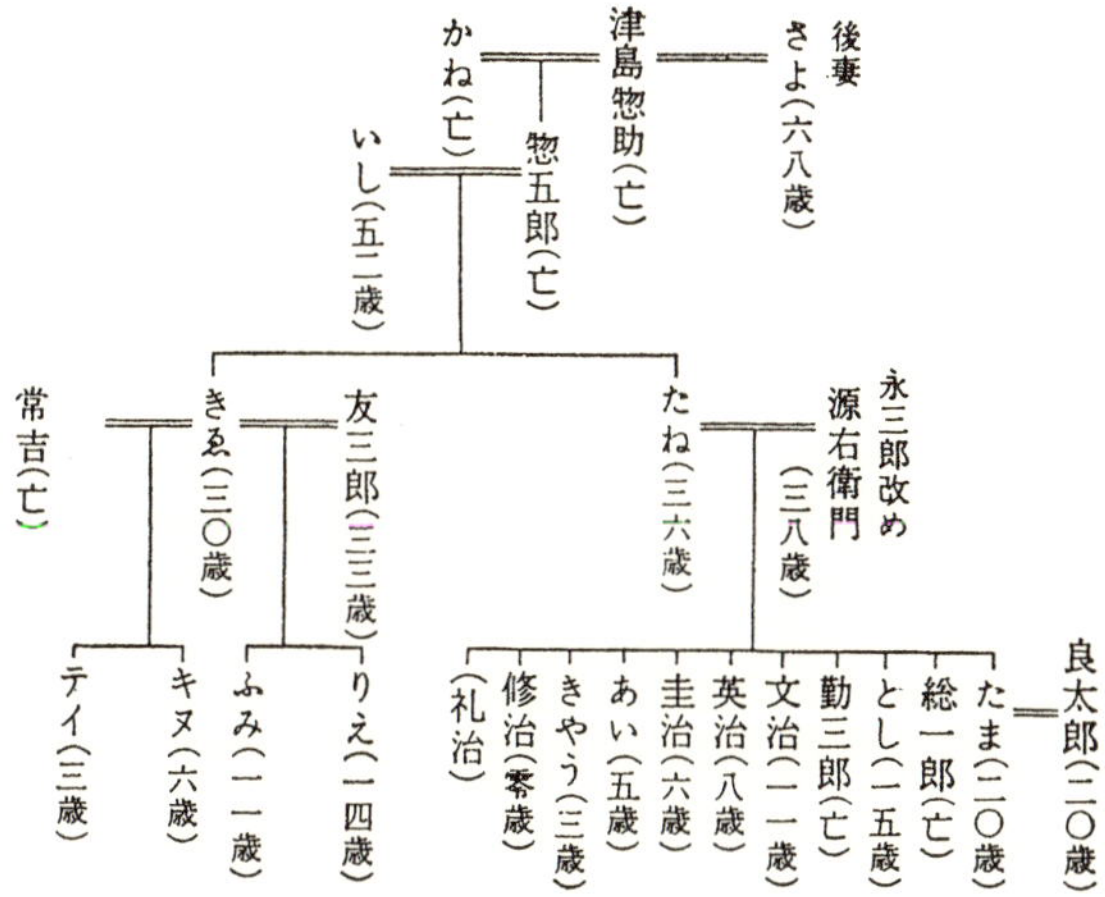

津島家系譜（『現代日本文学大系』77 巻）

れいを迎えた。宴は二日二晩続いた華やかな祝言であったという。一九二三（大正一二）年三月、大学を卒業した翌日三月四日、父親が急死したため、津島家の家督を継ぐことになった。

ちなみに、当時の津島家（源右衛門が一九〇九年に建てた「斜陽館」、太宰が生まれたころ）には、上記のような人びとが住んでいた。曾祖母（バサ）、祖母（オバサ）、父（オドサ）、母（オガサ）、叔母（ガッチャ）、長兄（アンサ）のほか兄弟、帳場（1）、行儀見習（3）、乳母（1）、女中（3）、炊事女（2）、子守（2）、下男（2）、借子（1）、通いの手伝い女（3～4）などがおり、少ない時でも三〇人を下らなかった（「性格形成の背景」相馬正一『現代日本文學大系77太宰治・坂口安吾集』三八七頁）。戸主を中心にその直系家族のみならず、叔母家族、それに奉公人、使用人などが含まれていた。

オドサ

文治は、アンサ（アニサマ・アニサ）として、このような大家族で大地主の津島家を受け継いでオドサ（家長）になったのである。津島家を継承・相続した文治の双肩には、その時点から「山源」のイエが大きくのしかかった。太宰によれば「百万以上あったでしょう、その遺産と、亡父の政治上の諸勢力を守るのに、眼に見えぬ努力をしていたにちがいありませぬ。」（「兄たち」）という。

文治は、父親の意志を継ぎ、一九二五年、二十七歳で金木町長に選ばれ、二年間つとめたあと、一九二七年九月青森県議選（北津軽郡区）に政友会から立候補した。カネのかかる選挙であった。「配って歩く五十銭貨が大量に必要になった。金木銀行が集めると目立つので、青森の銀行でかき集め、かますに詰めて、暮夜ひそかに金木に運ばせた。津島家の庭に町の力自慢を呼んでこのかますを持たせたが、だれも持ちあげられなかった」ほどであった（『津島家の人びと』一〇一頁）。「金力候補」は、得票三四四一票でトップ、最年少（二九歳）当選を果たした。県会では、「弁舌さわやかなジェントルマン」として名をはせ、「青森県の近衛公」と称された。

だが、そのころに西津軽郡車力村でも、日本農民組合結成（一九二二年）に刺激され、一九二四（大正一三）年に小作組合がつくられた。一九二六年五月には、メーデーが行なわれ、ムシロ旗には「小作人の生血を吸う鬼畜地主を倒せ」の文字が大きく書かれていたという（『津島家の人びと』九九頁）。左傾化した弟の太宰は『地主一代』（一九三〇年）を発表し、強欲で淫蕩な大地主と勤勉な小作人の抗争を描いた。

一九三〇年十一月、太宰治は、銀座カフェーの女給と鎌倉の海岸で心中事件を起こした。女性は死に、太宰は生き残った。太宰は、自殺幇助容疑で鎌倉警察署に逮捕された。『東奥日報』（一九三〇年一一月三〇日）は、「津島県議の令弟修治氏鎌倉で心中を図る」と報じた。文治は、オドサとして、家名を守るため、その人脈と政治力を行使して、太宰を起訴猶予処分にした。そして太宰を津島家から「除籍」し、津島家にこれ以上傷がつくことを避けざるを得なかった。

一九三七年四月、文治は第二十回衆院選に出馬した。政友会公認であった。青森二区は定数三のところに九人が立候補した。文治はその若さ（三九歳）と家柄もあり、一万一一八三票をとって二位で初当選し、将来を嘱望された。しかし、選挙違反が発覚し、文治はいさぎよく責任をとって当選を辞退した（注）。

当選辞退は、前例がなく、「政治道徳確立」のために代議士をやめると公言したので、「辞退居士」と呼称された。と、同時に金木銀行頭取、金木のオボスナの八幡宮の氏子総代、北津軽郡青年団長、西北畜産利用組合長などの公職からも退いた。裁判では、罰金二千円、公民権停止十年間を言い渡され、文治の蟄居《ちっきょ》生活は戦時中つづいた。

（注）摘発のきっかけは、五所川原の料亭（亀乃家）の二階から文治の選挙参謀の六郷村の村長（三上武雄）が小便をしたら、通行人にかかった。怒った通行人が警察に突き出すと、洋服から真新しい札束がでてきた。選挙事務長から貰ったと証言したことから大規模な違反が摘発された。文治は、選挙違反の容疑で五所川原署に逮捕され、留置場から衆院議員当選不承諾届と県議辞任届の二通を提出した。

津軽選挙のはしり

文治は、戦時中の謹慎生活のために、敗戦後の公職追放をまぬがれ、「国体護持・私有財産制擁護」の日本進歩党に入り、一九四五年十二月には青森県支部長に就任した。翌一九四六年四月、戦後初の第二十二回衆院選に立候補した。二名連記の大選挙区制で、青森全県区定数七名中六位で当選した。この選挙では、太宰も背広にリュックサック姿で応援に駆け回り、演説原稿を直したりした（「対談：太宰治と津島家の人々」津島康一）。太宰は嘉瀬、五所川原、木造、弘前、黒石、鯵ヶ沢とまわった。農地改革も進行し、一九四七年三月には、一町歩以上の地主の農地はすべて買収されることになった。

一九四七年四月、文治は代議士を辞し、進歩党から看板をかえた民主党から青森県知事選に「戦後の復興」と「食糧の確保」を公約に出馬した。相手は南部の小笠原八十美（「自由党」）であった。カネが舞に舞った。「津島は自分の財産を売って金を使えば、小笠原は中央から金を集めてきてバラまいた」。青森の政治に詳しい政治学者・木村良一は、「青森県の金権選挙は、この二人の政治家によってもたらされ（略）県民有権者の『たかり意識』をつくりだした」（『青森県知事選挙』一五頁）と論述する。

初代民選知事には、文治が就任した。同時期に行なわれた戦後初の県会議員選挙（一九四七年四月）では、女婿の田沢吉郎が弱冠二十九歳で初当選し、親子そろって青森県政を背負うことになった。しかし、知事就任後の一九四八年六月十九日、実弟・太宰は山崎富栄と玉川上水に入水自殺。同年六月二十六日には、家屋敷（「斜陽館」）を金木町長の角田唯五郎に売り渡した。父・源右衛門が、一九〇七（明治四〇）年に財力にまかせて建てた豪邸で、「山源」の富（地主で金貸し）と権力（衆議員・貴族院議員）の象徴であった。政治権力を掌握したものの「山源」の経済的没落は誰の目にも明らかであった。

知事になった文治は、「殿様知事」と呼称され、ワンマンぶりも目立ったが、「新しい青森をつくりあげる」との公約を掲げ、「企画室」を設置し、県の開発や冷害に強い稲の品種改良（水稲の冷害防止）などに取り組んだ。

一方、農地改革ではGHQから求められた供出米を書類操作でごまかした「空券事件」や職員の汚職事件などが相次いで発覚し、多難を極めた。メタンガス開発や財政確保のための県営競馬場などの運営も思うようにいかず、またドル箱であったリンゴにさらに税を課す「リンゴ二重税」の廃案や、県職員の昇給問題などで県財政に悩み続けた。逼迫する県財政では、ケチケチ型の緊縮財政をとる以外なく、陳情に来た地域住民にも歯切れよく応えることができなかったという。二枚舌を戒めていた結果でもある。そのため三期九年あまりの任期中に、二度も任期途中で辞任している（「津島文治」『青森20世紀の群像』二〇四頁）。

清廉一徹

文治が在職中に行なった業積といえば、八戸市の馬淵川河口に火力発電所を誘致し、今日の八戸の発展のもとを築いたことである。「津軽に薄く、南部に厚かった」政策は、津軽人の不評を買い、「津軽の殿様が、南部の知事になった」といわれた。地元への利益誘導政治とはかけ離れた政治を行なったのである。

文治は、清廉潔白な憲政擁護運動の尾崎行雄を信奉していた。尾崎は一九一二（明治四五）年、東京市長を辞したとき、当時の金で十五万円も借金を残していたといわれている。文治はこのことに感心して、政治家の鏡とし、「政治をやって財を成すなどとは下の下だ」（「人間性を磨かれた『雌伏十年』」『清廉一徹』二〇九頁）と言ってはばからなかった。

文治は、入ってくるカネには潔癖であった。その一例が、米内山と戦った知事選のおり、青森銀行が政治献金として五十万円を陣中見舞いとして届けた。受け取った事務所幹部は、叱責され翌日に返しに行かされたという（『清廉一徹』二一　頁）。

公私のケジメも徹底していた。知事時代に東京出張中に風邪をひいて一日旅館で休んでいたおりに、その分の旅費を出納に返すなど通常では考えられない潔癖さであった（渡辺喜与志「秘書から見た津島先生―厳しい公私のケジメ」『清廉一徹』二二七頁）。そのため自宅「斜陽館」（敷地六百坪）を持ちこたえることができず、売却したのをはじめ散財につぐ散財であった。

知事時代の文治は、「津軽の殿様」と呼ばれていた。ワンマンであったが、「人柄が端正にして気品を感じさせていた」（『津軽・斜陽の家』五三頁）。その一方で話術が巧みで、鰺ケ沢町を遊説中の車中で「女泣かせの中清《なかせい》候補」などと軽口も叩き、僚友候補者を困惑させる茶目っけの一面もあったという。県政野党で批判を展開した社会党論客・米山内義一郎は、その津島を「本県政治家の中で最も理性的な尊敬すべき異例の存在である」（「胸を借りた恩義」『清廉一徹』六八頁）と、その人柄と高邁な理想、政治的英知を高く評価した。

津軽の殿様

一九五四年十一月に三選を果たした文治は、知事職をわずか一年半で辞職した。県財政の悪化を喰い止めるために提出した「県職員の定期昇給を二分の一に抑える」議案が、県議会与党から反対されたのが、主な理由であった。

知事の座を去って二年半の一九五八年五月、第二十八回衆議院選に出馬した。弟の英治が金木町長選における不正問題で揺れていた時であった。選挙区は、金木町など津軽地方を地盤とする青森二区ではなく、南部地方を主にした一区からの出馬であった。青森二区には盟友の三和精一がおり、また娘婿の田沢吉郎の出馬もうわさされていたためである。文治は一区から無所属で出馬する以外なかった。それでも最下位で滑り込んだ。池田隼人の率いる宏池会（池田―大平派）に属した。

一年生議員だった安保国会では、同期の金丸信らとともに清瀬議長のボディーガード役についたが、柔道名誉七段の猛者・金丸信とは比べものにならず、議長席まで行けずに廊下でへなへなと座り込んでしまったという（「津島文治と太宰治」『清廉一徹』二〇五頁）。

一九六三年七月には八戸地域が新産業都市に指定され、一九六四年十一月には青森空港が開港、一九六〇年代末からのむつ小川原開発、と政治課題は続いたが、文治が辣腕を振った姿は見えてこない。三期目を目指した一九六三年十一月の第三十回衆院選では、落選の憂き目にあった。生涯ではじめての敗北であった。青森市と東津軽郡の票が大幅に減ったためである。要因は、国立工業高等専門学校の青森市への誘致失敗と、青森市長選での津島派内の分裂であった（『津軽家の人びと』二二三～四頁）。

一九六五年七月の第七回参院選に鞍替えして当選し、一九七一年六月の参院選にも連続当選をはたした。だが、地元の青森の有権者が陳情に行っても、積極的に関係省庁を連れまわすことはなかったという（『東奥日報』一九六三年一二月一三日）。文治は理想家肌で、清廉一徹、そのうえ知事を務めた「津軽の殿様」は、派閥の雑務「雑巾がけ」にも、カネ集めに奔走することにも、利益を地元に還元することにも、私腹を肥やすこと（蓄財）にも、積極的ではなかった。

文治が、国会で名を馳せたのは、一九七二年七月のポスト佐藤栄作総理をめぐる「三角大福」による自民党総裁選ぐらいであった。大平派を代表し参院政策懇談会を立ち上げ、反福田赳夫を掲げ、田中・大平・三木派の結集のために座長に就任し、田中角栄総理実現のために尽力した。「選挙好き」の文治の面目躍如というところであろう。

井戸塀議員

「津軽の殿様」は、選挙に私財を惜しみなくつぎ込んだが、蓄財の方は苦手であった。そのためもあり、国政では「桃太郎議員」になることさえできず、「陣笠議員」のままで終わってしまった。その結果、残ったものは簡素な青森市内の家屋敷ぐらいであった。それも青森駅から徒歩で三十分以上もかかる沼地を埋めた分譲地（安田近野）であった。敷地も百三十坪と、近在の家屋敷とほとんど変わらない。建物も簡素な二階建てで、一階は八畳の居間（茶の間）と六畳の仏間、あとはお勝手と納戸、中二階があり書庫になっていた。二階が八畳と四畳半の寝室であった。華美なものは、仏間にあった仏壇（現在、斜陽館に移された）ぐらいであった。建物の特徴は、流し屋根と、部屋が一階と二階が重なっていない点である。これは、寝たときに上の階の人が下の階の人の上に覆い被さらないように配慮したためだという。建物の構造上でも人が人の上に乗ることを避けた文治の平等思想の表れといえよう。

ここに知事時代から一人で住むことが多く、不在にすることが多い家のことを考え、近在への延焼を避けるために、四十ミリの消火栓用の水道管を自腹で敷設するなど近隣への配慮も欠かさ

青森市安田近野のかつての津島文治宅

南台寺の津島家墓地

なかった。その家も奥さん亡き後には人手に渡って、いまはここがかつての「殿様知事・津島文治」の「出城」であったとは想像だにできない。

そのうえ「居城」であった金木にも、顕彰碑はおろか、「井戸塀」さえも残っていないのである。墓地は金木にあるものの、埋葬された菩提寺（南台寺）の墓も、衆議院議員・貴族院議員を務めた父親の源右衛門を凌駕する大きさのものではない。

オヤグマキのオドサ

それでも津軽のアンサ（アニサマ・アニサ・アンサマ）であり、津島オヤグマキのオドサ（統領）であった。家族、一族、親戚（マキ・オヤグマキ）のことは人一倍考えていた。太宰治の文章から引用しておこう。

私が、どんなひねこびた我儘いつても、兄たちは、いつも笑つて許してくれました。私には、なんにも知らせず、それこそ私の好きなやうに振舞はせて置いてくれましたが、兄たちは、なかなか、それどころでは無く、きつと、百萬以上はあつたのでせう、その財産と、亡父の政治上の諸勢力とを守るのに、眼に見えぬ努力をしてゐたにちがひありませぬ。たよりにする伯父さんといふやうな人も無かつたし、すべては、二十五歳の長兄と、二十三歳の次兄と、力を合せてやつて行くより他に仕方がなかつたのでした。長兄は、二十五歳で町長さんになり、少し政治の実際を練習して、それから三十一歳で、県会議員になりました。全国で一ばん若年の県会議員だつたさうで、新聞には、A県の近衛公とされて、漫画なども出てたいへん人気がありました。（「兄たち」）

兄弟想いの文治であったが、「政治家を家業」に選んだ。小柄で華奢な体の文治は、晩年、健康に不安があった。そこで、自分の政治の跡継ぎを真剣に考えた。長男・康一にみずからの地盤を継いでもらいたかった。これが本音であろう。が、康一は、演劇に情熱を燃やし、跡目を継ぐ意思を持たなかった。

一九六〇年十一月、文治の娘・陽の婿である田沢吉郎（一九一八〜二〇〇一）が第二十九回衆院選に二区から立候補したときには、文治の盟友・三和精一も四選をめざして出馬し、ともに当選した。文治は、大っぴらには田沢を応援することができなかったが、田沢の当選を大いに喜んだ。田沢は、以後、十二期連続当選し、その間に国土庁長官、防衛庁長官、農水大臣などを歴任した。

さらに、弟・修治（太宰治）の長女園子の婿に上野雄二（津島雄二）を迎え、後継者にと目論んだ。雄二は、東京出身、東京大学出の大蔵官僚であった。一九七二年九月、文治の申し出を雄二は承諾し、住所を青森県に移した。文治は、参議員青森地方区からは自身を、衆議院青森一区から津島雄二を、二区から田沢吉郎を、との夢をいだいた。

だが、一九七三年五月六日、青森市の自宅で文治はこの世を去るのである。享年七十五、死因は老衰に肺炎、一説では栄養失調ともいわれた（『津軽・斜陽の家』一五頁）。葬儀は、十一日、青森市の市民会館で、津島家と自民党青森県連の合同で行なわれた。

香典候補

葬儀では「お手次寺」(元来の檀那寺)の中里町東松山真勝寺の住職・東山堯正が導師をつとめた。浄土真宗大谷派の寺であった。喪主は長男の康一、葬儀委員長は竹内黎一(衆議員)自民党県連会長であった。自民党本部からは、田中角栄首相の代理として自民党総務会長鈴木善幸が葬儀にかけつけ、また派閥宏池会会長大平正芳外相の弔辞を山梨県(甲州)選出の衆議員内田常雄が代読した。ライバルであった竹内俊吉青森県知事も弔辞を捧げた。参列者は一六〇〇人にのぼり、政府からは「従三位勲一等瑞宝章」の叙勲があった。ただし、父源右衛門が亡くなったとき地元小学生に配られた「大サの麦まんじゅう」が五つ入った袋(『金木今昔物語』/『金木郷土史』)、いわゆる葬式まんじゅうが、近在の小学生に配られた形跡はない。

納骨式は翌十二日に「詣り寺」(埋葬墓地の寺)の金龍山南台寺(浄土真宗大谷派)で行なわれた。終わったあと、津島家では後継者を決めるオヤグマキ(親族)の会議が開かれた。「弔い合戦」に息子・康一に白羽の矢が立った。だが、康一は「弔い候補」すなわち「香典候補」(同情による香典としての票)になることを固辞した。祖父―父―本人―息子への世襲政治家筋の夢はかなわなかった。そのうえオヤグマキ(親族)からも、また津島派からも後継者を出すことができなかった。

三年後の一九七六年十二月の衆院選で六期連続当選した田沢は、国土庁長官として初入閣した。また津島雄二は、文治の選挙区であった青森一区から立候補した。定数四人のところに一一人が立候補したが、雄二は激戦を制し、三位で初当選した。津島家の宗家を継いだアンサ(文治)は死んだが、オヤグマキの総帥(オドサ)として、長女の女婿の田沢吉郎を代議士に育て、死後であるが、義甥の津島雄二、大甥の津島恭一、大甥の津島淳らの政治家への道を拓いた。

文治は、津島家（山源）の家長（オドサ）として、財産は守ることができなかったが、政治家一家としてオヤグマキを拡張し、家系を誇示し、オヤグマキの総領として身内から多くの政治家を誕生させたのである。これが「選挙好き」（「初代民選知事誕生の日」『清廉一徹』一三三頁）の文治の最大の功績であった。

選挙祭りの功労者

と同時に、津島文治は津軽人の選挙祭りを盛り上げ、主宰した最高の「神主」であり、功労者でもあった。アンサ／オドサで理想家肌の津島文治といえども「選挙ほど国民大衆に与える娯楽はない」（『文治先生行状記』八三頁）といって憚らなかった。選挙は祭り、その祭りは神仏への祈願を捨象すれば、最大の「娯楽」であり、最大の「消費」である。文治は、岩木川を中心とした津軽総合開発を念願していたが、みずからの手で果たすことはできなかった。また、津軽に春を呼ぶ「綱引き」や「サナブリ」を再生することもできなかった。

だが、津島文治は、一九七〇年代に祭礼化、観光化する「弘前ネプタ・青森ネブタ」（一九八〇年に国の重要無形民俗文化財に指定）以前に、ネブタの神髄を継承し、「選挙」に組み込み、「選挙祭り」として、盛大に主催した功労者の一人であった。この「津軽の殿様」の治世下でネブタの「跳人（はねと）」（踊り子）」は、笛・締太鼓・テブリガネの囃子に合わせ、「ラッセラー」（出せ／青森市など）、「ヤーヤドー」（やれやれ／弘前市など）、「ヤッテマレヤッテマレ」（やってしまえ／五所川原市など）などの掛け声を発し（『ねぶた門付の声』）、津軽選挙の大地で思う存分にハネにハネることができた。担がれた文治もまた「撰ばれてあることの恍惚と不安」を全身で受けとめたはずである。

手前がネブタで跳ねる跳子の青森市長（雑誌『津軽学』10号）

そして「山源」が搾取した富の分配、すなわち「百姓から吸い上げたものは津軽の人々に還元すればよい」（「対談：太宰治と津軽家の人々」津島康一）との一念で祝祭性の強い津軽選挙を展開したともいえよう。

つゆ草の薬用効果

しかし苦言を呈するとすれば、選挙は目的ではない。政治の手段にすぎない。そのことに文治が、どれほど自覚的であったかは、疑わしい。文治は、「政治」以前にとどまり、選挙という「宴のあと」に「つゆ草」となって、津軽平野にはかなく消えていったともいえよう。

けだし、政治とは、意見の相違や利害の対立を調整し、成員の生活を守るために権力を行使することである。その権力者の代表を選ぶのが、選挙である。近代においては、普通選挙、直接選挙、秘密選挙、平等選挙が大原則とされてきた。だが、選挙ははたしてそれにつきるのであろうか。その大原則を逸脱した津軽選挙の地で津島文治は、太宰治さえ感じなかった「撰ばれてあることの恍惚と不安」を生身の人間として、津軽人とともに味わい、「実験」したのではないか。

「実験」とは、柳田国男の民俗学では、「実際に体験」することである。「体験」とは、幾重にも重ねられてきた人びと（常民）の生の総体を継承することである。その意味を考えない限り、私たちは文治を「つゆ草」の彼岸に追いやり、津軽人が熱演し、また甲州人も再演した、この国の風土に芽生えた「選挙」の本質を摑みきることができないのではないか。

私たち常民は、万葉の世から愛でてきた「つゆ草」を、「鴨跖草《おうせきそう》」「蛍草《ほたるぐさ》」「ギイス（キリギリス）グサ」などとも称し、「青いものを添へて蔭っと涼しさを供与する料に、特に此草を選んだ」り、佐渡では目薬にも使用したという（『野草雑記』『柳田國男全集⑫』七六頁）。津軽では、その形状から「ネコのべべ（陰部）」と称し、乾燥させ煎じたものを「利尿強心薬」や「下痢薬」「整腸剤」として利用してきた（『青森県産重要薬用植物類集』）。その「つゆ草」の政治における「薬草」効果を、現代の「政治的無関心」や「選挙浄化」の妙薬として、津軽の地で見つめ直してもいいのではないか。

二、金丸信

ソーリョウ

甲州選挙の雄・金丸信は、一九一四（大正三）年九月十七日に中巨摩郡今諏訪村（現南アルプス市）

金丸信

で二代つづけて県会議員をつとめた地主であり、造り酒屋であった家に生まれた。金丸家は、在所の今諏訪では、ムラを動かす三軒の素封家の一軒で、御大尽家であり、ムラを動かす「お旦那衆」であった。資産家であり、ムラ人の面倒をよく見、ムラのことを考える家柄であった。

祖父・宗之助、父・康三は二代続く金丸家の「入婿」（イセキともいった）であったので、信は直系の男子として金丸家の期待は大きかった。地元の西野尋常小学校を出たあと、県立身延中学校（現身延高等学校）に通い、東京農業大学に進んだ。自身が広言するように「学校秀才」ではなかったが、記憶力は人より勝っていた。柔道（最終的には名誉七段）に熱中し、学生柔道連盟の代表として満州にも遠征した。また酔って暴力団風の男たちと大ゲンカをし、渋谷警察署に厄介になったこともあった。卒業後、山梨県立韮崎中学校の生物の教師として赴任し、一年後、兵役で満州へ赴くが、肋膜炎にかかり帰国した。

金丸家には、祖父宗之助、祖母たか、父康三、母とく、そして兄弟（れい、てい、信、仁、忠、孝、智義、敬、修）九人のほか、造り酒屋（金丸酒造店）の従業員十数人がいた。「若駒」や「九重」の銘柄の醸造元であった。

この地方では、一家の生活の中心となる主人を「大黒柱」などと呼ぶほか、オダンナなどともいった。オダンナが、家を代表し、家族を統括し、財産を管理した。主婦はオッカサン、オカミサン、オカアンなどと呼ばれていた。

長男は、ソーリョウのほかアトトリないし「世継ぎ」などと呼ばれ、呼称はアニーなどであった。二、三男は、○○と名前で呼ばれた。また子どもはボコと呼び、現金収入の蚕はオボコサマと称した。嫁に行くことをムカアサルといい、死ぬことと同意語であった。長男の嫁はアネ、アネヤン、ナケエ、ネーサンと呼ばれた。いうことを聞かぬ頑固な嫁をガショメと呼んだ。また親分子分関係がある時には、目上でもオヤブン家の主婦をネーサンと呼ぶのが一般的であった。子分夫婦の子は、親分夫婦はマゴと呼んだ。下男はオトコシ、下女はオバンシといった。

金丸信は、長男であり、ソーリョウ（総領）であった。家のアトトリであり、家名家督の一括相続者であった。それゆえ人びとは「信ちゃん」ではなく、「信さん」と呼んだという。総領の甚六であった。父親の兄には、「消防の父」と呼ばれ、県会議長を歴任した小宮山清三（一八八〇～一九三三）がいる。若くして池田村（現甲府市）の村長になり、「一村一家主義」を唱え、「朝鮮の父」と呼ばれた浅川教伯・巧兄弟などを庇護した文人でもあった。また美術品の収集家としても知られ、柳宗悦が木喰仏に邂逅することになった家の主でもあった。

甲州では、血筋をシンルイのほかオヤコ、ウチッキリなどといった。分家はシンヤ、ワカサレといい、二、三男が嫁を貰うと同時に家を建て畑一枚ほどを与えて近在に独立させた。また、両親が跡取りを家に残して、それ以外の子どもを連れて独立する「隠居分家」の慣習もあった。子どもが女ばかりのときには、婿養子を迎えた。ヨーシとかイリット、ムコトリ、イセキといった。

また、親分子分慣行も高度成長期までは生きており、社会的・経済的に裕福な家と旧小作人との間で締結されていた。親分子分慣行とは、実の親がありながら別の人物と親子関係を結び、経済的・社会的関係を深めるものであった。関係締結は婚姻のときで、仲人が親分というわけである。以後、親分は子分の生活上のもめごとの仲裁にかかわったり、社会的・経済的後見人として子分を庇護した。子分は親分家の冠婚葬祭の手伝いなどのほか社会的な「義理」を返した。この関係は世襲的であるが、「サカズキを返す」というように一代限りの関係性のものもあった。結婚し、親分を取ると社会的に「一人前」として認められたのであった。

翼賛壮年団活動

金丸が結婚したのは、一九四一（昭和十六）年十一月のことであった。武田軍団で名高い武川衆の在所であった武川村（現北杜市武川）の山林地主から嫁をむかえた。三沢金午県議の長女・玲子であった。二人の間には、康信、信吾、吉宗が誕生した。

金丸が公人として出発したのは戦時中の翼賛壮年団活動が最初で、ここで翼壮県団長の名取忠彦（甲府の名門名取家の女婿）の知遇を得ることになった。名取は敗戦で公職追放となるが、戦後は山梨中央銀行頭取として山梨県の経済界をリードする。その一方で名取は、実兄・広瀬久忠の自主憲法制定の考えに同調するように県内の右派政治勢力の中心者でもあった。戦後の左翼勢力の進出に強い危機感をもち、追放解除後には旧翼壮の同志とともに政治結社「脈々会」を組織した。金丸もこれに加わり、政治活動の第一歩を踏み出す。同時期に金丸は経済人として、戦時中の県酒造組合半減政策を断行した敏腕を買われ、名取から任された地場産業の葡萄酒会社（大平醸造）の再建に成功して、さらに信頼を厚くした。

一九五一年四月、第二回山梨県知事選挙に、酒造会社「笹一」社長の民主党代議士・天野久が共産党をふくむ保革連合に推されて出馬したとき、名取・金丸は天野に敵対した。ちなみに天野の選挙の裏対策としてリードしたのが、第六章で述べた林闇や竹中英太郎（竹中労の父親）であった。当選後、知事天野は「富める山梨」の実現を期して、政敵であった山梨中央銀行頭取の名取忠彦を県総合開発審議会会長に迎え、さらに名取の実兄広瀬久忠の参議院選挙（一九五三年四月）に尽力し、当選を援護、関係を修復した。

戦時中に酒造会社の統廃合をめぐって天野と対立した金丸も、名取から広瀬の裏選挙対策（注）を任されたのを機に天野に接近し、前後して天野と姻戚となった。金丸夫人（玲子）の妹が天野知事の次男（勇）に嫁いだのである。

（注）裏参謀の金丸は、相当のカネをばら撒いたようで、刑事の取り調べを受けることになった。酔っていた金丸は、警官が押収した証拠品の買収相手の名刺を五枚口の中に放り込み、証拠隠滅を図った。それでことなきを得たが、取り調べをしていた署員らは、内務官僚の大物であった広瀬久忠の命を受け、内密に釈放した、というのが真実のようである（『昭和の信玄「人間金丸信の生涯」』）。

「田舎代議士」から「野呂川話」へ

金丸は、一九五八年五月の第二十八回衆院選に、天野や名取らの後ろ盾に守られて初当選した。それもトップ当選であった。三輪車の選挙カーで連呼しながら、集まった子どもらには「信ちゃんアメ」を配り、夜にはひそかに自社製品（太平醸造）の焼酎や合成酒「和楽」を有権者に配り歩いた（『昭和の信玄「人間金丸信の生涯」』）。同僚の一年生議員には、津軽の津島文治、島根県の竹下登、山口県の安倍晋太郎らのほか、山梨県内でライバルとなる田辺国男もいた。

代議士になりたての金丸は、佐藤栄作派の「陣笠・田舎代議士」に過ぎなかった。だが、時勢が味方した。一九五九年八月の七号台風と九月の伊勢湾台風である。金丸は、災害復旧のため、支援をうけた天野知事のために県関係の補助金獲得に奔走した。初の国会質問も「災害復興と支援要請」であった。そのため「県庁の窓口」と悪罵を浴びることもしばしばであったが、山梨に二十億円余の災害特別対策費を持ってくることに成功した。

金丸の公約の一つは「釜無川右岸の土地改良」であった。金丸の在所の地域を「西郡《にしごおり》」というが、西郡の一部である原七郷地帯は「月夜にも（土が）焼ける」といわれた雨の少ない、そのうえ扇状地特有の水持ちが悪い旱魃地帯であった。水稲の栽培には適さず、麦・粟・キビ・養蚕などが主要農作物であった。

甲州には「野呂川話」という俚諺がある。「脚気の妙薬」で、できないたとえに使われてきた。山一つを隔てた野呂川の水を峠（夜叉神峠）を掘り抜いて導水し、干ばつ地帯の原七郷を潤すという計画話である。幕末から持ち上がっていた計画であるが、実現は不可能と思われてきた。その工事を山を掘り抜くことではなかったが、金丸は天野久知事と連携し、不可能なこと（野呂川話）を可能にしてしまったのである。

すなわち金丸は、天野知事と連携し、上流の御勅使川の川底から伏流水を取水し、下流に水を引くことに成功したのである。この釜無川右岸の土地改良事業によって、農地に水を供給するスプリンクラーが設置され、農業全体を大きく変え、一九七〇年代に入ってからは、モモ、ブドウ、スモモ、サクランボ、柿、キウイなどの一大果樹園地帯に生まれ変わった。金丸の功績の一つである。

安保国会でマイクを握る議長をうしろで守る金丸信（『人間金丸信の生涯』）

武闘派の汚れ役

一九六〇年五月十九日の安保国会では、自民党一年生議員二十余名が演壇に一斉に突撃した。このなかには小柄な「津軽の殿様」津島文治もいたが、議長席へ行く前の廊下でへなへなと座り込んでしまったことはすでに述べた。逆に西津軽郡鰺ヶ沢町出身力士・舞の海さながらの「八艘飛び」で清瀬一郎議長を守り、「武闘派」として華々しく登場したのが金丸信であった。

金丸は、一九六三年十二月の総裁選では、「戦闘員」として登場した。現職の池田隼人と佐藤栄作、藤山愛一郎の三つ巴戦であったが、三派の多数派工作は熾烈をきわめ、莫大なカネが飛んだ。「ニッカ・サントリ・オールドパー」と称された。ニッカは二派から、サントリーは三派から、オールドパーは三派からカネを取りながら誰にも入れない議員である。佐藤派の金丸や竹下登らは、佐藤総裁実現に向けて実弾を打つ「鉄砲玉」の役割を果たした。池田は三選を果たすが、翌年十月に病気で引退を表明、翌月に佐藤内閣が成立した。

佐藤政権では、金丸は「大番頭」の保利茂の知遇を得て、一九七二年一月には異例の抜擢で国会対策委員長に就任した。野党からも信頼を得て、表舞台でも頭角を現すようになった。「相手の気持ちをすばやく読みとって、その上手上手をゆく能力」は、甲州人気質そのまま。その手法は理念や理想など棚上げし、「足して二で割る」もので、野党の言い分も十二分に認めるものであった。この「調整役」の経験が、「金丸信はウソを言わない」、「人間関係を大切にする」として、野党との太いパイプを築く礎にもなった。そのこともあって社会党の田辺誠、公明党の竹入義勝や大久保直彦、民社党の佐々木良作や永末英一らとは家族ぐるみの親しい関係を築いた。それが五五年体制の保革伯仲状況のなかで自民党内での影響力を増し、地位の上昇に結びついていった。

ポスト佐藤の総裁選（一九七二年七月）では、田中角栄の「汚れ役」に徹し、「切り込み隊長」として田中首相誕生に大きな功績を残した。田中政権下では、初の大臣（建設）を射止め、就任会見では「誠実が第一位だ。人をだまさず、ペテンにかけず、話し合いによってことを進めて行きたい」（『山梨日日新聞』一九七二年一二月二四日）と語った。金丸は角栄の「日本列島改造計画」に基づいて「首都移転」問題に取り組んだ。そのオヤブン角栄がロッキード事件で逮捕され、田中派に批判が集中した一九八三年十二月の衆院選では、甲府の事務所開きで「リンリ（倫理）、リンリでは、オマンマ（飯）が食えない」と公言してはばからなかった。このときにもトップ当選はゆるがなかった。

オヤジの舎弟

一九七九年二月の山梨県知事選では、自民党の田辺国男知事の多選（四選）を批判し、社会党と野合して「保革連合」を成立させ、副知事望月幸明を推して初当選を勝ち取った。ポスト大平内閣のおりには、「中曾根氏が総裁になることは日本のためにならない。そのような動きがもし実際に出れば、私は体を張って阻止する。また、田中派が実際に中曾根氏を後任総裁にかつぐことにでもなれば、私は田中派を離脱する」（一九八〇年六月二一日）と啖呵を切った。だが、親分・田中角栄が中曾根支持に変わると、一転ころりと変わり「このシャバはキミたちの思うようなシャバではない。親分が右と言えば右、左と言えば左なのだ。親分が右と言うのにいやだというなら、この派閥を出ていくほかない」（一九八二年一〇月二二日／『評伝金丸信』一〇五頁）とドスを利かした。

さらに「中曾根嫌いは、日本一の金丸信だ。みんなの言っていることもわからんじゃないが、いまさらどうするというわけにもいかんじゃないか。オヤジ（田中角栄）の声は、天の声だ。オヤジも義理人情があるから、中曾根と言っているんだ。二度も中曾根を持ち出す気持ちも、わからんわけじゃない。好き嫌いじゃない。義理人情も政治のうちだ。私はオヤジが中曾根で行く以上、中曾根で行く。嫌な人は、田中派を出ていくしかない」（一九八四年九月一七日）と、オヤブンの気持ちを代弁し、従順を誓う。「忖度政治」の典型である。

オヤブンの意向の先の先を推し量り、行動するのは「機を見るに敏なる」甲州人の特質そのものであったが、ここでも威力を発揮した。そして配下の者に対しては、「再選後の中曾根さんに行き過ぎがみられれば、たとえ野に下っていようと、刺し違えてもこれを阻止する」（一九八四年一〇月二六日）と凄味をきかせる。たとえ甲州の親分子分慣行の中で育たなくとも、また一九六〇年代後半の東映ヤクザ映画で育ってきた世代でなくとも、カッコいい殺し文句に酔わずにはいられない。政治の稗史ではないかと見まがうが、まさに「壮士活劇」の練りに練った台詞が連続した。

以後、金丸は国会対策委員長（四期の経験）、建設・国土・防衛の大臣、党幹事長、副総理、副総裁など要職を歴任して、最高実力者の位置にまで登り詰めた。そして竹下政権誕生へと向かい、舎弟頭から若頭になると、「私は大自民党の幹事長だ。そんな一小派閥のことなどをうんぬんするのはさけるべきだろう。なんでオヤジのクビをもぎとることができるか。創政会は将来、オヤジの親衛隊になるだろう」（一九八五年二月七日、創政会旗揚げ）とドスを利かせ、角栄擁護を訴えた。だが、最後は「メジロ（目白＝角栄）があんまり木の高いところにとまっているから、竹下も（創政会結成を）いいそびれた」（一九八五年一月二九日）と、オヤジを裏切り、オヤコ（シンセキ）の竹下をいち早く総理に担ぎ出したのは、眼前の利益には目ざとい甲州人気質が表れたというほかない。

金丸王国

一九八七年十一月に竹下登内閣が発足すると、金丸の後押しもあって、山梨県下から中尾栄一（経済企画庁長官）と中村太郎（労働大臣）が入閣した。そして県内では、望月知事と金丸信の二人三脚で中央自動車道の整備、会場のほとんどを整備・新設した「かいじ国体」の開催（一九八六年一〇月）と大型プロジェクトをものにした。県内人口は県政史上最高の八五万二〇〇〇余人（一九九〇年）に増加、県民所得も全国十二位に一気に伸長し、製造品出荷額の伸び率が一九七七年から八七年までの十年間で二・六五倍（全国平均一・六四倍）と全国一位を示した。一九八九年には、リニア実験線の誘致も山梨県内に決定し、品川～名古屋間のリニア新幹線の糸道を付けた。そのうえ一九八八年には、NHK大河ドラマに「武田信玄」が、中井貴一主演で放映された。まさに山梨県は、「信玄」の再来で、首都圏に組み込まれ、列島の中心と化すような勢いであった。
国政でも金丸は大鉈をふるう。なかでも政界再編成と小選挙区制導入は、金丸なくして成し遂げることはできなかったといえよう。『明治政治史の基礎過程』や『星亭』などの著作のある歴史家・有泉貞夫は、清濁併せ呑んだ政治家・星亨（一八五〇～一九〇一）の足跡を念頭におきながら金丸の政界再編成構想をつぎのように評価した。

にもかかわらず、最高実力者となった金丸は、役割を終えたと見た五五年体制を清算して、政権交替可能な大枠を共有する二大政党が政策本位で争う新たな政治体制を創出する『政界再編成』を夢想した。この構想を金丸が何時から持つようになったか明確には出来ないが、ルーツは（「商人知事」といわれた）天野山梨県知事から学んだ、理念的対立を政治にとって本質的なものと見ない脱イデオロギー政治だったはずである。

一九九〇年に金丸が自民党代議士・社会党幹部と連れだって北朝鮮を訪問したのも「政界再編」への布石だったと見ることができる。前年のベルリンの壁崩壊以後、西ドイツに吸収合併を余儀なくされた東ドイツの先例を見せつけられている北朝鮮に、社会党の仲介と自民党政府の資金援助で、韓国と和解・対等合併の形を準備できるように道を開き、東アジアでの冷戦を終結させることで日米安保条約をめぐる自社両党の対立を無意味化し、政界再編への大きな障害を取り除くこと（長期的には対米依存からの脱却も）を目論んだのであろう。
さらに次のステップで、二大政党制実現を導く決め手としての小選挙区制採用に不満不安を募らせる自社両党の議員をなだめ、場合によっては引退を促す代償を提供するのに、金丸が自由に使える資金はどれだけあっても多すぎることはなかった。金丸が後見人となった望月県政下での建設業者からの「まんじゅう」「上納金」などの蓄積が、政界再編の資金だったというのは事実だろう(『山梨近代史論集』三〇九～一〇頁)。

一九九〇年代初頭、五五年体制の清算、政界再編の必要性は、ジャーナリズム・政財界でしきりに語られていた。だが、実現への具体的障害除去と有効なバックアップが可能な条件の持ち主は、野党にも太いパイプをもつ金丸をおいてほかにはいなかった。だが、北朝鮮工作の不調と、金丸が強引に保革連合で擁立したポスト望月県政を託した山梨県知事選での小沢澄夫前副知事の敗北(一九九一年)で建設業者からの「まんじゅう(一個百万円)」の資金調達面はダメージを受け、それは金丸の政治力を低下させ、やがての失脚につながった。

金丸落城

一九九二年八月、佐川急便からの五億円政治献金申告漏れによる政治資金規制法違反略式起訴で、金丸は自民党副総裁さらには衆議院議員を辞職し、郷里山梨に隠遁した。とはいえ、竹下派の精神的支柱であり、その影響力は絶大であった。その根に止めをうったのが、検察の威信をかけた一九九三年三月六日の所得税法違反での逮捕であった。財テクで墓穴を掘ったと言えるが、割引金融債券「ワリシン」だけでも、秘書―日債銀ルート二十二億、妻悦子―岡三証券ルート―二十一億などのカネが出てきたうえに、金塊数百キロ(地価数億円)なども自宅から押収された(『毎日新聞（夕刊）』一九九三年三月九日）。

結局、金丸は一九八七年から八九年までの三年間に総額約十八億五千万円の所得を隠し、約十億四千万円を脱税したとして逮捕、起訴された。東京国税局は、この三年分に加え、公訴時効は過ぎたが課税処分のできる一九八六年分についても約十五億円の所得隠しがあったとして一九九三年、総額約三十三億円の所得隠しについて重加算税を含む約二十七億円を追徴課税した（『朝日新聞（夕刊）』一九九七年三月一七日）。

金丸の失脚・引退は、政界再編の実行を金丸が託した小沢一郎を窮地に立たせ、自民党「経世会」（竹下派）の分裂を招いた。金丸が主張する小選挙区制の導入より政治にダイナミズムを生み、強力なリーダーシップを確立することで、国際社会への軍事的貢献ができる「普通の国」（『日本改造計画』）をめざすという小沢の歩みは、頓挫するかのように思われた。だが皮肉なことに、金丸逮捕に触発されて、自民党は分裂し、新生党結成（一九九三年六月）と細川内閣の成立（一九九三年八月）により、政治改革関連四法案成立（一九九四年一月、政治資金の制約や政党交付金の導入などの法律）、小選挙区制の実施（一九九六年一〇月）という結果が導かれることになる。

金丸は、結果的には、みずからの政治手法をよしとせず、自己否定するかのように集積したカネで、「利益政治に立脚した政治体制」の清算を「小選挙区制」導入で図ったといえよう。その意味では、有泉貞夫の「ただのポリティシャンではなく、戦後日本政治史に稀な器量の大きさを獲得できたステイツマンとして評価すべきであろう」（『山梨近代史論集』三二一頁）という肯定論も肯ける。だが、選挙に関していえば、「小選挙区制」は「選挙祭り」をつまらないものにしてしまった。民衆の「集合心性」や「共同幻想」の熱狂を呼び起こすことを減退させ、政治家に法外な要求を突きつけ、選挙神輿の上で揺すぶりながら大政治家に育てていく基盤を剝ぎとり、アパシーを弥漫させてしまったのである。

甲州の信ちゃん

それでも金丸は、郷里甲州では、いまでも絶大な政治力による道路橋梁整備や各種補助金の獲得など利益誘導の社会資本充実の恩人として慕われ続けている。それが政治への関心をカネや地方利益獲得に限定してしまったことは歪めないが、「昭和の信玄公」として国政を県民一人ひとりの身近に近づけたのも、また事実である。

金丸が唱えた政治四原則がある。「筋を通す」「人のために汗を流す」「人間関係を大切にする」「困ったときの相談にのる」の四つである（『人間金丸信の生涯』三八八頁）。この原則を基に金丸の後援会は活動していた。後援会は「久親会」といったが、この組織は強固で、社会党などの他党や自民党他派からは、おおむねつぎのような評価を得ていた。

金丸信は（略）人と人のつながりを大切にする。人の面倒をよくみる。約束したことは必ず守る。えらぶらない。豪放磊落な反面細やかな人情家であるから、一度金丸の周囲に集まった支持者は絶対に離れない。だから金丸の後援会・久親会の結束はまことに強固で、行動力がある。金丸を政界に送り出した最初の選挙の時に、死にもの狂いで運動をしたいわゆる直参とも言うべき人たちが、総合委員として久親会をがっちり固めている。金丸信とこれらの直参の旗本たちは、利害得失を越えた堅い信頼のきずなで結ばれている。（『山梨県知事交代』一

八九～一九〇頁）

著者・土屋要は社会党の県政イデオローグであったが、金丸の世話好き、人情家、そして行動力を高く評価したうえで、その後援会などの組織力が滅私奉公に近い絆で結ばれている頑強なものであることを指摘している。組織は、公共事業に依拠する土建業者組織「建信会」、県議会の自派組織「木曜研究会」「北辰会」、市町村長の「信和会」、市議の「信甲会」、行政関係者の「同友会」などが有機的に組み合わさっていた。たとえば、信和会は金丸支持の市町村長でつくられた親睦・後援団体であったが、一九九三（平成五）年三月現在で、六四人の市町村長の三分の二以上が加入しており、他の代議士系派閥を圧倒していた（毎日新聞一九九三年三月一一日）。これは金丸信の国政での影響力を期待し、市町村への利益誘導をはかるとともに、一方では、選挙の際は地域票の掘り起こしの拠点としても機能していた。

よろず相談

金丸信は、このような上からの組織化とともに、一つ一つの点である個人の組織化にも熱心であった。特に弱いといわれた女性の組織化には力を注いだ。一九七二年に結成された婦人後援会パンフ「女性久親会」には、つぎのような「事業計画」が載っている。

一　会員の増強
家人・隣人・知己・親戚・友人等に金丸信先生の風格と実力を訴え会員としてこの会への

多数参加をすすめる。

二　よろず相談所の開設

会員の一切の相談に応じ、執行部は本部並に金丸信先生の力によってその解決を期する。

三　喜びも悲しみも共にする。

吉（凶）の場合は金丸信先生から慶弔の意を表して頂くので連絡して下さい。

四　視察、研修

国会見学、知名士の講話聴講、観劇等の事業を行ない、同士的の結束と研修に資す。（略）

昭和四十七年十一月十日　婦人久親会結成総会

ここでユニークなのが、「よろず相談所」と「慶弔」である。地域住民の日常生活上のトラブルから進学・就職、冠婚葬祭に至るまでの細々とした相談ごとに「よろず相談所」は応えるものであった。選挙においては「どぶ板運動」ということになる。玄関前のどぶ板修理の陳情までも受け付けるようなきめ細かい世話も厭わないのである。そして「慶弔」も重視した。身近な親族の死去で心弱っているときのお悔みという人情の機微を金丸は熟知していた。それを後援会組織内にきちっと位置づけ、葬式の香典や花輪なども落ち度がないようにはかっている。

国政の政治家のやるべきことではない、との一般論はある。だが、このような有権者のこまごまとした「どぶ板要望・要請」にも耳を傾け、すばやく実現させながら金丸は、大政治家として育っていったのである。「義理の政治家」を標榜した面目躍如というべきであろう。「義理人情の政治家」金丸は、民衆の欲望を熟知し、それに応える政治手法を備えていた。これが金丸人気の源泉であり、これこそが津軽選挙の津島文治が嫌悪した政治手法であった。だが、それなくして人々が政治への興味・関心をいだくことがあるのであろうか。

ちなみに、婦人久親会結成の年（一九七二年）の十二月に行なわれた衆院選では、金丸は後援会が掲げた念願の甲府市選挙区で前回の九五七八票を五〇〇〇票以上伸ばす六割増の一万四八一八票を獲得した。以後も、選挙戦は盤石で、連続十二回当選し、県内の連続当選記録を塗り替えていった。逆に津軽の津島文治は、一九六三年十一月の衆院選で落選し、一九六五年七月の参院に鞍替えせざるを得なかった。

政治家業の否定

政治をカネや欲望と切り離すことはむずかしい。「議員バッジをいつでも捨てる覚悟」（『金丸信・全人像』三一一頁）でことに当たってきた金丸といえども、解決は容易ではなかったはずである。カネと政治を切り離す一手段として選挙制度の改革（小選挙区制実現）に乗り出したのであるが、未決の問題をそのままわが息子に継承させるわけにはいかなかった。そこで津島文治のように、みずからの親族（オヤグマキ）を政治家にすることを拒絶したのである。

金丸には、三人の息子がいる。とりわけ長男（康信）は第七十四代首相・竹下登の長女（一子）と縁組をし、その血筋を手繰り寄せれば、後継者とすることはむずかしいことではなかった。次男（信吾）もみずからの秘書として政治の道を歩ませ、その妻は西松建設社長の子女であった。資金集めにも問題はなかった。そのうえ、金丸失脚後も、甲州の金丸後援会（久親会）組織は盤石であり、金丸が後継者に息子の名をあげれば、政治家一家「金丸王国」が形成されたはずである。だが、金丸はこれを拒絶した。未決の問題を子孫に受け継がせ、政治家を「家業」にすることに反対したのである。これが、金丸が家族に残した遺言であろう。金丸は「どぶ板政治」も「汚れ役」もいとわずに大成したが、田中角栄から受け継いだみずからの政治手法を肯定していたわけではなかった。自己否定を秘めながら権力の頂点に登り詰めた政治家といえるかもしれない。

ウチッキリのホトケさん

失脚の後、故郷白根町（現南アルプス市）の自宅に隠棲した金丸は、三年後の一九九六年三月二十八日に八十一歳でこの世を去った。葬儀は三月三十日、自宅近くの曹洞宗薬聚山慈眼寺（上今諏訪）で営まれ、葬儀委員長は親類にあたる天野建山梨県知事が、親戚代表には姻戚の竹下登が、友人（コブン）代表には派閥の小渕恵三がなり、弔問客の挨拶を受けた。ここまでが甲州でいうところのオヤコである。参列者は、中曾根康弘元首相、小沢一郎新進党党首、田辺誠元社会党委員長など政界の大物のほか県内外から約六〇〇〇人の参列者があり、土井たか子衆議院議長や北朝鮮の金正日書記長などの弔辞も披露された。ただし、この国からの叙勲はなかった。

葬式は、家族同様の付き合いをする親族や近隣住民の組織体（オトブレーグミ＝弔い組、一〇戸〜一五戸ほど）であるウチッキリで営まれ、近在の多くの人が「ジンギゴト（葬式）」に参列し「オジンギ（香典）」を差し出した。香典返しは、旧来の葬式まんじゅうでもタオルや砂糖でもなく、欧州から刺繍技術を取り入れて作られた中国汕頭《スワトウ》の高級ハンカチーフであった。

四十九日の法事の際には、この地域特有の民俗である「位牌分け」が行なわれ、金丸の戒名や命日などが記された「紙位牌」が、ウチッキリに配られた。いただいた家では、これを自家の仏

高台に聳える金丸御殿

故金丸信の眠る墓地

壇に祀り、線香をあげ、オモリモン（供物）を供え「うちのホトケさん」として祀るのである。盆には「ウチのホトケさん」として、ご先祖様の位牌とともに祀った。元副総理故金丸信も、在所（ムラ共同体）では無数の祖霊の一つである「ウチのホトケさん」となったのである。そして、金丸家の墓地も自宅近くの慈眼寺境内の一角に、ムラ人とともに並んでいた。

だが、それがいつしかムラ人の墓とは隔離され、山門近くの一等地に移されてしまったのだ。新たに造成された三十二坪の広い墓地には、右に先妻の墓石が、中央に金丸自身の墓石が、そして左に後妻の墓石が均等に建てられている。生前、実父より立派な大きな墓を建てることを戒めていた金丸だが、その遺言は破棄されてしまったようだ。住居にしても、在所に井戸塀さえも残っていない「津軽の殿様」の津島文治とは違って、区画整理された道路の上には見上げるばかりの改築費約三億円（『毎日新聞』一九九三年三月一八日）の目白の田中角栄邸を模したような豪邸「金丸御殿」が聳え立っている。そこに通じる釜無川にかかる巨大な橋（開国橋）は、「信ちゃん橋」であり、その四車線の幅広い道は「信ちゃん道路」と呼ばれている。

最後の日本的政治家？

近くの公共施設・桃源文化会館前の広場には、幅二メートル、高さ七メートルを超える「金丸信先生顕彰碑」（総事業費約四千万円）が聳え立ち、甲府盆地、さらにその先の永田町を遠望している。近くの花壇にヒマワリの大輪が燦々と陽を浴びて咲き誇っており、まぶしい限りであった。ヒマワリの花言葉は「情熱」、「あこがれ」、「偽りの富」だという。今日では、原発で汚染された土壌の放射性物質を吸収、分解、無害化させる「薬草」効果も加わっている。

その「昭和の信玄公」の碑文には、つぎのような文字が躍っている。

連続当選十二回、二十四年間に亘って国政に携わった。この間、建設大臣、国土庁長官、防衛庁長官、副総理を歴任、自由民主党にあっては国会対策委員長、総務会長、幹事長、副総裁として政局を主導「政界の頭領」の異名を奉られた。郷土山梨をこよなく愛し（略）「政治は国家国民のためにある」「困る人の相談にのる」「人間関係を大切にする」「人のために汗をかく」「筋を通す」などを旨とした。（略）義理人情を重んじ、必要に応じては大胆な妥協も辞さない「最後の日本的政治家」であった。

顕彰碑に集まる支援者

金丸の甲州における足跡を振りかえると、政治とはこんなにも身近で、人びとの心の機微をすくい上げ、大胆に決断する行為であったのか、と思わざるを得ない。

しかし一方で、政治とは、なかんずく国政はこのようなものでいいのだろうか、という疑念も生じる。高い見識を持ち、理想や理念を掲げ、敵対勢力と果敢に戦い、国民を鼓舞しながら、大胆に政策を実施し、国民の共同生活を守り、より多くの人びとをゆたかにすることではないのか。そのために付与されたのが、巨大な権力と莫大な資金であり、それは国民主権下においては、私欲のために行使してはならないとされている。

金丸の評価は、毀誉褒貶、むずかしい。それは、行きつくところ、「選挙祭り」や「民俗の政治文化」をどのように判断すればいいのか、という問題である。最終的には未来に委ねる以外ないのであるが、選挙のなかに発生する民俗事象を扱った身からすれば、民俗を無視する政治などはありえない、といい切ることができる。民俗とは、人びとの生活慣習とその歴史の集積である。その民俗を政治家自身が、政治の原像として、自己の内部に絶えず組み込むことこそ、政治を国民生活から乖離させずに、健全に推し進めていく方策といえよう。民俗は、政治より上位にあってしかるべきなのである。

終章　民俗選挙のゆくえ――柳田国男をめぐって

ムラ選挙

「選挙」は、日本においては明治憲法制定以後の政治制度である。しかし、一定の組織集団において、その構成員が一定の資格要件の下で、自己の代表者を選任する「入れ札」という制度が、それ以前にも、この国にもあったことは、すでに序章で触れた。

その入れ札には、神仏を前に公正で偽りのないことを誓った上で、護符のうらに犯人と思われる人物を書いて投票する「神判」というものもあり、これを「地獄札」ともいった。これには投票した本人の名前まで記す「記名投票」もあり、個人の責任性を明確にするものもあった（「村の入札」藤木久志）（『週刊朝日百科・日本の歴史』別冊⑥、一九八九年）。

一方、欧米から入ってきた「近代選挙」も、独立した個人を前提にするもので、「入れ札」の伝統から大きく乖離するものではなかった。代表を選ぶのと、内部の犯罪者を摘発する相違はあるものの、個人の責任性を厳しく問うた投票であった。

しかし、この国の選挙は、個人の自由意思の表示を重要視する道をとらず、蛇行を繰り返し、ときには大きく逸脱することも少なくなかった。その実例が、すでに見てきた津軽や甲州の「ムラ選挙」であった。それは、ムラの生活慣習や親族関係を利用した相互扶助・共同作業的な「集団互酬選挙」であり、自立した個人による粛々とした候補者選びとは、ほど遠いものであった。

選挙になれば、選挙事務所には新しい神棚をこしらえ有力な神仏を勧請し、神仏の加護を求めた。選挙初日には神社で共同参拝、神仏祈願を行ない、選挙運動中は神輿の渡御を模した御旅所などで辻演説をし、最終日の打ち上げでは「桃太郎歩き」と称し、御巡幸（御幸）を行なって、当選すればダルマに目を入れ、万歳を唱和し、群れの興奮は最高潮に達した。

選挙活動には、個人もさることながら親類縁者や地域という血縁・地縁を重んじた集団選挙を実行した。すなわちマキ選挙であり、オヤコ選挙であり、地域ぐるみ選挙であり、企業ぐるみ選挙で、それをつなぐものは「義理」であり、情実であった。さらに頂点に国政の政治家が君臨していた系列選挙でもあり、「派閥」の「代理選挙」の色彩が強いものであった。

不正は、個人や地域集団のみならず、中立・公正であるべき選挙管理委員会などの組織にまでおよび、投票用紙の「書き換え（改竄）」や「差し替え」、「不正代理記入」などが行なわれ、開票点検中には有効票に難癖をつけ「無効票」にしたり、一方的に「選挙無効」を宣言するなど数々の暴挙が見られた。その結果、津軽では「選管を制する者は選挙を制する」などの格言を生み、公正であるべき選管が不正の温床になっていたりした。

選挙民もただ傍観しているだけではなかった。開票所に押し寄せ、選管の言動を監視し、罵倒を浴びせ、ときには開票所に乱入し、選管役員をつるし上げ、「選挙無効」を勝ち取る「暴挙」に出ることもしばしば見られた。その結果、「二人町長」がでたりする珍事も発生したのである。

選挙中は現金買収や供応がまかり通り、大量の悪銭が撒かれ、終われば報復人事や事業発注の差し止めなどが待っていた。利益供与がなされ、投資（買収）資金の回収におよんだ。負ければ、四年後まで「寝たきり・死んだふり」をして、再起を待つ以外なかった。候補者は、平時には支持者の冠婚葬祭にも足繁く通い、義理打ち（贈答）を重ね、地域の祭りなどにも積極的に参加した。

この現象を見れば、ムラ選挙が、ムラの贈与慣習や共助的な互酬を受け継ぎ、生活慣習である「民俗」を引き継いで、展開されてきたことは明らかであろう。選挙は個人としてというより、むしろ民俗の母体であるムラの共同体のなかの「群れ」や「集団」を基盤に行なわれてきたのである。

撲滅のための処方箋

このことは、序章で論述したように、すでに普通選挙が導入されたときに「国民の盲動」として柳田国男が危惧していたことでもあった。再度引用する。

今が今まで全然政治生活の圏外に立つて、祈禱祈願に由るの外、より良き支配を求めるの途を知らなかつた人たちを、愈々選挙場へ悉く連れ出して、自由な投票をさせようといふ時代に入ると、始めて国民の盲動といふことが非常に怖ろしいものになつて来る。公民教育という語が今頃漸く唱へられるのもをかしいが、説かなければわからぬ人だけに対しては、一日も早く此国此時代、此生活の現在と近い未来とを学び知らしめる必要がある。しかもそれを正しく説明し得るといふ自信をもつて居る人がさう多くないらしいのである。（『青年と学問』『柳田國男全集④』一二三頁）

この時代の経世済民家としての面目躍如たる一文であるが、ここで柳田が主張したかったのは、新しい選挙制度に連れ出された人びとへの啓蒙の必要性である。それは、ムラ共同体のなかで生きてきた、個人としての意思表示に習熟していない国民に対する教育、すなわち一人前の選挙民たる「公民教育」という一点につきる。以後、柳田は「公民教育」に尽力するために『明治大正史世相篇』（一九三一年）、『国語の将来』（一九三九年）などを上梓し、かしこい選挙民の育成に努めた。

しかし、柳田が危惧した「国民の盲動」は、それから二十年も経て、敗戦後の男女普通選挙を迎えても、いっこうに解決されるに到らなかったことが、見てきたような津軽や甲州の民俗選挙の実態を通して確認される。「盲動する国民」は、柳田の指摘と批判、啓蒙にもかかわらず、戦後高度成長期を過ぎても、ムラ社会において狂奔する選挙祭りとして生き残り、展開されてきたのである。

そのことは、柳田のこの「かしこい選挙民の育成」という課題が、ムラの共同社会が都市化をすすめていく戦後の一時期までは一貫して「一番むづかしい問題」（『柳田國男全集⑤』六〇二頁）としてありつづけたことを示している。そのため柳田は、まさに「国民的知識人」として、戦後の学校教育にも関与し、小中高の国語、小中の社会科教科書の編纂にかかわり、「よりよき選挙民の育成」に尽力したのである。

たとえば、一九五四（昭和二九）年から使用された実業之日本社版社会科教科書『日本の社会』（六年下巻）を見ると、この教科書の最終の大単元は「人の一生」である。さらに最後の小単元は「みんなが幸福になれるように」であり、その締めくくりは「選挙」となっている。

議会では公共しせつのほかにも、みんなを幸福にするための、いろいろなきそくやしくみをきめます。だから、国民の一人一人がものごとを正しく判断できる力を身につけて、りっぱな議員を選挙することがたいせつなのです。「社会の役にたつ人間になるためには、私たちがこれからも勉強しなければならないことがたくさんあります。（傍点―引用者）

ここにも「よき選挙民の育成」を教育目標にした柳田の強い理念が表れている。ものごとを正しく判断することができ、正しい選挙を行なうことの重要性を説き、子どもに学問の大切さと選挙の重要性を訴えて、しめくくりの言葉としている。戦前、戦後を通して「みんなが幸福になれるように」、かしこい判断力をもった「よき選挙民」を育成することが重要だ、という柳田の主張は一貫しているのである。

現代の選挙風景

このように見てくれば、「盲動する国民」や「群れの習性（寄らば大樹の陰・事大主義）」を克服して、付和雷同しない、的確な判断力をもった自立した選挙民の育成をめざす「公民の民俗学」（あとにもふれるように大塚英志は、柳田の学問と思想の核心をこうとらえている）こそが、ほかならぬ「津軽選挙」や「甲州選挙」を超克するもので、この行く末に国民の幸福も、あり得べき未来社会も描くことができるという結論に到る道すじは変わらないように見える。経世済民の思想家としての柳田の戦後は、この一点に学問的課題の有効性を賭けたとさえ言える。

しかしながら、ここで私たちが考えなければならないのは、本書が取りあげた民俗選挙（である津軽選挙も甲州選挙）も、戦後七十年を経て、人びとの生活の基盤をなしていたムラの共同社会が、都市的な市民社会にのみ込まれ、解体の度合いを強めていくにしたがって、変化を余儀される、新しい現実に直面していることである。津軽選挙や甲州選挙の熱狂する「祭りのあと」、やがて社会は激変の様相を強め、いまや近代選挙、とりわけ都市社会におけるそれには、これまで見てきたような民俗社会の選挙祭りの面影は遠く、その濃密な彩りは影をひそめるように変貌しているのである。

事実、津軽や甲州のみならず、全国どこでも行なわれてきた金銭による票の買収は、きびしく犯罪として摘発され、減少の一途をたどっている。ムラ社会の内部構成単位としての組の共助も、マキの統制力も、親分子分関係や兄弟分関係などの親和的な人間関係も機能しなくなり、選挙神輿に担がれ、選挙祭りを煽った津軽の津島文治や甲州の金丸信らの存在は、遠い過去のものになりつつある。

そして、彼らの存在を選挙神輿から下ろすようにして、この国の選挙制度は、中選挙区制から小選挙区制に変わった。自民党の公認候補が三人も四人も当選するような中選挙区制から、自民党候補者が一人しか当選できない小選挙区制に変わってしまったのである。このことにより、表面上は選挙祭りの競り合い、熱狂の度合いは、急速に低下することになってしまった。有権者が担ぎ、育てた神輿の神（候補者）もいなくなり、神（候補者）と神との熾烈な争いも影を潜め、有権者の熱意も、候補者の求心力も減退してきたのである。

それればかりか、都市化の度合いが進んだ地域では、有権者は、選挙演説に動員された群衆を除けば、演説に立ち止まることも少なく、選挙公報をチラリと覗き、目を走らせる程度である。マスコミの一方的な報道を受け入れ、他者と選挙について話すこともなく、頼まれることも少ない。秘密に、孤独に、分断された個としての判断を下さざるを得ない状況を「公正な選挙」として、受け入れるにいたっている。投票所にそっと出向き、狭いブースにはいり、こっそりと、静かに、投票用紙に鉛筆を走らせる。投票率も五〇％を超えるか超えないかである。選挙結果は、開票所に赴くこともなく、自宅で静かにテレビで見、さらに翌日の朝刊で知るだけである。静かで、ものわびしい開票風景が常態化しつつある。数日すれば、選挙のことは、日常の中に沈んでしまう。

ある面では、「選挙」は私たちの重要な関心事ではなくなりつつあるように見える。選挙や政治に対する関心はうすくなり、アパシーな空気は厚く立ちこめ、選挙祭りの熱狂に一役買っていた金権主義や冠婚葬祭などの義理ごとが消えていくのは必然としても、それとともに当事者としての政治意識も希薄になり、孤立した個のアノミーな集合に選挙はゆだねられるにいたったといえよう。これが、津軽選挙や甲州選挙のその後に、私たちが出会う現実の選挙風景になっている。

柳田『世相篇』の読み直し

では、このような「選挙祭り」から遠くなった現代の選挙風景は、私たち国民が、柳田がいうかつての「盲動」をいくらかでも克服してきたということになるのだろうか。「かしこい選挙民の育成」を説いてきた柳田国男の民俗学は、一定の達成をかくとくし、もうこの現実に向かいあう有効性を持ち得ないのであろうか。本書執筆を指南してくれた『明治大正史世相篇』を、もう一度開いてみよう。

改革は期して待つべきである。一番大きな誤解は人間の痴愚軽慮、それに原因をもつ闘諍と窮苦とが、個々の偶然であつて防止の出来ぬもの、如く、考へられて居ることでは無いかと思ふ。それは前代以来の未だ立証せられざる当て推量であつた。我々の考へて見た幾つかの世相は、人を不幸にする原因の社会に在ることを教へた。(『明治大正史世相篇』『柳田國男全集⑤』六〇八〜九頁)

くりかえすことになるが、経世済民の思想をみずからの学問の支柱とした柳田は、普通選挙が施行された五年後に刊行されたこの書で「公民として病みかつ貧しい」国民が、この貧苦を脱し、みずからの生活を改良していくためには、国民一人ひとりが新しい制度として導入された「選挙」を通じて政治を動かし、この国をつくりかえていく「かしこい選挙民」になる必要性を唱えているのである。

そのことを強調し、これは「第一回普通選挙の有権者の投票行動への批判として明確化され、戦時下、占領下、戦後を通じて一貫していること、最晩年、それが戦後憲法と接続されていることはやはり重要である。(略)柳田は戦後憲法を生きたものにするために民俗学を考えていた」(『殺生と戦争の民俗学』三三四頁)として、「選挙民育成の民俗学」を宣明し、「公民の民俗学」、そして「内省する社会」という構図に柳田を継承しようとしているのは、大塚英志である。

大塚の主張は、おおむね首肯しうるものである。柳田はたしかに『明治大正史世相篇』で、群れの行動について、次のようにいっている。

群に核心が無ければ団結は則ち持続せぬといふことは、既に蟻蜂以来の経験であつて、人間の思索は特に此点に関して、大きな発明を添へては居ない。我々は寧ろ群行動の興味を濃厚ならしめんが為に、強ひて無用の英雄を招請しようとした嫌ひさへあつた。（略）
此の事実は我邦の英雄崇拝主義が、可なり国民性の深い底の方まで、根をさして居ることを語るもので、（略）其の地位は幾らでも利用し得られるやうに出来て居るのである。近頃の団結の頻々たる不成功、組合内訌の群行動を無意義にして居た原因は、其の大部分は我々がまだこの新たなる選挙制度に、徹底し得なかつた弱点から発して居る。過度期の混乱時代は思ひの外永く続くものであつたのである。（『明治大正史世相篇』『柳田國男全集⑤』五八八〜九頁）

群れの統制には、それをまとめ統師する人物（リーダー）が必要であるが、かつては無用の英雄を招くこともあった。近代選挙においても、みずからの政治を任せる人物を選ぶのには、まだまだ試行錯誤が必要であり、時にはそこに生じる「群の行動」が付和雷同して「大小の幾つと無き選挙群が、単に一個の中心人物の気まぐれに従つて右にも左にも動かし得」（五九五頁）ることもあると、柳田はその危険性を指摘する。

だから普通選挙が選挙人の数を激増し、自由な親分圏外の人々に投票させて見ても、僅な工場地帯の別箇の統制を受けるもの丶他は、結果は大体に於て、以前と異なる所が無かつた。つまり我々は散漫なる孤独に於て、まだ自分の貧苦の問題をすらも、討究して見る力を持つて居なかつたのである。もしくは多勢の同境遇の人々と、如何なる方法でも結合しなければ、解決は無意義だといふことだけを知つて、しかも其方法に非常なる価値の差等があることまでは心付かなかったのである。（『柳田國男全集⑤』五九六頁）

柳田が、危惧し批判しているのは、この国に導入された地域や国の舵取りを任せる代表者を選ぶ選挙において、その候補者の能力におおきな差があり、そのことを討究する知恵と判断力と内省力を持ち得ない「群れとしての選挙民」の成熟度の問題であった。このように本書の冒頭で引用した「国民の盲動」は、危惧されたのである。

共同性への共感

以上のように、柳田は『明治大正史世相篇』においては「群に核心が無ければ団結は則ち持続せぬ」として、まとめ役としての「群を抜く力」、すなわち「英雄」（指導者）の必要性を説いている。だが、重要なのは、その一方で、前章（第十三章）においては「伴を慕ふ心」と題して第十四章とは趣を異にした一章をもうけていることである。

その章の冒頭で、柳田は「団結は最初から共同の幸福がその目的であつた」（五七二頁）と断言する。そのうえで柳田は、この章で明治新政府の領導するところに従って簇生した各種団体、ムラにおいては青年団や処女会、家政婦会、小作人組合ほか無数の団体や組合が、薄弱なる共同団結の自治力ゆえに、その目的を達せられずにいる混乱を描く。

しかし、柳田はつづけて、伝統的な「講」組織を取りあげ、信仰団体であるとともに「仲間の難儀を救う一種の共済組合」（五七六頁）の役割を強調し、さらにそれが頼母子講や無尽へと発展し、それがムラの共同作業「ゆい」と同質なものであることを説く。そして、「共同団結に拠る以外に、人の孤立貧には光明を得ることは出来ない」（五七四頁）と「共同生活」に軸足を置いて、柳田はさらにいうのである。

> 無邪気で人の言ふことをよく理解する幸福なる気質が我々を累はして居る。人の多数の加担するような事業に、損を与へるやうな原因は潜んで居るまいといふ推測、もしくは今一段と気軽に判断を他人に任せて、自分はこの一旦の群の快楽に、我を忘れて遊ばうといふ念慮は、社会の今日までになる間に、是非通つて来なければならぬ必要な一過程であつた。日本は国が一つになつたといふことを案外に新しく意識した国であつた故に、斯ういふ共同生活の楽しみも又弊害も、共に今頃になつてから、念入りに味はつて見なければならなかつたのである。（五八三頁）

他人任せにする共同生活の楽しみと弊害――私たちの歴史学は「弊害」の方により力点を置き、封建制の残存として除去の対象として、ムラ社会を描きすぎたのではないだろうか。ここでの柳田は、群れに同調するムラの共同社会を生きる人びとの快楽を否定の対象としてはいない。近代化によって、この国の生活と文化が、少しずつ、あるいはドラスティックに変貌を強いられていく過程を受け入れながらも、同時に、それまでの歴史のなかで培われた人びとの共同の生き方の核心にある「群れに遊ぶ」心情を見つめ、その歴史的役割を叙述しているのである。

すなわち、柳田は「盲動する国民」批判としてのみ、「群れ」について述べているわけではない。

ここには柳田民俗学の両義性がある。

付和雷同は普通は生活の最も無言なる部分から始まつて居る。然し所謂御付合はもう既に可なりの不便を忍ばせ、次に、御義理となるとそこに時としては苦しい程の曲従があるが、さういふ程度の共同生活をしてゞも、尚孤立の淋しさと不安とから免れたいといふ処に、島国の仲のよい民族の特徴も窺はれるのである。（五八一頁）

この列島の人びとは、孤立の淋しさや不安から、ときに「付和雷同」や「お義理に付き合い」、それが「群れ」となり、一面では「仲のよい民族性」を維持してきた。だから、

群の行動の新たなる愉快は、市と祭の日を搗き交ぜたやうな点にあつた。以前も知らぬ人が多く家に集まれば、吉凶に拘はらず小児などは昂奮したが、それが或一つの興味ある事実、もしくはもう一段と真面目なる協同になると、自分のしたいと思ふことを是だけの多数が、共々に念じて居るといふ心強さは、群の大きさと其分子の複雑さとによつて、比例以上に我々を嬉しくしたのであつた。（五八三頁）

柳田は、「盲動する国民」として、民俗選挙祭りに群がる人びとの無謀を批判しながらも、その一方で、この国の人びとがムラの共同社会のなかで連帯し、「群れ」が大きく共鳴し、うねりを大きくする共同性の楽しみ、長い時間にわたって生きてきた生活知と愉しさ、その集積である歴史

の核心にあるものを看過していない。これはまた、ムラの共同社会の迷妄の中に埋め込まれつつも、互酬と共助によって、さまざまな「難儀」をのりこえてきた人びとの営為であり、それに対する柳田の共同的な生への共感でもあった。私には柳田の両義性のこの面こそが、現代社会で最も重要な指摘であるように思われる。

人が共同的に生きるということ

さて、現在の選挙に立ち戻って見ると、私たちの前には、無関心という寒々しい光景が広がっている。みずからの生命や生活の安寧、さらにその未来を託す代表を選ぶのに、何の関心も示さない人びとが多くなっている。経済的な豊かさ、高学歴な教育、海外文化の摂取、この国の近代化が到達した地平は、柳田の時代では考えられないほどの水準を獲得している。この状況に対して、柳田が残した両義的な言説の一面に依拠して、私たちの社会はいまだ近代化が不足している、個としての自立がなされていない、国民は未成熟で盲動を克服できず、自主的な判断力を欠いた「事大主義」を脱していない、もっと「憲法学習が必要だ」と見なすべきなのか。

たとえば、大塚英志や室井康成が提唱する「近代主義」の「公民の民俗学」が、選挙での「国民の盲動」とともに、個に分断されて寒々しい無関心に被われた現代の選挙風景を超克しうる方法となり得るだろうか（注）。むしろ私には、柳田のいう「国民の盲動」や「事大主義（大勢順応主義）」を克服しようとするあまり、近代化の歩みのなかで何かを取り落としてきたのではないか、という疑念の方が強い。

（注）柳田民俗学の経世済民の理念を前面に押し出し、『公民の民俗学』（二〇〇七年）を唱えた大塚英志は、児童に独自の「憲法前文」を書かせる運動などを行なっている。大塚は、ことばを磨き上げることで「個人の力」を育成し、その個人をもとにした「公民」、さらにその「公民」による選挙を通して「内省する社会」の構築を構想している。

また、政治と民俗の問題を果敢に論じている室井康成は『柳田国男の民俗学構想』（二〇一〇年）のなかで、「民俗」を「現在を生きる人びとの生活様式を規定する前近代的な思考や感覚」として規定し、その民俗が「人々の思考を拘束し、自律的な行動を取れなくさせ、結果的には人々を事大主義へと追いやる力として作用するもの」とみなしている。柳田国男によって構想された「経世済民の学」としての「民俗学」は、そうした旧弊・陋習の「民俗」から人々を解放し、「事大主義」に陥らない「かしこく正しい選挙民」＝「公民を養成」する「政治教育」でもある、というのである。

この両者に共通するのは、「個人の力」、自立した個人による社会構築という、近代主義者、啓蒙思想家としての柳田国男の継承である。

本書のテーマに即していえば、私がいいたいのは、旧い共同体の民俗慣行にしばられて、ともすれば上位の他者にみずからの判断を任せ、同調する生き方から離脱するに急なあまり、悪弊のいくらかの超克と引き換えに、人びとが共同に生きる切実な営みや共同昂奮の愉しさの「核」のようなものを見失ってきたのではないか、ということである。

むろん私は、「共同体」の単純な復権や復古を唱えているわけではない。私たちが考えなければならないのは、現在の荒涼たる他者への分厚い無関心を内包する近代の選挙風景に見いだすことができなくなったものについてである。すなわち、おろかな盲動とも見える選挙祭りの熱狂のなかに見える真摯なもの、よりよき共同生活へのあくなき攻究の歩みと愉しさである。

それを私たちは、個に分断されていく市民社会のなかで失った、あるいは切り捨ててきたのである。人は孤立した個として生きうる存在ではなく、共同的にしか生きることができない存在である。しかも、私たちが個として生きる可能性は、共同社会によってのみ保障されていることをも、また忘れてはなるまい。人が共同的に生きるとき、相乗効果により何倍もの大きな昂奮が生じ、その熱狂や盲動への逸脱は避けがたいこともある。人は、またそのようにしか生きられず、そのようにして今日まで生き延びてきたともいえよう。そのことを民俗選挙は、如実に表現してきたのである。

民俗は、たしかに新しい風俗や生活のしくみによって不断に更新されていくが、私たちが長い時間をかけて培った共同の歴史の累積である。すなわち民俗の重要な核である相互扶助や互酬のしくみなどを離れて、現在の生活を維持することは不可能である。

これは選挙についてもいえることで、本書が扱った「民俗選挙」も、選挙風景に顕れた民俗事象を扱った「民俗誌」にすぎないが、民俗が人びとの生活の集積の歴史である限り、選挙の向こうにある政治やこの国のゆくえに、この民俗知がいかされないはずはないのだ。本書が、その一助になればと、願うばかりである。

参考文献

【新聞】

朝日新聞、産経新聞、毎日新聞、読売新聞、以上は全国版のほか地方版。

東奥日報、陸奥新報、山梨日日新聞、山梨時事新聞、山梨新報

【書籍・雑誌】

〈ア行〉

『青森県各種選挙結果記録集』青森県選挙制度調査会一九八七年

『青森県郷土力士物語』今靖行、北の街社、一九八九年

『青森県警察史』青森県警察本部、同刊、一九七三年

『青森県警察史（上巻）』青森県警察史編纂委員会、青森県警察本部、一九七三年

『青森県産重要薬用植物類集』原田松太郎、一九四五年三月、青森県立図書館蔵

『青森県史資料編近現代5』青森県史編さん近現代部会、青森県、二〇〇九年

『青森県史民俗編・資料津軽』青森県史編さん室、同、二〇一四年

『青森県史民俗編津軽』青森県史編さん民俗部会、青森県、二〇一四年

『青森県人の気質』青森地域社会研究所編、北の街社、一九八五年

『青森県知事選挙』木村良一、北方新社、一九九八年

『青森県中津軽郡相馬村大字紙漉沢実態調査報告書（第8号）』札幌大学教養部編、同大学、一九七七年
『青森県西津軽郡車力村大字車力実態調査報告書（第7号）』札幌大学教養部編、同大学、一九七六年
『青森県西津軽郡車力村調査報告書』中央大学民俗研究会（『常民』第三四号）一九九七年
『青森県の事件五十五話』二葉宏夫、北方新社、一九八三年四月
『青森県の政治風土』木村良一、北方新社、一九九七年
『青森県百科事典』東奥日報社、一九八一年
『青森県南津軽郡尾上町金屋実態調査報告書（第6号）』札幌大学社会学演習研究部編、同大学、一九七五年
『青森に生きる』竹内俊吉・渋谷悠蔵、毎日新聞青森支局、一九八一年
『青森20世紀の群像』東奥日報社、二〇〇〇年
『青森ねぶた誌』宮田登・小松和彦監修、青森市、二〇〇〇年
『あおもりの風土と民話』佐々木達司、青森県文芸協会出版部、二〇一三年
『鰺ヶ沢町史・第三巻』、鰺ヶ沢町史編さん委員会、鰺ヶ沢町、一九八四年
「兄たち」（『太宰治全集類聚③』筑摩書房、一九七五年）
『天野久の生涯』天野久翁顕彰会編、同会、一九七五年
『石黒忠篤伝』日本農業研究所編著、岩波書店、一九六九年
『石中先生行状記―人民裁判の巻』藤原書店、一九四八年（『日本現代文学全集86』所収、講談社一九六一年）
『逸脱の唱声―歌謡の精神史』永池健二、梟社、二〇一一年
『田舎館村誌（中巻）』田舎館村誌編さん委員会、田舎館村、一九九九年
『宴のあと』三島由紀夫（『三島由起夫全集⑬』新潮社、一九七三年）
『塩山市史民俗調査報告書―神金の民俗―』塩山市史編さん委員会、塩山市、一九九二年
『大明見の民俗―富士吉田市大明見』富士吉田市史編さん室、富士吉田市、一九八八年

『大泉村誌』大泉村誌編纂委員会、大泉村、一九八九年
「小黒坂の猪」(『井伏鱒二全集㉕』筑摩書房、一九九八年)
「親方子方」『柳田國男全集㉚』筑摩書房、二〇〇三年
「お山」石坂洋次郎(『土とふるさとの文学全集①』家の光協会、一九七六年)
『おらホの選挙』小嵐九八郎、講談社、一九九三年

〈カ行〉
『回想・県政50年』山内善郎、北の街社、一九八七年
『回想の太宰治』津島美知子、人文書院、一九七八年
『革新幻想の戦後史』竹内洋、中央公論新社、二〇一一年
『勝山村史(下巻)』勝山村史編纂委員会、勝山村、一九九九年
『割烹料亭般若苑マダム物語』和田ゆたか、太陽出版社、一九五八年
『角川日本地名大辞典・青森県』角川日本地名大辞典編纂委員会、角川書店、一九八五年
『角川日本地名大辞典・山梨県』角川日本地名大辞典編纂委員会、角川書店、一九八四年
『金木郷土史』金木郷土史編纂委員会、一九七六年、金木町役場
『金木今昔物語』白川兼五郎、私家版、一九八一年
『金屋郷土史』森内茂一編、金屋文化会・金屋郷土史編纂委員会、一九五八年
『金丸信・全人像』鷲尾彰、行政問題研究所、一九八四年
『木造町誌』盛龍春、木造町教育委員会刊、一九八九年
「北津軽の民俗」早川孝太郎(『旅と伝説』通巻四四号、昭和六年八月号)
『北の三国志―私の備忘録』早川みのる、私家版、一九九五年

『行商人の生活』塚原美村、雄山閣出版、一九七〇年
『郷土生活の研究』（『柳田國男全集⑧』筑摩書房、一九九八年
「研修所をはじめたわけ」津島文治、『地方研修』自治大学校、一九五五年四月
『憲法力―いかにして政治のことばを取り戻すか』大塚英志、角川書店、二〇〇五年
「交易の原始形態」『柳田國男全集㉙』筑摩書房、二〇〇二年
『甲州見聞記』松崎天民、磯部甲陽堂、一九一二年
『甲州人』山下靖典、晧星社、一九八三年
『幸福御礼』林真理子、朝日新聞社、一九九六年
『甲府市史（別編Ⅰ）民俗』甲府市市史編さん委員会、甲府市役所、一九八八年
『広報おおいずみ112号』大泉村、一九八七年五月
『広報ふじよしだ縮刷版』富士吉田市役所、同市役所、一九七〇年
『公民の民俗学』大塚英志、作品社、二〇〇七年
『虚空蔵菩薩信仰の研究』佐野賢治、吉川弘文館、一九九六年
『五所川原町誌』五所川原町役場編・刊、一九三五年
『五所川原市史通史編2』五所川原市編・刊、一九九八年
「今東光における人間の研究」今日出海（『中央公論』一九六一年一〇月）

〈サ行〉
『再賀の民俗―青森県西津軽郡稲垣村』青森県立郷土館、一九九八年
『在家塚の民俗―中巨摩郡白根町―』山梨県史編さん委員会、山梨県、一九九六年
『最後の「井戸塀」記』有泉亨、山梨日日新聞社、一九九七年

『左近熊太翁旧事談』（『宮本常一著作集㊲』未来社、一九九三年
「山峡町議選誌」（『田舎文士の生活と意見』熊王徳平、未来社、一九六一年）
「死ねない悲劇的文学者」（『谷川健一全集㉑』冨山房インターナショナル、二〇一一年）
『下部町広報』下部町、一九六二年
「初代民選知事誕生の日」松岡孝一（『清廉一徹』）
『昭和の信玄「人間金丸信の生涯』同刊行記念会編、山梨新報社、二〇一〇年
「書物としての郷土料理」長谷日出雄（『伝承写真館　日本の食文化①北海道・東北Ⅰ』農文協、二〇〇六年）
『新青森市史・別編3民俗』青森市史編集委員会編、青森市、二〇〇八年
『新甲州及新甲州人』鮎川克己編、私家版、一九三一年
「新樹の言葉」（『太宰治全集②類聚』、筑摩書房、一九七五年）
『週刊新潮』二〇〇三年二月六日号
「性格形成の背景」相馬正一（『現代日本文學大系77　太宰治・坂口安吾集』筑摩書房、一九六九年）
『清廉一徹』津島文治先生回想録編纂委員会、筑摩書房、一九七四年
『青年集団史研究序説』平山和彦、新泉社、一九八八年
『青年と学問』（『柳田國男全集④』筑摩書房、一九九八年）
『殺生と戦争の民俗学　柳田國男と千葉徳爾』大塚英志、角川書店、二〇一七年
『選挙違反の歴史』季武嘉也、吉川弘文館、二〇〇七年
「選挙と信仰の接点」アンドリューズ・デール（『東北民俗』51輯、二〇一七年六月）
「選挙とダルマ」田中宣一（『成城文芸』一一七号、一九八六年十二月）
『選挙の実際』林閬、東光会、一九七三年
『選挙の民俗誌』杉本仁、梟社、二〇〇七年

『選挙の虫―法務大臣への公開質問状―』米沢良知編、甲陽書房、一九七三年
『戦後青森県政治史』藤本一美、志學舎、二〇一六年
『綜合（山梨県）郷土研究』山梨県師範学校・山梨県女子師範学校共編、山梨県、一九三六年

〈タ行〉
「対談：太宰治と津島家の人々」津島康一・東郷克美（『國文学』一九八七年一月号）
『平舘村史』希倉弥八著、平舘村、一九七四年六月
『田沢吉郎伝』田沢吉郎伝編集委員会、弘前学院出版会、二〇〇五年
「田中派かくし玉候補の打算と実力」坪井清明（『文藝春秋』一九八二年五月）
『知事交渉十五年―対決の旋律』秋元良治、北の街社、一九七八年
『地方小都市の生態―市とよばれる村』藤沢宏光、日本評論新社、一九五八年
『津軽』（『太宰治全集類聚⑦』筑摩書房、一九七六年）
『津軽・斜陽の家』鎌田慧、祥伝社、二〇〇〇年
『津軽見聞記』佐藤勝雄（青森県立図書館所蔵叢書）
『津軽口碑集』内田邦彦、郷土研究社、一九二九年
『津軽ことわざ辞典』佐々木達司、青森県文芸協会出版部、一九七二年
『津軽選挙―地方政治における権力の構造』高橋興、北の街社、一九八七年
『津軽選挙だ―敗者の記録』三上靖介、路上社、二〇〇三年
「津軽選挙」山下祐介（東北都市学会編『東北都市事典』仙台共同印刷、二〇〇四年三月）
「津軽選挙の哄笑と〝おやぐまぎ〟」高杉晋吾（『月刊自治研究』一九八〇年十月、十一月号）
「津軽選挙の社会学的考察」山下祐介（『津軽学』一〇号、二〇一五年十月）

『津軽の文化誌』松木明・明知、津軽書房、一九八三年／『増補改訂版』一九九四年
『津軽の民俗』和歌森太郎編著、吉川弘文館、一九七〇年
『津軽世去れ節』長部日出雄、文春文庫、一九八九年
『津島家の人びと』秋山耿太郎・福島義雄、ちくま学芸文庫、二〇〇〇年
「津島文治と太宰治」渋谷悠蔵『清廉一徹』
『つぶて』中沢厚、法政大学出版、一九八一年
『鶴田郷土史』田沢伴次郎、鶴田村、一九四〇年
『鶴田町誌（下）』鶴田町誌編纂委員会、同町、一九七九年
『鶴見俊輔集③記号論集』筑摩書房、一九九二年
『つゆくさ抄―素顔の竹内俊吉』竹内俊吉秘書の会編、同会、一九八八年
『東西遊記1』橘南谿、東洋文庫（平凡社）、一九七四年
『道祖神と地蔵』大島建彦、三弥井書店、一九九二年
『東遊雑記』古川古松軒、東洋文庫（平凡社）、一九六四年
『蟷螂の斧―これでいいのか、日本のデタラメ政治』福田昌、北の街社、一九八七年
『十日市場小誌』中野八吾、レオプリント社、一九八五年
『毒舌和尚奮戦記』ノーベル書房編集部編、ノーベル書房、一九六八年

〈ナ行〉
『中里町誌（全）』成田末五郎編、中里町、一九六五年
『生柿吾三郎の選挙闘争』平井信作、津軽書房、一九七二年
『日本改造計画』小沢一郎、講談社、一九九三年

『日本の家と村』竹田旦、岩崎美術社、一九六七年
「『日本の社会』編集の極意」(『柳田國男全集㉜』筑摩書房、二〇〇四年)
『日本の民俗・青森』森山泰太郎、第一法規出版、一九七二年
『日本の民俗・山梨』土橋里木・大森義憲、第一法規出版、一九七四年
『日本歴史地名大系第二巻　青森県の地名』平凡社、一九八二年
『人間金丸信の生涯』刊行記念会編著、山梨新報社、二〇一〇年
「人間性を磨かれた『雌伏十年』」傍島正守(『清廉一徹』)
『ねぶた門付の声』新田寿弘、青森文芸出版、二〇一六年
「ネブタ流し―毛坊主考の四」(『柳田國男全集㉔』筑摩書房、一九九九年)
『野中広務　差別と権力』魚住昭、講談社、二〇〇四年

〈ハ行〉
『ピカレスク―太宰治伝』猪瀬直樹、小学館、二〇〇〇年
「秘書から見た津島先生―厳しい公私のケジメ」渡辺喜与志(『清廉一徹』)
「一目小僧その他」(『柳田國男全集⑦』筑摩書房、一九九八年)
『人は城・人は石垣・人は堀』金丸信、エール出版社、一九八三年
『評伝金丸信―最後の日本的政治家―』評伝金丸信編纂会、一九九二年
『評伝津川武一』阿部誠也、北方新社、二〇〇五年
『弘前市鬼沢　鬼神社の信仰と民俗』山田厳子編、弘前大学人文学部、二〇一四年
『弘前市町会連合会の三十年』弘前市町会連合会編・発行、一九八九年
『風雪二十年―山梨の戦後史―』雨宮要七、昭和書院、一九六九年

『風雪の人脈―第一部政界篇』朝日新聞青森支局、青森県コロニー協会出版部、一九八三年
『富嶽百景』(『太宰治全集②』筑摩書房、一九七五年)
『富士講の歴史』岩科小一郎、名著出版、一九八四年
「富士に就いて」(『太宰治全集⑩』筑摩書房、一九七七年)
『富士吉田市史・行政編(下)』富士吉田市史編さん室、同市役所、一九七九年
『富士吉田市史民俗編』富士吉田市史編さん委員会、富士吉田市、一九九六年
『文治先生行状記』福島常作、北の街社、一九七八年
「編集の極意」(柳田国男編集小学校教科書『日本の社会・学習指導の手引き』、実業之日本社、一九五四年)
『星亭』有泉貞夫、朝日新聞社、一九八三年

〈マ行〉
『まちの政治むらの政治』朝日ジャーナル編集部編、勁草書房、一九六五年
『民主主義の小学校―地方政治を拓く』木村良一、北の街社、二〇〇六年
「胸を借りた恩義」米山内義一郎(『清廉一徹』)
「村の入札」藤木久志(『週刊朝日百科・日本の歴史』別冊⑥、一九八九年)
『明治政治史の基礎過程』有泉貞夫、吉川弘文館、一九八〇年
『明治大正史世相篇』(『柳田國男全集⑤』筑摩書房、一九九八年)

〈ヤ行〉
『野草雑記』(『柳田國男全集⑫』筑摩書房、一九九八年)
『柳田国男と学校教育』杉本仁、梟社、二〇一一年

『柳田国男の民俗学構想』室井康成、森話社、二〇一〇年
『山崎岩男伝』山崎岩男伝刊行委員会、同会、一九八〇年
『山梨近代史論集』有泉貞夫編、岩田書院、二〇〇四年
『山梨県警察史・下巻』山梨県警察本部編、山梨県警察史編さん委員会、一九七九年
『山梨県史・近現代資料編⑲』山梨県、二〇〇二年
『山梨県史民俗編』山梨県、二〇〇三年
『山梨県知事交代』土屋要、山梨ふるさと文庫、一九八六年
『山梨百科事典』山梨日日新聞社、同社、一九七二年
「寄合民主主義に疑義あり」杉本仁（『柳田国男研究年報③柳田国男・民俗の記述』岩田書院、二〇〇〇年）

〈ラ行〉
「霊魂観の一考察—津軽平野における地蔵信仰を中心に」石川純一郎（『民間の地蔵信仰』大島建彦編、溪水社、一九九二年）

〈ワ行〉
『若き日の太宰治』相馬正一、筑摩書房、一九六八年三月
「わが郷土」石坂洋次郎（『小説以前』共立書房、一九四六年）
『忘れられた日本人』宮本常一、岩波文庫、一九八四年
『私の備忘録』早川みのる、私家版、一九九五年

対比表

甲州	備考
約76万人 約4465㎢ 釜無川~富士川（約68km） 富士山（3776m）	1970年時点 青森県全体では9645㎢
52万人ほど 全県一区（定数5人） 義理人情を重視 あまり重視しない 広瀬家、田辺家 あまり問題にならない 知事は副知事に疑念、対立候補になることがある（天野vs金丸徳重、田辺vs望月） （基本的になし）／天野久知事—天野建知事／世襲は堀内家のみ／息子に選挙地盤を踏襲させることは少ない 任侠・ヤクザ的な性格を好む／義理堅い／商人的 甲州弁など土俗的な言語での演説を好む 天野久／金丸信／田辺国男／中尾栄一（青嵐会）	1970年時点 中選挙区制 青森・弘前高校／甲府一・日川高校 甲州では副知事が反逆し現職知事と争うことが多い。 甲府市長選・県会議員選で親子立候補の河口は市長の親父が落選 山梨県議会に金属バットを持ち込む議員も 甲州に深い関係がある石橋湛山は、選挙区は静岡県
「一にも、二にも、三にもカネ」	

甲州選挙vs津軽選挙

大項目	小項目	津軽
概観	人口	約80万人
	面積	約4828㎢
	河川	岩木川（約102km）
	山岳	岩木山（1625m）
選挙区	有権者数	57万人ほど
	旧衆院選挙区	青森2区（定数3人／青森市は1区）
候補者	人柄	学歴を重視
	家柄	家柄を重視
	閨閥	津島—田沢家
	学歴	大学より高校の出身校が問題
	経歴	現職知事と副知事が知事のイスを争うことはない
	世襲	世襲的な候補者が多い／山崎岩男—竜男—力／竹内俊吉—黎一／木村文男—木村守男—木村太郎／などと世襲が多い
	気質	反骨／理想／文人
	言語（演説）	演説では土俗的な津軽弁より標準語を好む
	代表的政治家	津島文治／竹内俊吉／木村守男／津川武一
選挙に対する意識	慣習	「選管を制する者が選挙を制する」

怨念／忘恩／副知事の反乱 選挙違反に住民は寛大／違反者は箔がつく／次回の候補者へ	
選管委員が表立つことは少ない (一応中立・公正) 選管はあまりぶれることがない／「一票でも負けは負け」／ 大泉村長選 あまりなし 選挙戦術にふくまれる	津軽選挙では、立会人を自派に取組むこともある。 権威に弱い甲州と権威に従わない津軽気質の差 津軽では市町村選管と県選管の判断が異なることが多い。
金丸vs田辺 選管ぐるみは初期の段階にはあった 集落推薦候補多い 富士急の会社ぐるみ 社会党の「三日選挙」(学校を拠点にした管理職・組合員一体の選挙活動)	中選挙区における派閥抗争 山梨県教組の一枚岩の選挙活動／顕著な活動はない津軽
現金買収 現金買収(仏壇・天板の下・茶封筒・郵送) 銀行の貸しはがし 敗北やミスに対しての責任感を感じ	

	独特な表現	「馬力大会」(酒を飲み、人馬一体となって喧嘩する集まり)
	選挙違反不感症	選挙違反に住民は寛大
選挙管理委員会	選管と選挙	「選管を制したものが勝つ」
	選管事務局	各陣営の選挙通に対して選管事務局の職員の勉強不足が目立った／
	選管の判断	「選挙無効宣言」／市町村と県の判断が不一致
	選管ミス（不勉強）	鯵ヶ沢町長選／投票箱のすり替え／二人町長
	選管長の選挙無効宣言	「金木町長選」
	不在者投票	出稼ぎ者の不在投票多し／「選挙戦術」
ぐるみ選挙	派閥（代理戦争）	田澤vs竹内／木村
	選管ぐるみ	津軽選挙の特色の一つが「選管ぐるみ」
	地域ぐるみ	
	会社ぐるみ	
	組合（学校）ぐるみ	県教組の「投票用紙偽造事件」(1974年)
買収・供応・威嚇		現金買収
	買収方法	現金買収／おむすびの具に現金
	威嚇・恫喝	
	自死	他者に対して自分の潔白を訴える

自死／自虐的 バランス人事―ペナルティーをかす程度でとことん締め上げることはない	
中世武田文書が多い 国中（柳沢）vs郡内（秋元）→代官支配	南部（山梨県南部町から）武田一族が東北に移住し、勢力を拡大
村組織が整備・組組織が強固 イッケ・イチマキ・マキ・アイジ・ジルイ オヤコ 選挙での芦川村住職ハチブ 親分子分 オヤブン―コブン	甲州のジルイは屋敷を分けた関係 マキはずしは双方にあり カリコは雇用関係
地縁・マキ 無尽 祖先祭祀など精神面が強い 地域ぐるみ 地域規制違反に厳しい	山梨では無尽が存続、津軽では衰退

		手段（当てつけ）
	報復人事	鰺ヶ沢町長選・柏木町長選—「選挙で一回負けたら4年間は寝たふり、二回負けたら死んだふり、三回負けたら本当に死ぬ」
地域意識		
開発伝承	歴史	新田開発—中世以前の古碑文がない—慶長以前の古村は稀—古文書が少ない
地域対立	旧藩意識	津軽vs南部／（津軽藩vs黒石藩）
社会構造	地域組織	「村組織」・近隣組織脆弱
	同族組織	オヤグマキ・マキ（労働力の交換母体）
	親戚	オヤグマキ
	村八分	千年村（昭和28年）窃盗での村八分
	擬制的親子関係	なし
	擬制的兄弟関係	ケヤグ
	従属的身分関係	オヤ—カリコ
相互扶助組織	ユイ・クミッコの主体	オヤグマキ
	金融的相互扶助組織	タノムシ講（頼母子講）、無尽
	同族（マキ）	労働力の相互扶助面が強い
	地域ぐるみ	地域内対立
	村八分	盗みに厳しかった

水田・畑作→桑→果樹（ブドウ・モモ）栽培	先祖伝来の田畑を果樹栽培にする抵抗はなかったのか
戦前は麦食 ホウトウ／うどん 餅は正月ぐらいで、「餅なし正月」の地域あり／小麦粉で練ったものもモチと称した／ 小麦粉・トウモロコシなどの多様な粉食料理／麺食が多い	津軽は脚気が多かった けの汁は小正月に仏前に供える
	東北人の内向的性格はエジコで育てられたから
行商（甲州商人、話し上手）	
厄除け地蔵尊（塩澤寺）、愛染地蔵尊（柏林寺） オトボレー、ジンギゴト（近隣組織が担うことが多い）	
イキミタマ（盆に魚など生臭いものを食べた） 明治期までは盛ん 笛吹川流域では特に盛んであった 辻相撲・奉納相撲 道祖神祭り／お松引き／百万遍／無生野大念仏 御みゆきさん／信玄公祭り 春駒／天津司の舞／石尊祭り／吉田火祭り／	 甲州は神社内に辻（土俵）が多い 盛大に行うのは甲州が小正月、津軽が夏祭り 湯立行事が津軽に少なく、甲州に多い

生業	生業（主に農業）	江戸期新田開発・水田→果樹栽培（リンゴ）
食生活	主食	二毛作でないため、米が主食／多彩な米と餅の料理
	（郷土食）	けの汁／ジャッパ汁
	餅	年中餅を搗く／「餅なし正月」の伝承なし／餅の種類が多く、語彙も豊富
	粉食	あまりない
育児方法	育児	エジコ（イズメ・エズメ）
交易	交易	出稼ぎ（勤勉実直）
人生儀礼	厄払い	広田神社・諏訪神社・善知鳥神社
	葬式	ダミ（マキ組織が担うことが多い）
年中行事・祭り	盆行事など	幼児の葬儀に経を読まず、ナマグサなものを入れて、仏教を排除
	盆踊り	盛んで、メラシフッパル
	つぶて（石合戦）	タチ遊び／菖蒲切り
	相撲	競技相撲および興業相撲
	綱引き	金木、鰺ヶ沢など
	代表的祭り	綱引き／オシラ祭り／百万遍／地蔵尊／虫送り・サナブリ
	祭礼	ねぷた・ねぶた／
	伝統的祭り	お山参詣／鬼沢の裸参り／

オガミヤ／ホーイン	
イワイジン（祝神）	
氏神／道祖神	津軽ではとくに稲荷社が多い
道祖神／百万遍講	百万遍は津軽、甲州ともに多い
山宮・里宮信仰／富士山（浅間神社）信仰	津軽も甲州も「お山」への畏敬と思慕あり
「かぐや姫」伝説／徐福伝説	岩木山と富士山
「武田節」	
「小集団主義（小村）」／「仲間内」／「自虐性」／「商才があり、抜け目がない」／「相手も気持ちをすばやく読み取り、立ち回りがうまい」／「ノウテンキ」／「出たとこ勝負」／「場当たり的」／「現実的」	
日本住血吸虫症	
射幸的なことが好き	
普段の生活はできるだけ切り詰めてお金や財産を残す	選挙では津軽は山林・田畑・屋敷を売ってもカネをつぎ込む

信仰	民間信仰の担い手	ゴミソ・カミサマ・ボサマ（遊行僧）・イタコ（地蔵信仰）
	家の神	オシラサマ
	集落の主要な神	オボスナ／地蔵尊／水虎様（河童）／オシラサマ
	ムラ境の神	地蔵尊／百万遍講
	山岳信仰	岩木山信仰（お山参詣）
伝説	お山伝説	山椒大夫「安寿と厨子王」／義経伝説／徐福伝説
民謡・県民唱歌	県民愛唱歌	「相撲甚句」「じょんがら節」「リンゴの唄」「あゝ上野駅」「津軽海峡冬景色」
県民性・気質	気質・性格	「ジョッパリ（負けず嫌いと強情っぱり）」「足フパリ（足引っ張り・自己主張）」・「意地のつっぱり合い」「自己顕示欲」／「平等意識」／「やせ我慢の見栄坊」／「破滅的な生き方」／「はにかみ」／「顔の表情が豊か」／「変わり身が早い」／「かげ口には免疫性を持っており、あまり気にしない」／「気が短くケンカ早い」／「熱しやすく、冷めやすい」／「空元気」／
	風土病	「フサギ（心臓脚気）」、「シビ（あかぎれ）」、「ガッチャギ（裂痔）」
	博奕	射幸的なことが好き
	カネ遣い	金遣いが荒く、なくてもあるふりをする／返事はいいが約束は破り

小集団でまとまりがち	
外に対しては同郷人としてまとまるが、内にあっては一緒になることはない（甲州財閥）	
武田信玄は絶対的	
富士錦、富士桜	鏡里は三戸町（南部）、舞ノ海は平成の小結
甲府の四十九連隊「抜け目なく利口」	
江戸文化・東京文化には鋭敏に反応	江戸で公演する前に甲府で試験的公演
その場限りの方便（熊王徳平『甲州商人』）／すり寄り（深沢七郎『楢山節考』）	甲州の庶民は自虐的
井伏鱒二「小黒坂の猪」／熊王徳平「山峡町議選誌」／林真理子『幸福御礼』	

		がち
	結合・集団	階層でまとまる
	同郷人の結合	外に出ても同郷人を頼ることはほとんどない
	誇るべき郷土の偉人	太宰治
	戦後（昭和後期）の大相撲力士（三役以上）	初代若乃花、青ノ里、栃ノ海、二子岳、貴ノ花、二代目若乃花、隆の里、出羽の里、旭富士、
	旧軍隊	弘前二十一師団「陸軍最強の部隊で粘り強い」「国宝」
	流行に対する意識	流行には敏感
	文学作品に見る気質	破滅的な生き方（長谷日出雄『津軽世去れ節』）／はにかみ・劣等感の裏返・自虐的（太宰治『津軽』）
	選挙を扱った小説	石坂洋次郎『石中先生行状記』／小嵐九八郎『おらホの選挙』

あとがき

『民俗選挙のゆくえ』と題する本書で、津島文治や金丸信同様に、「徳田虎雄と奄美選挙」も併せて論じてみたかった。が、所与の事情で断念せざるを得なかった。このような本を書くことができたのは、柳田国男研究会の仲間のおかげという以外ない。故後藤総一郎が立ち上げた研究会を、多くの会員が出入りしたなかで、当初から残った永池健二氏とともに二人三脚で半世紀近く飽きもせずに、蛇行を繰り返しながら地道に続けてきた。この研究会で吸収するものは多く、若い会員の室井康成や黛友明、沢田正太郎、藤井隆輔ほか、常連の井出幸男、王蘭、小野寺節子、影山正美、久保田宏、曾原素子、田中嘉明、戸塚ひろみ、西海賢二、西森亜矢、吉沢明、そして岩本通弥氏らの学識に感謝を申し上げる。とくに「論敵・室井」の存在なしに、この本は形をなさなかったと思う。また、かつての同僚で草花をこよなく愛でた小野久氏の数々の写真と博識には多くの刺激を受けた。

今回も梟社の編集者林利幸氏に前著『選挙の民俗誌』、『柳田国男と学校教育』同様にお世話になった。林氏も柳田国男研究会を当初から見つめ、主導して下さった一人である。感謝に絶えないが、注文の厳しさには閉口した。本書が、まがりなりにもよくなったのは、林氏の御教示と粘着力のおかげという以外ない。

政治と政治理論への興味を醸成して下さったのは、故日下喜一先生（青山学院大学名誉教授）であった。ゼミでイギリスの理想的な自由主義などの理論を教えて下さったが、その道に進むことはなかった。その後に市井の学習会（寺小屋）で生涯の師である故後藤総一郎先生（明治大学教授）に出会い、柳田国男の学問を学びつつ、いつしか高校教員として民俗学を手探りで勉強する身になった。だが、日下先生に教えていただいたこと、すなわち政治の本質や民主主義の実現の方途が、常民大学運動を主導した後藤総一郎先生の「柳田国男の学問と思想」と「常民大学運動の実践」を通過して、このような形になったと思っている。

津軽は、甲州生まれの私にとっては異郷の地、遠野に隣接する花巻の小原悦子さん宅にお世話になった学生時代のことを思い出しながら、寺小屋の柳田国男講座で知り合ったばかりの永池健二氏と『雪国の春』に描かれた春の木、椿の北限を求めて、二人で旅した地であった。そのときポケットにしのばせたのは、柳田の『雪国の春』ではなく、太宰治の『津軽』であった。その津軽について、やっと書くことができた。

津軽の調査では、弘前大学の山田厳子教授や青森の民俗学者・佐々木達司氏をはじめ多くの人びとにお世話になった。とりわけ山田教授には、微に入り細をうがった有益なレクチャーのほか、弘前大学の図書館所蔵の資料紹介や、同僚の三浦協子さんや知人の青森県史編纂室の福島春那さんなどへの紹介の労まで執っていただいた。そこからの人脈は多岐にわたり、調査には有益至極であった。感謝に堪えない。なお、ここでは政治家の名は、割愛させていただくが、人間味にあふれ、一票を投じたい人ばかりであった。

夏の炎天下、木造駅から出精村まで延々とつづく津軽平野をひとりでとぼとぼと歩いたこと、厳冬に下北駅から田名部へ歩きはじめた数分後、天気が急変し、吹雪で辺り一面視界がなくなって立ち往生したことなど、還暦をすぎた身にはきつい時間も多かった。にもかかわらず、非常勤講師をしていた都留文科大学の学生や、その青森県在住のご家族の方々には、調査などで特別な配慮をいただき、それが励みになり、挫折を免れた。また路傍で話し込んだ地元の人々の津軽弁が一切わからず、ただただ笑みを浮かべ相槌を打っていたことなど未熟な研究者の姿を露呈したが、それにもかかわらず親切に対応してくれた津軽人のあたたかい人柄を思い出すたび、いまでも目頭が熱くなる。幾重にも感謝したい。

若いときの太宰治への憧憬が、まさかこんな形になるなどと考えもしなかった。人生の不思議さと、柳田国男とその民俗学に、ただただ感謝するばかりである。

二〇一七年九月十二日

杉本 仁

著者略歴

杉本 仁（すぎもと じん）

1947年山梨県に生まれる。青山学院大学を経て、同大学院修士課程修了。柳田国男研究会会員。山梨県都留市在住。都立高校教諭を経て、2012年～2017年都留文科大学非常勤講師。

著書『柳田国男伝』（共著・三一書房）、『柳田国男の学問形成』（共著・白鯨社）、『選挙の民俗誌』（梟社）、『柳田国男と学校教育』（梟社）。
論文「永田町の民俗」（宮田登編『現代の世相─談合と贈与』）、「寄合民主主義に疑義あり─宮本常一「対馬にて」をめぐって」（柳田国男研究会編『柳田国男·民俗の記述』）、「宮本民俗学の陰画としての上野英信」（『季刊東北学』第四号）、「宮本常一と『片句浦民俗聞書」（柳田国男研究会編『柳田国男の学問は変革の思想たりうるか』）、「後藤総一郎論」（地域文化研究会編『地域に根ざす民衆文化の創造─「常民大学「の総合的研究』）など。

民俗選挙《みんぞくせんきょ》のゆくえ——津軽選挙《つがるせんきょ》vs 甲州選挙《こうしゅうせんきょ》

2017年9月30日・第1刷発行

定　価＝2600円＋税
著　者＝杉本 仁
発行者＝林 利幸
発行所＝梟　社
〒113－0033　東京都文京区本郷2－6－12－203
振替 00140－1－413348番　電話 03 (3812) 1654　FAX 042 (491) 6568

発　売＝株式会社 新泉社
〒113－0033　東京都文京区本郷2－5－12
振替 00170－4－160936番　電話 03 (3815) 1662　FAX 03 (3815) 1422

制作・デザイン＝久保田 考
印刷／製本＝萩原印刷

柳田国男 物語作者の肖像

永池健二

Ａ５判上製・三二二頁
三〇〇〇円＋税

柳田国男の民俗学は、「いま」「ここ」を生きる人びとの生の現場から、その生の具体的な姿を時間的空間的な拡がりにおいて考究していく学問として確立した。近代国家形成期のエリート官僚として、眼前の社会的事実を「国家」という枠組みでとらえる立場にありながら、柳田の眼差しが、現実を生きる人びと一人ひとりの生の現場を離れることはなかった。「国家」や「民族」という枠組みに内在する上からや外からの超越的な視点とも、「大衆」や「民族」といった、人びとの生を数の集合として統括してしまう不遜な視点とも無縁であった。そうした彼の眼差しの不動の強さと柔らかさは、そのまま確立期の彼の民俗学の方法的基底となって、その学問の強靱さと豊かさを支えてきたのである。――日本近代が生んだ異数の思想家、柳田国男の学問と思想の、初期から確立期へと至る形成過程を内在的に追究し、その現代的意義と可能性を探る。

神樹と巫女と天皇

初期柳田国男を読み解く

山下紘一郎

四六判上製・三四九頁
二六〇〇円＋税

大正四年の晩秋、貴族院書記官長であった柳田国男は、大正の大嘗祭に大礼使事務官として奉仕していた。一方、民俗学者として知見と独創を深めてきた彼は、聖なる樹木の下で御杖を手に託宣する巫女こそが、列島の最初の神聖王ではなかったかと考えていた――。フレーザー、折口信夫を媒介にして、我が国の固有信仰と天皇制発生の現場におりたち、封印された柳田の初期天皇制論を読み解く。

柳田国男研究❻

柳田国男
主題としての「日本」

柳田国男研究会編

Ａ５判上製・二九一頁
三〇〇〇円＋税

大正から昭和の時代に、柳田国男が新しい学問、「民俗学」を構想した時、彼をとらえた最も重い課題は、日本とは何かという命題だった。この列島に生きる人びとはどこから来たのか。我々の今につながる、生活文化の伝統や信仰の基層にあるものは？　そして何よりも、現在から未来へ、わが民の幸福はどう遠望しうるのか？　安易な洋学の借用や偏狭な日本主義を排して、柳田は日本人の暮らしと心意伝承のこしかたを、「民俗」の徹底した採集と鋭い直観、卓出した解読によって明らかにし、課題にこたえようとしたのである。本書は、本質的なるがゆえに、左右の誤読と誹謗にまとわれてきた柳田の「日本」という主題を検証し、真の「日本学」の現代的意義を問い直すものである。

柳田国男研究❼

柳田国男の学問は
変革の思想たりうるか

柳田国男研究会編

Ａ５判上製・三八〇頁
三五〇〇円＋税

先住の山人、山の民や漂泊する民、定住する農耕民の文字に残されてこなかった伝承や伝説、生活と心意、信仰の世界を掘り起こし、名もなき人々の生き生きとした歴史と文化に光を当てた柳田国男。だが、氏が逝って50年。私たちの社会は高度に発達し、伝統的な制度や価値観は変貌して、柳田の学問、民俗学を生み出した時代から遠い地平にまで歩みいたったかに見える。戦前から戦後の時代の曲り角で、柳田は幾度も見直されてきたが、私たちの時代は今ふたたび、柳田国男の思想とその学問を、改めて問い直し、今日的課題に向かいあう時をむかえている。

柳田国男と学校教育

教科書をめぐる諸問題

杉本　仁

Ａ５判上製・四四五頁
三五〇〇円＋税

戦後日本の出発にあたって、次代をになう子どもたちの教育改革に情熱を燃やした柳田は、教科書編纂にも積極的に関与する。だが、判断力をそなえた公民の育成によって、人と人が支えあう共生社会を理想とした中学校社会科教科書は検定不合格となり、その他の社会科や国語教科書も数年のうちに撤退を余儀なくされる。戦後も高度成長期にさしかかって、教育界は受験重視の系統的な学習効率主義を優先し、柳田教科書は見捨てられていくのである。それから50年。私たちは豊かな経済社会を実現した。しかし、その一方で、冷酷な格差社会を出現させ、自由ではあるが、孤立し分断された無縁社会を生きることを強いられている。それは、共生社会の公民育成をめざした柳田教科書を見かぎった私たちの想定内のことだったのか？　本書は、柳田教科書をつぶさに検証し、柳田の思想と学問を通して、現代の学校教育に鋭く問題提起をするものである。

選挙の民俗誌

日本的政治風土の基層

杉本　仁

四六判上製・三一〇頁・写真多数
二二〇〇円＋税

選挙は、四年に一度、待ちに待ったムラ祭りの様相を呈する。たとえば、「カネと中傷が飛び交い、建設業者がフル稼働して票をたたき出すことで知られる甲州選挙」（朝日新聞07・1・29）。その選挙をささえる親分子分慣行、同族や無尽などの民俗組織、義理や贈与の習俗――それらは消えゆく遺制にすぎないのか。選挙に生命を吹き込み、利用されつつも、主張する、したたかで哀切な「民俗」の側に立って、わが政治風土の基層に光を当てる。